부를 경영하는 전략적 책읽기

부자의 書

부를 경영하는 전략적 책읽기

부자의 書

초판 1쇄 발행 2013년 8월 12일
초판 2쇄 발행 2013년 8월 26일

지은이 이채윤
펴낸이 한익수
펴낸곳 도서출판 큰나무
등록 1993년 11월 30일 (제5-396호)
주소 410-360 경기도 고양시 일산동구 백석동 1455-4 1층
전화 031-903-1845
팩스 031-903-1854
이메일 btreepub@chol.com
블로그 blog.naver.com/btreepub

값 13,800원
ISBN 978-89-7891-280-8 (13320)

잘못 만들어진 책은 구입하신 서점에서 교환해 드립니다.

이 도서의 국립중앙도서관 출판시도서목록(CIP)은 서지정보유통지원시스템 홈페이지(http://seoji.nl.go.kr)와 국가자료공동목록시스템(http://www.nl.go.kr/kolisnet)에서 이용하실 수 있습니다(CIP제어번호: CIP2013013066).

부자의 書

부를 경영하는
전략적 책읽기

이채윤 지음

큰나무

프롤로그

아침 7시, 서울의 한 특급 호텔에 평상시와 다른 진풍경이 벌어진다. 호텔 정문 앞으로 고급 세단의 행렬이 이어지고 차에서 내린 말쑥한 정장 차림의 신사들이 결연한 모습으로 호텔 안으로 들어선다. 그들은 쟁쟁한 기업의 CEO를 비롯한 오피니언 리더들이다. 그들의 손에는 한 권의 책이 들려 있는데 모두 같은 책이다. 그랜드볼룸에는 행사 시작 10분 전부터 수십 개의 대형 원형 테이블에 빈 좌석이 거의 없다.

평소 같으면 이제 막 출근 준비를 시작할 시간이 아닌가! 무엇이 이들 수백 명의 리더들을 아침부터 모여들게 만든 것인가?

이 모임은 큰나무 아카데미가 주최하는 '독서경영 조찬 세미나'

다. 이 모임은 벌써 7년째 이어지고 있는데 처음에는 30여 명으로 시작해 현재는 3,000명이 넘는 회원을 확보하고 있고 매번 500명이 넘는 인원이 참석하고 있다. 1년 연회비가 120만 원인데도 독서경영에 관심이 이토록 높다니 놀라운 일이 아닐 수 없다!

가입한 회원들은 기업 CEO와 임원들이 가장 많고 공직자, 교수, 의사, 변호사 등 여론을 주도하는 인사들이다. 이 조찬 모임은 해마다 주제를 정해놓고 집중적으로 그 분야를 파고들어 참가자들에게 지적 포만감을 안겨준다. 지난해의 주제는 '나를 찾아가는 책 읽기'였다. 올해는 '부자들은 어떤 책을 읽는가?'이다. 독서경영 조찬 모임은 회원들이 미리 책을 읽어오고, 그 분야의 국내외 석학이나 유명 인사들이 강사로 나온다. 때로는 그 분야의 전문가와 유명 인사가 참석해 대담 형식으로 진행된다.

조찬과 강연은 보통 1시간 반 정도 걸리지만 오가는 시간을 합하면 3시간이 넘는다. 바쁜 CEO들이 독서 모임에 그 정도의 시간을 낸다는 것은 예사로운 일이 아니다. 참석자들은 모두 진지하고 만족감이 넘쳐 있다. 일 년에 몇 권이라도 제대로 책을 읽을 수 있어 좋고, 그 책의 내용을 전문가의 식견에 비추어 반추하게 되므로 청중의 집중도가 매우 높다. 피와 살이 되는 지식이 쌓인다.

함께 책을 읽는 독서 모임을 하며 지식을 공유하고 좋은 이야기를 주고받으며 서로 격려하는 모습은 한국 사회만이 가지는 아름다운 풍경이다. 독서경영 세미나는 리더들 사이에서 '의사소통의 장'으로 기능하며 리더들이 미래 시장 전망과 사업에 관한 의견을 교환한다.

큰나무 아카데미의 독서경영 조찬 세미나는 거기서 끝나지 않는다. 지인들과 함께 소규모의 '독서 모임'을 만들어 따로 공부를 하기도 한다. 이 모임은 공부도 좋지만 무엇보다 인맥을 쌓을 수 있는 좋은 기회이다. 많은 참석자들이 호텔에서 아침을 먹고 강연을 듣거나 독서 토론 모임을 가지면서 저녁 술자리가 줄어든 것도 장점으로 꼽고 있다.

오늘은 새해 첫 세미나 날이다. 올해의 주제인 '부자들은 어떤 책을 읽는가?'에 선정된 부자들은 세계 경제를 주도하고 있는 글로벌 슈퍼 리치들이다. 빌 게이츠, 손정의, 워런 버핏, 리자청, 스티브 잡스, 오프라 윈프리, 야나이 다다시, 이건희, 마크 주커버그가 등장인물이다. 독서경영 세미나는 1년 동안 전문가의 시각으로 이들 슈퍼 리치는 어떤 책을 읽고 어떻게 행동했는가를 분석하고 무엇을 배워야 할 것인지를 제시한다.

연단 한쪽에는 '독서경영으로 경제 르네상스를!'이라는 슬로건이 적힌 플래카드가 걸려 있다.

조찬이 끝나면 1시간가량의 강연이 시작된다. 첫날 강연의 주제는 세계 최고의 부자이면서 자선사업가로 변신한 빌 게이츠다. 빌 게이츠가 가장 감명 깊게 읽고 추천한 책, 직접 쓰고 강연한 책에 관한 강연과 토론이 이어진다.

강연 직후, 참석자들의 냉철한 질문이 쏟아지고 때로 강사들이 쩔쩔매면서 답변하는 경우도 많다. 한 청중이 "한국이 발전하는 원동력이 무엇입니까?"라고 묻자 강사는 "이렇게 이른 아침부터 독서경영 조찬 세미나에 모여 공부하는 한국인의 교육열"이라고 대답하기도 했다. 새벽부터 이렇게 조찬 독서 모임으로 북적이고 있는 나라는 한국밖에 없다는 것이다. 그는 새벽에 호텔에 가보면 한국의 힘을 알 수 있다고 전 세계 지인들에게 자랑한다고 했다.

이 책은 이렇게 1년간 '부자들은 어떤 책을 읽는가?'라는 주제로 진행된 세미나 내용을 정리한 기록이다. 독자 여러분은 세계 경제를 리드하고 있는 슈퍼 리치들이 어떤 책을 읽고, 어떤 생각을 하고 있는지 알게 될 것이다. 또한 열정적으로 공부하는 경영인들의 모습에서 한국 경제의 원동력이 무엇인지 보게 될 것이다. 여러분의 가슴에 진정한 부와 독서의 힘이 싹트길 기원한다.

이채윤

목차

프롤로그 4

01 빌 게이츠 13

001 《빈곤의 종말》 제프리 삭스 16

저자 제프리 삭스에 대하여 17 빈곤의 종말 20 빈곤의 실체 21 빈곤으로부터 탈출하는 길 25 세상의 빈곤을 끝낼 수 있다 29

002 빌 게이츠의 삶과 철학에 대하여 31

호기심 소년은 백과사전을 사랑해 32 컴퓨터광이 되다 35 하버드를 뛰쳐나와 사업을 시작하다 40 세계 최고의 부자가 되다 45 함께 나누는 세상을 만들어가요 48

02 손정의 51

001 《료마가 간다》 시바 료타로 54

저자 시바 료타로에 대하여 55 소설 《료마가 간다》와 사카모토 료마에 대하여 57 사카모토 료마 59 새로운 일본을 향하여 61 역사의 물줄기를 바꾼 료마 63

002 손정의의 삶과 경영에 대하여 68

삶의 이정표를 정하다 69 좌우명, 뜻을 높게! 71 19세, 인생 50년 계획을 세우다 73 오를 산을 정하라, 인생의 반이 결정된다 75 병상에서 읽은 4,000권의 책 79 내 방식대로 세상을 본다 82 쓰나미가 바꾼 손정의의 인생관 85

03 워런 버핏 89

001 《현명한 투자자》 벤저민 그레이엄 92

벤저민 그레이엄에 대하여 93　벤저민 그레이엄의 간략한 연보 95　주식 투자를 위한 책 중에서 가장 좋은 책 98　가치투자란 무엇인가? 98　현자의 깨달음 101

002 워런 버핏의 투자 인생과 성공 철학에 대하여 104

오마하의 현인 105　100달러로 주식 투자를 시작하다 108　방대한 독서량 110　가치투자에 눈뜬 청년 버핏 112　구두쇠 버핏, 기부왕 되다 115　지혜의 보고, 주주 서한 117　TIP 버크셔 해서웨이 소유주 매뉴얼 120

04 리자청 127

001 무경칠서 130

무경칠서란 어떤 책인가? 131　무경칠서의 으뜸,《손자》133　최고의 전략 전술서 135　《손자》가 제시하는 비책 138

002 풍운아 리자청의 멋진 인생에 대하여 144

리자청을 만난 행운 145　리자청의 전기적 스케치 147　리자청의 경영 철학 155　TIP 리자청의 자기관리 성공 비결 160

05 스티브 잡스 161

001 《혁신 기업의 딜레마》 클레이튼 M. 크리스텐슨 164

IT와 인문학의 천재적 결합 165   한국통인 경영학의 아인슈타인 168   밀리언셀러가 된 《혁신 기업의 딜레마》 171   고객이 원하는 것은 고객도 모른다 176   한국 경제가 위험하다 180

002 창조적 혁명가, 스티브 잡스 184

성공은 사회적 환경의 산물일 수도 있다 185   악동, 인생의 은인을 만나다 187   차고에서 태어난 애플 컴퓨터 190   세기적 인물이 되었으나 193   제왕의 귀환 196   신은 여전히 천재를 질투하는 것인가 203

06 오프라 윈프리 207

001 《고요함이 들려주는 것들》 마크 네포 210

시처럼 읽히는 영혼의 소네트 211   1년 365일, 하루에 10분만! 213   오프라 윈프리가 선정한 세 편의 글 216

002 신화를 넘어 문화가 된 여자, 오프라 윈프리 223

오프라 윈프리의 성공 비결은 무엇일까? 224   독서 천재 오프라 윈프리 228   출판업계의 마이다스 232   오바마를 만든 오프라 235

07 야나이 다다시 241

001 《매니지먼트》 피터 드러커 244

피터 드러커에 대하여 245　피터 드러커와의 만남 248　엉뚱한 피터 드러커 책 251　필요한 것은 재능이 아니라 진지함이다 254　진정한 마케팅은 고객으로부터 출발한다 257　성장에는 준비가 필요하다 260　최소한 90분은 한 가지에 집중해야 265

002 창조적 혁명가 야나이 다다시 267

일본의 국민 기업 유니클로 268　사양사업은 없다, 사양 기업만이 있을 뿐이다 272　실패가 유니클로의 가장 큰 힘 274　핵심은 매장이다! 핵심은 현장이다! 278　인간 야나이 다다시에 대하여 280

08 이건희 283

001 《좋은 기업을 넘어 위대한 기업으로》 제임스 콜린스 286

스티브 잡스만큼 평가받아야 할 이건희 287　제임스 콜린스에 대하여 290　위대한 기업이란 무엇인가? 292　위대한 기업을 위한 5단계 리더십 296

002 이건희 리더십 305

위대한 기업으로 거듭난 삼성 306　미래를 내다보는 힘 308　모든 것이 변하고 있다는 자각에서 시작했다 312　스마트 전쟁의 시대 316　사업의 경계가 사라진다, 살아남아야 한다 320

09 마크 주커버그 325

001 《SYNC 동시성의 과학, 싱크》 스티븐 스트로가츠 328

페이스북 이용자들이 일으키는 동조 현상 329 지구촌 사람들은 여섯 다리만 건너면 모두 연결된다 332 무엇이 이들을 동시에 행동하게 만드는 것일까? 337 싱크, 무질서에서 질서를 만들어내다 340 학문의 모든 영역이 동시에 펼쳐진다 343

002 마크 주커버그에 대하여 347

SNS의 달인으로 마크 주커버그와 절친한 친구가 되기까지 348 프로그래밍 신동 350 페이스북의 시작 352 자신에 대한 믿음과 도전 356 회사는 혼자 하는 것이 아니다 359 페이스북의 경영 철학은 해커 정신이다 362 실리콘밸리식 기부 문화의 새 지평 366

PART 01
William H. Gates
빌 게이츠

하버드대 졸업장보다 독서하는 습관이 더 중요하다.

우리는 더 부유한 사람에게 도움이 되는 자본주의가
더 가난한 사람에게도 도움이 되는 방안을 찾아야 한다.

빌 게이츠 추천서 | 제프리 삭스 《빈곤의 종말》

안녕하십니까? 식사 맛있게 하셨죠?

올해 큰나무 아카데미 독서경영 조찬 세미나의 주제는 '부자들은 어떤 책을 읽는가?'입니다. 지난 모임에서 책을 나누어드렸다시피 새해 첫 번째 주제는 빌 게이츠입니다. 그는 세계 최고의 부자이면서 최대의 자선사업가로 변신에 성공한 슈퍼 리치들의 롤모델입니다.

빌 게이츠는 "나를 만든 건 우리 동네의 작은 도서관"이라고 말할 정도로 어린 시절부터 독서광이었습니다. 최근 빌 게이츠는 언론을 통해서 《빈곤의 종말》, 《분리된 평화》, 《잭 웰치 위대한 승리》, 《이성적 낙관주의자》 등 여러 권의 책을 추천한 바 있습니다. 이 중에서 제프리 삭스 교수가 쓴 《빈곤의 종말》을 오늘의 도서로 선정했습니다. 빌 게이츠는 이 책을 읽고 아프리카 오지를 방문하고 자선사업에 박차를 가하게 되었고 '창조적 자본주의'를 부르짖게 되었다고 합니다.

· · · · · · · · · · · · · · · ·

 1부에서는 백제대학 안상수 교수께서 제프리 삭스의 《빈곤의 종말》에 대해 말씀해주시고, 2부에서는 고려신문 최낙도 논설위원이 빌 게이츠가 살아온 길을 살펴주시고 회원 여러분과 토론에 들어가도록 하겠습니다. 우선 안상수 교수님 모시고 말씀 듣도록 하겠습니다.

Chapter 001

《빈곤의 종말》
제프리 삭스

우리 세대는 극단적 빈곤을 종식시키고,

기후 변화 추세를 역전시키며,

다른 생물종들의 광범하고도 무분별한

멸종 사태를 막아낼 수 있는 세대다.

우리 세대는 경제적 행복과 지속 가능한 환경의 결합이라는

수수께끼 같은 문제를 붙들고 씨름하여 풀어낼 수 있는 세대다.

우리 세대는 과학과 전 지구적 협력이라는

새로운 윤리를 동력 삼아

미래 세대에 건강한 지구를 물려줄 수 있는 세대다.

제프리 삭스,

《COMMON WEALTH : 붐비는 지구를 위한 경제학》 중에서

저자 제프리 삭스에 대하여

안녕하십니까? 백제대학에서 경영학을 가르치고 있는 안상수입니다. 오늘의 주제로 선정된 《빈곤의 종말》은 한마디로 대단한 책입니다. 감히 '지구 상에서 빈곤을 끝낼 수 있다!'고 주장하고 있는 학자가 있다는 것 자체가 경이입니다. 그것도 자본주의의 종주국인 미국에서 말입니다.

저자인 제프리 삭스Jeffrey Sachs는 국제금융, 거시경제정책에 대한 탁월한 연구 업적으로 세계적인 명성을 얻고 있는 경제학자입니다. 하버드대를 최우등으로 졸업하고 26세에 하버드대 조교수가 되고 3년 후인 29세에 하버드대 최연소 정교수가 된 사람입니다. 이 정도면 천재 중의 천재라고 할 수 있지요.

그런데 더욱 대단한 것은 엄청난 천재임에도 불구하고 그저 책상 위에서만 펜대를 굴리는 것이 아니라 전 세계를 온몸으로 누비며 현장을 쫓는다는 것입니다.

제프리 삭스는 1986년부터 1990년까지 5년간 볼리비아 대통령 자문역을 맡아 당시 4만%에 달하던 인플레이션을 10%대로 끌어내림으로써 일약 세계가 주목하는 경제학자가 되었습니다.

삭스는 1997년 외환위기 당시 IMF가 고금리 처방을 내렸을 때 미국 주류 경제학자 중에서 유일하게 그래선 안 된다고 강력하게 비판해서 우리나라에서도 유명해졌지요.

〈뉴욕타임스〉는 제프리 삭스를 '세계에서 가장 중요한 경제학자'로 선정했습니다. 그는 미국에서 로렌스 서머스, 폴 크루그먼과 더불어 '경제학계의 3대 슈퍼스타'로 불리고 있고 현재 컬럼비아대학 교수이자 반기문 유엔 사무총장의 특별 자문관이기도 합니다. 그런 사람이 "빈곤의 덫에 갇힌 지구촌 가족을 세계가 협력해 일으켜 세우자"며 빈곤의 종말을 세계에 호소하고 있습니다.

삭스는 의학과 경제학을 접목시킨 '임상경제학'을 주창한 것으로 유명합니다. 그는 의사처럼 병든 지구를 진단하고, 치료하기 위한 방안을 찾아 전 세계를 누비고 다니고 있습니다. 라틴아메리카, 아프리카, 아시아의 가난한 사람들이 몰려 있는 지역을 발로 뛰어다니며 수억 명의 사람들을 위해 일했고, 그들의 비참한 현실을 세상에 고발하고 부자인 사람들에게 그들을 최악의 빈곤이라는 함정에서 꺼내줄 것을 소리 높여 외치고 있습니다.

《빈곤의 종말》은 삭스의 그러한 노력과 연구 결과가 담긴 산물입니다. 삭스는 정통 경제학을 공부한 사람이지만 그는 의사인 부인과 자녀들을 데리고 아프리카로 가서 빈곤층과 함께 생활하는 등 세계 곳곳의 경제 현장을 누비는 '행동하는 경제학자'입니다. 그래서 그의 시야는 넓고 유연하고 책은 생동감이 넘칩니다.

해마다 노벨 평화상 및 경제학상 후보에 오르고 있는 제프리 삭스는 '록스타 경제학자'란 별칭을 갖고 있습니다. 그는 빈민 구호 활동을 위해서 세계적인 연예인들과 함께 어울리며 그들을 구호 활동의 대열로 이끌고 있습니다. 세계적 록그룹 U2의 보컬 보노Bono는 10년이 넘도록 빈곤 퇴치 활동을 벌이고 있는 파트너로서 《빈곤의 종말》의 추천사를 쓰기도 했습니다. 삭스는 할리우드 스타 안젤리나 졸리와 미국 MTV 프로그램에 함께 출연해 아프리카의 실상을 있는 그대로 알리고 수많은 젊은이들의 참여를 촉구하기도 했습니다.

여러분도 《빈곤의 종말》을 읽고 나서 이 사람이야말로 정말 대단한 경제학자라고 경탄했을 것입니다. 그가 지상의 빈곤을 우리 시대에서 끝내야 한다고 외치는 것을 보고 서구 사람들은 삭스가 '경제학자에서 구약성경의 예언자'로 변신했다고 말하고 있습니다.

빌 게이츠가 이 책을 추천하는 것도 제프리 삭스의 예언자적 외침에 이끌린 탓입니다.

| 빈곤의 종말

이 책은 빈곤 퇴치의 절박함, 낙후된 지역의 산업화의 중요성, 지리적 악조건을 극복하는 교육, 인프라 구축의 시급함을 다루고 있습니다. 직접 발로 뛰면서 쓴 책이기에 아주 생동감이 있다는 것이 큰 장점입니다.

이 책은 모두 18장으로 이루어져 있는데 도입부에서는 절대 빈곤이라 불리는 1달러 미만의 생활이 어떤 것인지 그 실태와 그러한 빈곤이 벌어지고 있는 이유를 설명합니다.

본론 부분은 저자가 주창한 '임상경제학'으로 빈곤을 해소하는 방안을 제시합니다. 그리고 현장 체험들, 즉 볼리비아, 폴란드, 러시아, 중국, 인도에서 직접 정책 자문 활동을 했던 경험을 하나씩 소개하고 있습니다.

마지막 결론 부분은 구체적으로 극단적 빈곤에서 벗어나기 위한 이론과 전략들을 차근차근 설명하고 있습니다.

빈곤의 실체

《빈곤의 종말》에서 말하는 빈곤은 1일 1달러로 생활하는 '절대 빈곤'을 말합니다. 절대적 빈곤이라는 것은 상대적 빈곤과는 달리 생존마저 위협받는 심각한 상태이지요. 우리 세대의 가장 큰 비극은 인류의 6분의 1에 해당하는 11억 명이나 되는 사람들이 발전의 사다리에 아직 발도 올려놓지 못하고 있다는 점입니다.

그들은 만성적 기아 상태에 있고, 의료 시설을 이용할 수 없으며, 안전한 식수나 위생에 필요한 편의 시설을 갖추지 못하고 살아가고 있습니다. 또 자녀를 교육시킬 능력이 없는 극단적 빈곤에 놓여 있습니다.

이런 극단적인 빈곤은 동아시아·남아시아·사하라 이남 아프리카에 집중되어 있습니다. 특히 아프리카 대륙의 많은 나라들은 기근, 인프라 부족, 지역적 고립, 에이즈와 말라리아로 빈곤의 악순환에서 벗어나지 못하고 있습니다. 가난한 사람들은 약도 없는 병실에서, 말라리아 모기를 막을 모기장도 없는 마을에서, 안전한 식수도 없는 집에서 죽어갑니다. 아프리카에서는 하루에 약 1만 명이 말라리아 때문에 죽어가고 있습니다.

그 1만 명을 구하는 일은 믿어지지 않을 정도로 진짜 간단합니다. 단지 모기장 하나만 있으면 되는 것이지요. 모기장이 있으면 모기에 물리지 않아 말라리아를 예방할 수 있는데도 값싼 모기장조차 보급되지 못한다는 것이 기가 막힐 뿐입니다.

　저자는 처음 아프리카에 갔을 때 말라리아와 싸우기 위해 할 수 있는 모든 것이 이미 행해지고 있으리라고 기대했습니다. 해마다 수백만 명의 어린이들이 죽어가는 상황에서 세계 공동체가 뒷짐을 지고 서 있지만은 않으리라고 예상한 것이지요. 서구 사회는 얼마나 소리 높여 자선 모금을 하고 구호 사업을 펼친다고 떠들어 댔습니까?

　그러나 놀랍게도 세계 기구와 선진국들이 아프리카를 지원한 수준은 아주 미미했습니다. 해마다 20~30억 달러가 필요한 데 비해 지원액은 고작 수천만 달러에 지나지 않았습니다. 이에 제프리 삭스는 몹시 충격을 받았습니다.

　그런데 9·11 테러로 뉴욕 쌍둥이 빌딩에서 3,000명 정도가 죽자 전 세계가 놀라 자지러지고 호들갑스레 돈을 쏟아붓고 전쟁을 준비하고 엄청난 보복을 하고 난리를 쳤습니다. 하지만 그것은 거의 정신 나간 미친 짓입니다.

　오늘날 가진 자들의 운명은 '아무것도 갖지 않은 자'들의 운명과 불가피하게 연결되어 있습니다. 예전에는 미처 이 점을 몰랐다고 하더라도 2001년 9월 11일 이후로 너무나 명확해졌습니다. 9·11 사건을 일으킨 범인들이 부유한 사우디아라비아인이었을 수도 있겠지만, 그들이 원군과 도피처를 발견한 곳은 정치와 사회가 붕괴되고 빈곤에 찌든 아프가니스탄이었습니다. 아프리카는 테러와의 전쟁에서 최전선은 아니지만 곧 그렇게 될 수밖에 없습니다. 테러와의 전쟁은 빈곤과의 전쟁과 단단히 결부되어 있습니다.

저자는 그럼에도 불구하고 매일 죽어나가는 그 1만 명에게는 무관심한 세상에 분노를 느낍니다.

이러한 사정은 AIDS의 경우에도 크게 다르지 않았습니다. 날마다 1만 5,000명의 사람들이 AIDS와 결핵, 말라리아로 무고하게 죽어가고 있습니다. 이것이 아프리카의 현실이며 위기입니다.

저자는《빈곤의 종말》에서 2025년까지 전 세계 인구 중 1달러 미만으로 살아가는 사람이 없도록 인류가 공동으로 협력하자는 구체적인 목표를 제시합니다. 첫째, 극단적 빈곤 속에서 살며 날마다 생존을 위해 투쟁하는 6분의 1의 세계 인구가 처한 곤경을 끝내는 일입니다. 둘째, 세계의 모든 빈곤한 사람들이 발전의 사다리에 오를 기회를 가질 수 있도록 하는 일입니다.

우리 세대의 도전은 가장 빈곤한 사람들이 극단적 빈곤이라는 비참한 현실에서 벗어나 스스로 경제 발전의 사다리를 오르기 시작할 수 있도록 힘껏 도와주는 것입니다.

현재 아프리카의 상황은 비참하기 짝이 없습니다. 오랫동안 식민 지배를 받은 탓에 그들은 제대로 된 교육 시스템이 정착할 기회가 없었습니다. 아프리카 국가들의 문맹률은 끔찍하게 높습니다. 아스팔트 깔린 도로도 찾아보기 힘들고, 전력 시설도 갖춰져 있지 않고, 가뭄으로 인해 수많은 인구가 기아에 허덕이고, 말라리아가 수많은 사람들의 생명을 앗아가고 있습니다. 이 비참함의 책임은 서구에 있습니다.

아프리카는 서구의 수탈에 의해 비참한 '최악의 가난이란 함정'에 빠졌을 뿐입니다. 그들은 혼자만의 힘으로는 도저히 그 함정을 빠져나올 수 없습니다. 누군가 함정에서 나올 수 있는 문을 열어주어야 합니다. 밖에 있는 (잘사는) 사람들이 도와야 하는 것입니다.

방글라데시는 가까스로 발전을 위한 사다리의 첫 계단에 발을 올려놓을 수 있었고, 경제 성장과 함께 보건과 교육의 질을 향상시킬 수 있었습니다. 방글라데시의 끊임없는 노력의 결과이자 BRAC와 그래민 은행 같은 비정부 조직의 창의성 덕택입니다.

세계는 한 나라가 얻으면 다른 나라는 잃기 마련인 제로 게임이 아니라, 기술과 기능의 개선으로 인해 전 세계 생활 수준을 향상시킬 수 있는 상생의 게임입니다.

다행스러운 소식은 세계 인구 절반 이상의 사정이 방글라데시의 의류 공장 노동자들보다 더 나아지고 있고, 대체로 경제적 진보를 경험하고 있다는 점입니다.

극단적 빈곤의 종말은 우리 세대에 이룰 수 있을 정도로 임박해 있지만 이것은 우리 앞에 놓여 있는 역사적 기회를 붙잡을 경우에만 가능할 것입니다.

빈곤으로부터 탈출하는 길

어떤 면에서 오늘날의 개발경제학은 의학과 닮았습니다.

의사가 한밤중에 전화를 받습니다. 한 어린아이가 고열 증세를 보입니다. 의사는 무엇을 해야 할까요?

저자는 의사인 아내의 영향을 받아 경제학에 의학을 접목한 '임상경제학'을 새롭게 제안하고 있습니다. 훌륭한 개발경제학과 임상의학 사이의 유사성을 강조하기 위한 것입니다.

첫째, 경제는 인간의 몸과 마찬가지로 복잡한 시스템이다.

둘째, 임상의들과 마찬가지로 경제학자들은 감별 진단 기술을 배울 필요가 있다. 임상경제학을 통해 개발경제학자들은 경제 위기의 근본적인 원인을 좀 더 효과적으로 다룰 수 있는 방법을 배워야 한다.

셋째, 임상경제학은 임상의학과 마찬가지로 치료를 개인의 측면이 아니라 '가족'의 측면에서 살펴봐야 한다.

넷째, 개발을 훌륭하게 실행하려면 관찰과 평가가 필요하다.

다섯째, 개발경제학 공동체는 반드시 필요한 윤리적·직업적 기준을 갖고 있지 않다.

여러 나라들이 경제 성장을 달성하지 못하는 가장 공통적인 이유를 빈국이 저지르고 있는 잘못에 초점을 맞춰 설명하는 경우가 자주 있습니다. 즉, 빈곤은 부패한 지도부와 현대적 발전을 가로막는 퇴행적 문화 때문이라는 것입니다.

그러나 사회의 경제 시스템처럼 복잡한 구조로 이루어진 것은 너무나 많은 부품을 가지고 있으므로 단 하나의 고장으로 '빈곤'이 발생했다고 보기는 어렵습니다. 임상경제학의 핵심은 면밀한 감별 진단과 그에 따른 적절한 치료법입니다. 다음 8개 주요 범주의 문제가 경제를 정체시키거나 퇴화시켜 나간다고 봅니다.

빈곤 함정   최빈국들의 핵심적 문제는 빈곤 그 자체가 함정일 수 있습니다. 빈곤이 아주 극단적인 경우 가난한 사람들은 곤경에서 스스로 벗어날 능력이 없습니다. 임상경제학자는 기존의 것이나 새로 수행된 가계 조사, 지리 정보 시스템 데이터, 국민소득 계정 등 다양한 정보를 사용하여 빈곤의 정도를 나타내는 지도(빈곤 지도)를 작성해야 합니다.

경제 정책 틀　　통치 구조의 실패도 중요한 영향을 미칩니다. 정부에서 영양·공중 보건·질병 통제·교육·가족 계획 등에 대한 프로그램을 통해 인적 자본에 충분히 투자하고 있는지 여부가 중요합니다. 정부는 우선순위가 높은 사회간접자본을 확인해 지원하고, 전 국민이 쓸 수 있도록 사회적 서비스를 제공해야 합니다.

재정적 틀과 재정 함정　　재정적 함정도 중요합니다. 예산이 핵심 인프라 투자와 사회적 서비스에서 상당한 역할을 해야 하기 때문이다. 1인당 절대 금액 면에서의 지출 수준은 기본적 욕구를 충족시키고 빈곤 함정에서의 탈출을 지원하기 위한 지출의 적정성을 알려줍니다.

자연 지리　　자연 지리의 문제를 무시할 수 없습니다. 극단적 빈곤을 진단하고 극복하는 데 이 범주가 근본적으로 중요함에도 불구하고 경제학자들은 이 분야에서는 놀라울 정도로 무지합니다. 예를 들어 미국인들은 온전히 자신들의 손으로만 부를 이뤘다고 믿지만, 그들은 훌륭한 토양·풍부한 강수량·항해가 가능한 큰 강·해양 무역의 바탕이 되는 수천 개의 천연 항구 등을 잊어버리고 있습니다.

통치 구조 패턴과 실패　　법의 지배가 존재하는가, 아니면 독재자의 자의적인 명령만이 존재하는가 또한 중요합니다.

정부의 역할은 기초적 보건·도로·전력망·항구 등과 같은 공공 재화와 서비스 투자에 결정적인 영향을 담당하기 때문입니다.

문화 구조   경제 발전 과정에서 일어날 수 있는 문화적 장벽도 중요합니다. 정부가 자국을 진보시키려 할 때 문화적 환경이 발전에 장애가 될 수 있습니다.

지정학   지정학적 요인도 중요합니다. 교역을 하려면 당사가 있어야 하는데, 외국이 세운 장벽은 빈국의 경제 발전을 방해할 수 있습니다.

저자는 10년 동안 아프리카에서 열정적으로 일하면서 고립과 기초 인프라의 결여가 거의 모든 아프리카 농촌의 지배적 상황이라는 것을 이해하게 되었습니다. 그래서 아프리카의 질병과 죽음이 경제 발전 능력의 결핍을 불러온 뿌리 깊은 원인이라는 결론을 내렸습니다. 이 과정에서 그는 수억 명의 가난한 사람들을 고통 속에 방치해두는 온갖 편견과 오해에 맞서 싸우겠다는 결의를 더욱 굳게 다졌습니다.

세상의 빈곤을 끝낼 수 있다

제프리 삭스는 2025년까지 지구적 빈곤을 끝내기 위해서는 부국과 빈국 사이의 '전 지구적 협정'이 필요하다고 보고 있습니다. 더 나아가 모든 나라가 다 함께 참여하는 일치된 행동이 필요합니다.

빈국들은 빈곤을 끝내는 일을 중요한 과제로 설정하고, 국가적 자원을 전쟁·부패·정쟁이 아니라 가난을 줄이기 위한 일에 더 많이 투입해야 합니다.

부국들은 빈국들을 돕겠다는 상투적 문구만 남발하지 말고 그동안 여러 차례 내걸었던 약속을 구체적으로 실행해야 합니다. 이 목표를 이루려면 적합한 틀이 필요합니다. 저자가 유엔 밀레니엄 프로젝트에서 동료들과 함께 제시한 것이 바로 구체적인 틀이라고 강조합니다. '2025년까지'라는 시기에 초점을 맞춘 이 틀은 '밀레니엄 발전 목표에 기반을 둔 빈곤 경감 전략'이라 불립니다.

그렇다면 이런 목표 달성에는 얼마의 비용이 들고, 과연 이 비용은 누가 부담할까요? 만일 세계의 모든 극빈층이 기본적인 욕구를 해결할 만큼 소득을 올리려면 부국의 소득 가운데 얼마가 빈국으로 이전되어야 할까요? 세계은행은 개인의 기본 욕구를 충족시키려면 1인당 하루 1.08달러가 필요하다고 추산했습니다.

빈곤의 종말은 우리 세대에 주어진 위대한 기회입니다. 또 빈곤의 종말이란 인간이 직면한 엄청난 고통을 완화시키고 경제적 복지를 확산시키려는 약속일 뿐만 아니라, 더 나아가 민주주의·세계적 안전·과학의 진보라는 계몽주의적 목표를 증진시킬 수 있는 약속이기도 합니다.

여러분은 《빈곤의 종말》을 읽으면서 무엇보다도 제프리 삭스의 호연지기浩然之氣에 어린 휴먼 정신이 마음에 들었을 것입니다. 감히 세상의 빈곤을 끝낼 수 있다고 떠벌리는 경제학자가 나타나다니!

그런데 이 책을 꼼꼼히 읽어 보면 그것은 단순한 호기에서 나온 말이 아니라 자신이 몸소 터득한 체험과 치밀한 논리적 계산을 거쳐 실현 가능성이 높은 플랜으로 제시되어 있다는 것을 알 수 있습니다.

29세에 하버드대 역사상 최연소 정교수로 발탁된 천재다운 발상과 논리 전개가 이 책에 완전히 녹아 있습니다. 과연 그는 세상을 발로 뛰어다니며 절대 빈곤의 함정에 갇힌 사람들에게 문을 열어 주기 위해 노심초사하는 '행동하는 경제학자'였습니다.

저는 무엇보다도 절대 빈곤의 함정에 빠진 사람들은 자력으로는 빠져나올 수 없으니 밖에 있는 누군가가 반드시 도와주어야 한다는 저자의 의견에 깊이 공감했습니다. 이것이 보편적인 인류애이자 사랑의 시작이라고 생각합니다.

경청해 주셔서 감사합니다.

Chapter 002

빌 게이츠의
삶과 철학에 대하여

인터넷과 24시간 뉴스의 출연에도 불구하고 여전히 사람들이
진정으로 문제를 직시하는 데는 복잡한 요소들이 있습니다.
비행기 추락 사고가 나면 정부는 기자회견을 엽니다.
그들은 조사를 통해 원인을 규명하고 향후 유사한 사고를
막을 것이라고 약속합니다. 하지만 만일 정부가
솔직하게 말한다면 전 세계에서 예방 가능한 사고로
오늘 죽은 사람들 중에서 0.5%만이 이 비행기에 있었다고
말할 것입니다. 그리고 이 목숨을 빼앗은 문제를 해결하기 위해
가능한 모든 방법을 동원할 것이라고 말할 것입니다.
더 큰 문제는 비행기 추락이 아닙니다.
죽음을 막을 수 있었던 수백만 명의 목숨입니다.

빌게이츠, 하버드 졸업식 연설문 중에서

| 호기심 소년은 백과사전을 사랑해!

 반갑습니다. 고려신문의 최낙도입니다. 저는 빌 게이츠와 친분이 있는 사람은 아니지만 빌 게이츠의 전기를 번역한 이력 때문에 이 자리에 불려나오게 되었습니다. 빌 게이츠에 관심이 많으신 분은 아시는 이야기가 될지도 모르겠지만 저는 주어진 시간에 빌 게이츠란 사람의 살아온 내력을 더듬어보기로 하겠습니다.
 빌 게이츠는 1955년 10월 28일 워싱턴 주 시애틀에서 태어났습니다. 그의 아버지는 저명한 변호사였고, 어머니는 은행과 비영리 단체의 이사회 임원이었습니다. 외할아버지는 미국 국립은행의 부은행장으로, 빌은 태어날 때부터 복 받은 환경에서 자라났습니다. 현대 사회를 지탱하는 힘이 법과 경제인데 집안 어른들이 그 분야에서 종사한다는 것은 가장 유력한 시스템의 도움을 받을 수 있다는 것을 의미하기 때문입니다.
 현재 세계 최대의 갑부인 빌 게이츠를 만든 건 바로 그의 부모입니다. 그의 부모는 빌 게이츠가 어릴 적부터 정보의 보고인 책을 가깝게 여기고 독서광이 되도록 이끌었습니다.
 "부모님은 항상 내가 많이 읽고 다양한 주제에 대해 생각하도록 격려했습니다. 우리는 책에 관한 것부터 정치까지 모든 주제에 대해 토론했습니다."

빌 게이츠의 부모는 자녀들이 책 읽는 데 집중하도록 평일에는 텔레비전 보는 것을 금지하고 주말에만 허락했습니다. 빌 게이츠는 지금도 텔레비전을 거의 보지 않는다고 합니다. 한 잡지사와 인터뷰에서 이렇게 밝히기도 했습니다.

"텔레비전 프로그램이 싫은 게 아니라, 귀중한 내 시간을 텔레비전 보는 데 할애하는 게 아깝습니다."

빌 게이츠는 학교에서 배우는 것이 별로 재미가 없었던 탓에 책에 빠져들었습니다. 하루는 빌이 엄청나게 두꺼운 백과사전을 들여다보며 씨름하고 있었습니다. 그것은 깨알만 한 글씨가 빽빽하게 들어 차 있는 것이었는데 빌은 백과사전이 재미있었습니다. 왜냐하면 세상 모든 것들이 알파벳순으로 일목요연하게 나열되어 있어서 세상의 비밀을 모조리 알 수 있을 것 같았기 때문입니다.

"만약 백과사전을 처음부터 끝까지 모조리 외워버린다면 나는 위대한 인물이 될 수 있을 거야!"

빌은 거짓말처럼 백과사전을 통째로 외워버렸습니다. 그때부터 빌은 독서광이 되어서 아버지의 서재에 있는 책들을 모조리 읽어 나가기 시작했습니다. 빌의 부모는 자신의 아들이 책을 좋아하는 것을 기쁘게 생각하기는 했지만 백과사전을 통째로 외우는 기억력을 갖고 있는 줄은 알지 못했습니다.

어느 날 빌은 뛰어난 암송 실력으로 주변 사람들을 놀래게 만들었습니다. 교회에서 목사님이 성경 공부 시간에 아이들에게 숙제를 내주었습니다.

"여러분, 산상수훈은 예수님의 가르침이 가득한 말씀입니다. 다음 시간까지 여러분 중에 단 한 명이라도 산상수훈을 외워오면 모두에게 맛있는 점심을 대접하겠어요."

목사님의 말에 아이들은 환호를 내질렀지만 그것은 산상수훈이 얼마나 길고 외우기 까다로운지를 몰라서 그런 것이었습니다. 하지만 빌은 속으로 회심의 미소를 지었습니다. 백과사전도 외우는데 그 정도쯤이야 싶었던 것입니다. 빌의 부모는 아들이 책을 좋아하기 때문에 은근히 기대를 걸었으나 녀석은 빈둥거리면서 성경책은 들추어보지도 않았습니다.

'엉뚱한 짓이나 하고 다니는 개구쟁이에게 그런 기대를 하다니! 우리가 잘못이지!'

그런데 산상수훈 암송 시험을 보는 날 이변이 일어났습니다. 성경책을 한 번도 들춰보지 않는 것 같았던 빌이 산상수훈을 한 글자도 틀리지 않고 다 외운 것입니다.

"아니, 저 말썽꾸러기인 빌이 어떻게······."
"저 녀석은 완전 멍청이라고 생각했는데 다시 봐야겠는걸!"

겨우 3~4명이 〈마태복음〉의 5장과 6장을 더듬거리며 간신히 암송했을 뿐 산상수훈을 끝까지 외운 아이는 빌뿐이었습니다. 빌의 부모는 아들을 자랑스럽게 여기지 않을 수 없었습니다. 빌 덕분에 아이들은 모두 목사님에게 맛있는 점심을 얻어먹을 수 있었습니다. 빌의 부모는 아이에게 남다른 재능이 있다는 것을 발견하고 빌이 13세가 되자 사립 명문인 레이크사이드 스쿨로 진학을 시켰습니다.

컴퓨터광이 되다

빌 게이츠는 레이크사이드 스쿨에서 공부를 하며 점차 수학에 뛰어난 재능을 보였습니다. 그리고 그는 컴퓨터와 운명적인 만남을 하게 됩니다. 컴퓨터와의 만남은 빌에게 열정을 가져다주었고 그 열정은 세상을 바꾸는 힘이 되었습니다.

 처음 빌은 단정한 재킷 교복과 넥타이를 매고 다녀야 하는데다가 너무도 규칙적인 것을 강요하는 엄격한 레이크사이드 스쿨에 잘 적응하지 못했습니다. 중등 과정을 배우는 학교임에도 불구하고 동부의 명문 대학 등록금보다도 비싼 학비를 내야 하는 학교였습니다.

 빌은 자신도 모르게 웃옷 끝까지 단추를 채우고 바지를 바짝 추어올리고 다니며 반항적인 행동을 하다가 결국에는 아동 심리 치료까지 받게 되었습니다. 그런데 그를 담당한 심리 치료사는 아주 마음이 따뜻하고 자애로운 사람이었습니다.

"빌, 너는 책을 읽는 것 같은 혼자서 하는 일을 잘하잖아. 다른 생각은 하지 말고 공부를 할 때도 마음을 편안하게 먹고 혼자 책을 읽듯이 해 보거라."

그 덕분에 빌은 마음의 안정을 찾고 학교 공부에 적응하게 되었습니다. 그러다가 1968년, 빌은 자신의 인생을 송두리째 바꾸어 놓는 어떤 만남을 갖게 되었습니다. 그것은 사람이 아니라 컴퓨터였습니다.

"빌, 우리 학교에 컴퓨터가 설치되고 있대. 지금 맥 앨리스터 홀에서 말이야!"

친구 하나가 헐레벌떡 달려와서 그 중대한 소식을 전했습니다. 빌은 백과사전에서 컴퓨터란 항목을 외운 바 있어서 그것이 무엇인지 알고 있었습니다. 하지만 한 번도 실제로 본 적은 없었습니다. 당시의 컴퓨터는 지금 우리가 집이나 사무실에서 쓰는 PC가 아니라 대형 냉장고보다도 훨씬 커다란 것이었습니다. 아니 정확하게 말하자면 메인 프레임이라고 부르는 커다란 컴퓨터가 외부에 있고, 이 컴퓨터에 연결이 가능한 터미널을 들여놓은 것이었습니다.

어쨌거나 빌은 영문도 모르는 채 운명의 힘에 이끌리듯 가슴은 흥분으로 가득 차 터져버릴 것 같은 상태로 맥 앨리스터 홀을 향해 전속력으로 달려갔습니다. 맥 앨리스터 홀은 학교에서 수학과 과학 건물로 쓰는 곳이었습니다. 그곳에 당도한 빌은 난생처음 들어보는 기계음에 매료되었습니다. 그리고 소리를 울리며 끊임없이 글자들을 찍어내는 신기한 기계에 넋이 나갔습니다.

레이크사이드 스쿨의 학부모들은 상류층 인사들이 많은 탓에 자녀들에게 보다 앞선 교육 환경을 만들어주고자 바자회 수익금으로 컴퓨터 터미널을 기부했는데, 그것이 제너럴 일렉트릭General Electric Company의 텔레타이프라이터 단말기 ASR-33이었습니다. 당시는 미국에서도 컴퓨터가 드물던 때였는데 시애틀에서는 레이크사이드 스쿨이 최초로 컴퓨터를 쓸 수 있는 환경을 구축한 것입니다.

그날부터 빌의 머릿속에는 컴퓨터가 꽉 들어찼습니다. 컴퓨터라는 정체불명의 기계가 눈 깜짝할 사이에 빌의 영혼을 사로잡았습니다.

다음 날부터 빌은 수업 때를 빼고는 대부분 컴퓨터실에서 시간을 보냈습니다. 컴퓨터를 사용하려는 아이들이 많아서 컴퓨터를 사용할 수 있는 시간보다 자기 순서를 기다리는 시간이 훨씬 길었지만 그건 상관없었습니다. 빌은 자기 순서를 기다리며 컴퓨터 회사에서 제공한 매뉴얼을 통째로 외웠습니다. 컴퓨터를 작동했을 때 튀어나오는 덧셈, 뺄셈, 곱셈, 나눗셈의 답을 머릿속으로 그려보았습니다. 아직 초보적인 작동법밖에 몰라서 기초적인 산수 문제일 뿐이었지만 빌은 컴퓨터가 계산해낸 답을 넋이 빠진 사람처럼 쳐다보고는 했습니다.

 그러던 빌에게 생각지도 못한 횡재거리가 생겼습니다. 점차 아이들이 하나둘씩 컴퓨터에 흥미를 잃고 떨어져나간 것입니다. 당시에는 지금처럼 만들어진 프로그램을 사용하는 것이 아니라 컴퓨터를 사용하는 사람이 직접 프로그램까지 만들어서 사용해야만 했습니다. 즉, 복잡한 컴퓨터 언어를 익혀야만 컴퓨터를 사용할 수 있던 것입니다. 그것은 수학 문제보다 훨씬 더 어려운 프로그래밍 작업이었습니다.

 "뭐가 이래? 이건 순 엉터리야! 간단한 계산을 하기 위해 이렇게 어려운 걸 배워야 한단 말이야?"

 "컴퓨터는 척척박사인 줄 알았는데 그게 아니네!"

 아이들은 컴퓨터 곁을 떠나갔습니다. 며칠 후 컴퓨터 앞에는 빌을 비롯한 몇몇 아이들만 남았습니다. 그중에는 훗날 빌과 함께 마이크로소프트를 창업하는 폴 앨런도 있었습니다.

 컴퓨터 매뉴얼을 독파하고 달달 외우게 된 빌은 자신이 입력한 코드를 언제나 완벽하게 수행하는 이 기계에 완전히 매료되었습니다. 그는 컴퓨터는 결코 호락호락한 상대가 아니지만 또한 컴퓨터로 할 수 있는 일이 끝없이 많다는 것을 깨닫고 있었습니다.

 빌은 몇 시간 동안 끙끙대며 컴퓨터를 상대로 플레이를 하는 틱택토Tic Tac Toe라는 게임을 만들어냈습니다. 또한 달 착륙 게임을 만들기도 했습니다.

 빌은 그렇게 컴퓨터에 푹 빠져 지냈지만 얼마 못 가서 난관에 부딪혔습니다. 컴퓨터를 사용하려면 시간당 40달러나 되는 요금이 들었는데 과도한 컴퓨터 사용량으로 인해 학부모들이 바자회를 해서 거둔 성금이 바닥난 것입니다.

 "어떻게 하지? 내일부터는 컴퓨터 사용이 정지된다는데."

 그러나 빌은 빙글거리며 웃고만 있었습니다.

 "야, 빌. 너는 걱정도 안 되니? 웃고만 있게."

 "우리가 프로그램을 만들어서 돈을 벌면 돼!"

 "뭐라고? 우리가 돈을 번다고?"

 "그래, 우리가 돈을 벌면 돼!"

 이번에 대답한 것은 폴 알렌이었습니다.

 빌은 폴 알렌과 몇 명의 친구들과 함께 '레이크사이드 프로그래밍 그룹'을 만들었습니다. 그때부터 이들은 메인프레임 컴퓨터 임대와 판매를 하는 인근 회사에 찾아가서 프로그래밍과 프로그램에서 버그를 찾는 일을 하면서 컴퓨터를 마음대로 쓸 수 있게 되었습니다. 게다가 회사에 있는 컴퓨터는 학교 컴퓨터와 상대가 되지 않는 최신식이라 성능이 무척 뛰어났습니다.

그들은 고등학생에 불과했지만 컴퓨터를 다루는 실력이 대단해서 일거리를 주는 곳들이 계속 생겨났습니다. 대단한 일은 빌과 그의 친구들이 3개월간 작업한 '급여 관리 프로그램'이 1만 달러라는 엄청난 거액의 돈을 벌어들인 것입니다.

이런 사실을 보면 빌은 분명히 컴퓨터 천재임에는 틀림없습니다. 하지만 시간당 40달러나 되는 요금을 감당할 수 있었던 학교의 환경이 없었다면 오늘날의 빌 게이츠는 없었을 것입니다. 그래서 사람들은 빌 게이츠가 그런 환경을 가진 미국에서 태어난 것이 아주 큰 행운이라고 말합니다.

하버드를 뛰쳐나와 사업을 시작하다

빌 게이츠는 1973년에 고등학교를 졸업하고, 하버드대학에 입학했습니다. 그는 컴퓨터에 미쳐서 거의 공부를 하지 못했는데도 하버드대학에 여유 있게 들어갔습니다.

어느 날, 한 잡지가 빌의 눈에 띄었습니다. 그 잡지는 전자 제품을 조립하는 취미를 가진 마니아들을 위한 잡지였는데, 빌은 잡지의 조립 키트에 인텔의 8080 마이크로프로세서와 256바이트

RAM이 있는 것을 보고 충격을 받았습니다. 빌은 자신에게 다가온 '평생의 기회'를 예감했습니다. 그것은 컴퓨터가 점점 작아져서 사무실이나 가정의 책상 위에 놓일 것이란 생각이었습니다.

"야, 폴. 이 부품들을 조립하면 퍼스널 컴퓨터를 만들 수 있을 것 같아."

그는 흥분을 감추지 못하고 친구인 폴 앨런에게 말했습니다.

"정말 그럴까?"

폴은 반신반의하며 물었습니다.

"내 말이 맞을 거야."

빌은 저렴한 컴퓨터가 가져올 미래상을 펼쳐보였습니다.

"폴, 앞으로는 집집마다 퍼스널 컴퓨터가 보급되어서 그 수효가 엄청날 거야."

당시는 전문가들조차 컴퓨터는 국가 기관이나 큰 회사에서 업무용으로만 쓸 수 있으리라 생각하던 때였습니다.

빌의 설명을 들은 폴은 그 말에 동의했습니다. 두 사람은 상업적인 성공을 거둔 최초의 개인용 컴퓨터인 알테어Altair 8800에서 동작하는 프로그래밍 언어인 BASIC을 개발했습니다

얼마 후, 두 사람은 스티브 잡스와 스티브 워즈니악이 '애플'이라는 새로운 퍼스널 컴퓨터를 만들어냈다는 소식을 접했습니다. 애플은 비로소 컴퓨터라고 불릴 만한 자격을 갖춘 개인용 컴퓨터

였습니다. 빌이 프로그램을 만들며 매달렸던 알테어는 애플의 상대가 되지 못할 정도였습니다.

 두 사람은 충격을 받았고, 애플의 성공으로 인해 순식간에 500개나 되는 많은 컴퓨터 회사들이 생겨났습니다. 빌과 앨런은 자신들의 운명이 바뀌고 있다는 사실에 곧 의기투합했습니다. 그들은 퍼스널 컴퓨터를 위한 소프트웨어를 만들겠다는 생각을 굳혔습니다.

 그들은 바로 대학 캠퍼스를 뛰쳐나와서 사업에 뛰어들었습니다. 두 사람은 헛간에서 뮤지컬 연습을 하면서 스타의 꿈을 키우는 영화 주인공처럼 젊은 패기 하나만으로 회사를 차렸습니다. 훗날 세계 최대의 소프트웨어 회사가 된 '마이크로소프트Microsoft Corporation'를 설립한 것입니다. 1975년의 일이었습니다.

 회사를 차린 빌 게이츠는 꾸물거릴 시간이 없다고 생각했습니다. '책상 위의 작은 컴퓨터를 위한 베이직 프로그램'을 개발하는 것이 그의 첫 사업이었고, 그는 그것이 곧 전 세계의 직장과 가정에 보급되어 폭발적인 수요를 창출할 것임을 예측하고 흥분을 감추지 못했습니다.

 그 무렵 세계 최대의 컴퓨터 회사인 IBM이 움직이기 시작했습니다. IBM은 오랫동안 슈퍼컴퓨터 등 대형 컴퓨터만을 생산해온 회사였습니다. 그들은 그것만으로도 막대한 수입을 올리고 있었기 때문에 소형 컴퓨터 따위에는 관심이 없었습니다. 하지만 애플 컴퓨터로부터 시작된 소형 컴퓨터 시장이 폭발적으로 확대되자 IBM 또한 새로운 시장을 개척하기 위해 움직이기 시작한 것이었습니다.

그런데 하드웨어만 만들어온 IBM은 소형 컴퓨터를 움직일 프로그램이 없었습니다. 빌은 그 사실을 알았고 그 절호의 기회를 놓치고 싶지 않았습니다. 그래서 그는 모험을 시도했습니다. 그는 프로그램을 개발할 시간이 없다는 판단에 따라 시애틀의 한 회사에서 초기 개발 단계에 있던 소프트웨어인 Q-DOS를 50달러라는 헐값에 구입했습니다. 그는 수정을 거듭한 끝에 그 프로그램을 MS-DOS로 탈바꿈시켰습니다.

빌은 IBM을 상대로 뛰어난 비즈니스 능력을 발휘해 그 제품을 IBM PC를 작동시키는 운영체제로 끼워넣는 데 성공했습니다.

1981년 8월, IBM이 발표한 개인용 컴퓨터 IBM 5150이 시장을 강타했습니다. IBM 개인용 컴퓨터는 애플 컴퓨터와는 달리 개방형 체제를 선택했습니다. 그러자 모든 협력 업체가 개인용 컴퓨터의 조립 판매에 뛰어들면서 진정한 PC 시대가 개막하게 되었습니다.

빌의 예상은 맞아떨어졌습니다. IBM PC는 순식간에 개인용 컴퓨터 시장을 장악하게 되었습니다. IBM PC가 전 세계 개인용 컴퓨터의 표준으로 자리매김함에 따라 MS-DOS는 덩달아 전 세계의 개인용 컴퓨터를 구동시키는 세계적인 표준 소프트웨어가 되었습니다.

마이크로소프트가 MS-DOS를 대신할 운영체제로 발표한 '윈도우 95'는 전 세계적 히트 상품이 되면서 빌 게이츠를 세계 최고의 부자로 만들어주었습니다. 개인용 컴퓨터에 관한 빌 게이츠의 비전은 마이크로소프트와 소프트웨어 산업 성공의 핵심이었습니다.

그 후, 마이크로소프트의 운영체제인 윈도우 시리즈는 전 세계 수십억 대나 되는 개인용 컴퓨터의 90퍼센트 이상을 움직이게 되었고, 그리하여 마이크로소프트는 그 거대한 IBM을 누르고 세계 제일의 컴퓨터 제국을 이뤄냈으며 빌 게이츠는 컴퓨터 시대의 황제로 등극했습니다.

어찌 보면 IBM은 마이크로소프트를 위해서 'PC'라는 용어와 제품을 널리 보급시킨 셈이었습니다. 빌 게이츠의 지휘하에 마이크로소프트는 지속적으로 소프트웨어 기술을 진보, 향상시켰습니다.

세계 최고의 부자가 되다

기회를 잡는 자는 미래를 내다보는 혜안이 있어야 하는 법이겠죠. 빌 게이츠야말로 미래를 제대로 내다보고 특유의 순발력으로 그 기회를 낚아챈 대표적인 기업인입니다. 그는 1994년 세계 최고의 부자가 된 이래 거의 20년간 세계 최고 부자의 자리를 지켰습니다.

빌 게이츠가 이처럼 세계 제일의 갑부 자리를 유지하게 된 것은 30여 년이 지난 지금도 마이크로소프트의 운영체제가 세계 퍼스널 컴퓨터의 표준으로 군림하고 있기 때문입니다. 그것은 빌 게이츠가 20세에 내린 결단이 있었기에 가능한 일이었습니다. 참으로 얼마나 멋진 결단입니까!

그러나 빌 게이츠는 컴퓨터 시대의 황제 자리를 지키기 위해 부단한 노력을 아끼지 않았습니다. 정상의 자리, 그것도 세계 정상의 자리를 수십 년간 지켜나간다는 것은 남들보다 몇 배는 부지런하고 몇 배는 더 많은 생각을 하고 노력해야 가능한 일이었습니다. 그래서 빌 게이츠는 마이크로소프트 직원들에게 이런 말을 하곤 했습니다.

"만약 당신이 긴장을 늦추지 않고 최선을 다해 열심히 일하기를 싫어한다면, 이 회사는 당신이 일할 자리가 아니다."

직원들은 그 말을 당연한 것으로 받아들였습니다. 하지만 수많은 직원들 중 빌 게이츠 자신보다 더 열심히 일하는 사람은 없었습니다. 1978년부터 1984년 사이에 빌 게이츠가 휴가를 낸 것은 모두 15일뿐이었습니다. 일중독처럼 보이는 그는 이렇게 말하고 있습니다.

"나는 일이 재미있기 때문에 일을 합니다. 사업이란 내 앞에 닥친 일종의 흥미진진한 도전이라고 생각하고 있거든요. 그렇다고 내가 사업을 진지하게 받아들이지 않거나 게임처럼 생각한다는 의미는 아니죠. 나는 언제나 심각하고 진지하게 비즈니스를 합니다. 다만 좀 더 창조적인 자세로 인생을 일종의 도전으로 받아들인다면 인생은 훨씬 더 재미있을 것이라고 생각하고 있습니다."

빌 게이츠는 마이크로소프트가 세계 최고의 회사가 된 후에도 때로는 햄버거로 끼니를 해결하며 전처럼 열심히 일에 매달렸습니다. 그는 사업상의 여행에서 개인용 비행기를 애용하기도 하지만 되도록 일반 비행기의 2등석을 타곤 했습니다. 그리고 그 비용은 절대 회사에 청구하지 않았습니다. 세계 최고 부자가 1등석을 타지 않는 이유는 간단했습니다.

"1등석이든 2등석이든 도착하는 시간은 똑같잖아요. 2등석을 타면 많은 비용을 절감할 수 있으니까 좋죠. 만약 내가 뚱뚱하거나 혹은 굉장히 키가 컸다면 2등석을 탈 수 없었을 겁니다. 하지만

나는 표준 체격을 가진 탓에 아무 불편을 느끼지 못해요."

빌 게이츠는 세계 최고의 부자가 된 후에 자신의 회사에서 열심히 일하는 직원들도 부자로 만들어주었습니다. 1997년, 빌 게이츠는 마이크로소프트 직원들에게 이런 제안을 했습니다.

"나는 여러분의 업무 성과에 따라 회사 주식을 배분해주겠다는 약속을 드립니다. 앞으로 마이크로소프트에서는 열심히 일하고 눈에 보이는 실적을 올린 사람이 부자가 될 수 있습니다. 자신이 하는 일에 관해서는 자기 자신이 사장이라는 인식을 해주시기 바랍니다. 나는 여러분이 일한 만큼 대우해주는 것이야말로 가장 공평하고 합리적인 경영 방법이라고 생각합니다."

그때부터 마이크로소프트의 직원들은 더욱 일벌레가 되어서 일하기 시작했습니다. 일주일에 80시간 이상씩 일에 파묻혀 사는 사람들도 있었습니다. 하지만 그들은 자신이 맡은 프로젝트를 수행할 뿐 누구의 간섭도 받지 않고 일합니다. 그들은 다른 회사보다 훨씬 많은 급여를 받고 있는 것도 아닙니다. 하지만 마이크로소프트 직원 중 빌 게이츠로부터 주식을 배당받은 1만 명이 넘는 사람이 백만장자가 되었습니다.

함께 나누는 세상을 만들어가요

 1998년, 빌 게이츠는 한 잡지를 보다가 엄청난 충격을 받았습니다. 마이신 한 알이 없어 고통 속에서 신음하며 죽어가는 어린아이들, 먹을 것이 없어서 굶어 죽어가는 아프리카 원주민들은 빌 게이츠가 살고 있는 세상의 반대편 모습이었습니다.

 빌 게이츠는 아내 멜린다와 함께 아프리카를 직접 방문해서 그들의 참상을 목격하고는 그들을 도울 결심을 합니다. 빌 게이츠는 자신의 돈을 무엇을 위해 써야 할지 똑똑히 알게 되었습니다. 그는 빈민국 국민들이 겪고 있는 고통을 위해 재산을 내놓았습니다. 그들에게 필요한 것은 컴퓨터가 아니라 질병을 고쳐주고 배고픔을 해결해주는 것이었습니다.

 2000년, 빌 게이츠는 아내와 함께 '빌 & 멜린다 게이츠 재단'을 설립하고 '교육'과 '건강'이라는 목표를 세우고 아프리카 등 제3세계에서 다양한 활동을 시작했습니다. 그 후 그는 마이크로소프트의 최고 경영자 자리에서 물러나 오로지 자선활동에 전념하기 시작합니다.

 빌 게이츠는 그 후 5년간 자신이 가진 재산의 절반이 넘는 229억 달러를 기부했습니다. 게이츠 재단이 에이즈 등 3대 질병 퇴치에 앞장서고 재정이 투명하게 운영되자 2006년 '투자의 귀재'인

워런 버핏이 자신의 재산 대부분인 370억 달러를 게이츠 재단에 기부하겠다고 선언을 했습니다. 워런 버핏은 그 엄청난 금액을 기부하면서 이렇게 밝혔습니다.

"친구인 빌이 나보다 더 잘 자선사업을 할 것 같아서 그에게 돈을 맡기기로 했습니다."

빌 게이츠는 "버핏의 기부금이 더해지면 자산이 700억 달러로 늘어나, 우리 부부가 사망한 뒤에도 50년간 쓸 수 있는 규모가 될 것"이라고 예상했습니다.

이렇게 세계에서 가장 규모가 큰 자선재단이 된 '빌 & 멜린다 게이츠 재단'은 국제적 보건 의료 확대와 빈곤 퇴치에 앞장섰습니다. 최근 빌 게이츠는 다보스 포럼 기조 연설에서 '창조적 자본주의'를 만들어나갈 것을 주창하기도 했습니다.

"자본주의는 부유한 사람들뿐만 아니라 가난한 사람들을 위해서도 기여할 수 있는 방안을 찾아야 합니다. 하루 1달러 미만의 생계비로 살아가는 전 세계 10억 명의 빈민을 도울 수 있는 '창조적 자본주의'의 길을 함께 모색하도록 합시다."

빌 게이츠의 창조적 자본주의는 기업이 단순히 구호 물품을 보내고 봉사활동을 하는 것을 넘어서서 자본주의의 혜택을 받지 못하고 있는 빈민층을 대상으로 그들의 삶을 개선시키는 데 사명감을 가지고 적극적으로 나서는 것을 의미합니다. 그래서 빌 게이츠는 제프리 삭스 같은 사람들과 함께 빈곤의 종말을 위해 뛰어다니는 것입니다.

 빌 게이츠는 자신의 재산 중 1,000만 달러만을 자식들에게 물려주고 죽기 전까지 총 재산의 95퍼센트를 모두 기부하겠다고 밝혔습니다. 그는 그것이 억만장자가 된 자신이 해야 할 책임이라고 말했습니다.

"내 인생의 후반은 주로 의미 있게 돈을 쓰는 일에 바쳐질 것입니다."

PART 02
Son Masayoshi
손정의

나는 1년 동안 병원에 입원해 있으면서 4,000권의 책을 읽었다.

첫째도 브로드밴드, 둘째도 브로드밴드, 셋째도 브로드밴드입니다.
한국은 브로드밴드에서 세계 최고가 되어야 합니다.

손정의 추천서 | 시바 료타로 《료마가 간다》

안녕하십니까? 금년의 두 번째 독서경영 조찬 세미나를 시작하겠습니다.

오늘의 주제는 일본 최고의 부자이자 한국인의 자랑인 소프트뱅크 회장 손정의입니다. 상상할 수 없는 저돌성과 무한 에너지를 가진 그가 추천한 책은 《료마가 간다》입니다. 이 책은 10권이나 되는 대하소설이라서 지난번에 요약본을 만들어드렸는데 다 읽고 오셨겠지요? 10권을 다 읽으신 분도 있다고요? 좋습니다.

손정의는 재일교포 3세로서 조국에 대한 애정도 무척 두터운 것으로 알려져 있습니다. 그가 우리 대한민국을 IT 강국으로 만들게 한 장본인이라는 사실은 무척 유명한 이야기입니다. 1998년 6월, 빌 게이츠와 함께 한국을 방문한 손정의는 김대중 대통령과 만났습니다. 대통령은 두 사람에게 한국 경제가 살 길을 물었고 손정의는 이렇게 대답했습니다.

"첫째도 브로드밴드, 둘째도 브로드밴드, 셋째도 브로드밴드입

· · · · · · · · · · · · · ·

니다. 한국은 브로드밴드에서 세계 최고가 되어야 합니다."

빌 게이츠도 손정의의 의견에 100퍼센트 동의했고, 대통령은 지시를 내렸습니다. 덕분에 당시 IMF로 허덕이던 대한민국은 얼마 지나지 않아서 초고속 인터넷으로 무장한 IT 강국으로 떠올라 세상을 놀라게 했습니다.

오늘 세미나 1부는 한일문화연구소의 신동훈 소장님이 시바 료타로의 장편소설 《료마가 간다》에 대한 문학적 해설과 소설의 주인공이자 역사적 인물이기도 했던 인간 사카모토 료마에 대한 역사적 평가를 해주시겠습니다. 2부에서는 큰나무 아카데미의 김익수 연구원이 손정의가 자수성가해 일본 최고의 부자에 등극할 수 있었던 일대기를 파노라마처럼 펼쳐 보여드릴 것입니다.

Chapter 001

《료마가 간다》
시바 료타로

사람이 인생을 사는 데 있어서
자기가 세운 한 가지 뜻을
이룰 수 있다면
그것으로 충분치 않은가?

사카모토 료마

저자 시바 료타로에 대하여

안녕하세요, 신동훈입니다. 반갑습니다. 소문은 들어서 알고 있었지만 이렇게 이른 아침에 자리를 꽉 메우고 계신 여러분을 보니 가슴이 벅찬 것이 감회가 남다릅니다.

오늘 말씀드릴《료마가 간다》의 주인공 사카모토 료마版本龍馬는 하급 무사의 아들로 태어나 일본의 메이지유신을 이끌어내면서 일본 최고의 영웅이 된 사람입니다. 사실 료마라는 인물은 시바 료타로가 소설로 발표하기 전까지는 일본인에게 널리 알려진 인물은 아니었습니다. 인기 작가였던 시바 료타로가《료마가 간다》를 산케이 신문 석간에 1962년 6월 21부터 1966년 5월 19일까지 연재하고 폭발적인 인기를 얻음으로써 일본의 근대화를 선도한 사카모토 료마가 재탄생하게 된 셈입니다. 작가가 역사 속에 숨어있는 인물을 발굴해서 대중에게 널리 알린 케이스라고 할 수 있겠지요.

《료마가 간다》는 책으로 출간되어 1,000만 부 이상 팔려나가며 메이지유신의 숨은 공로자 사카모토 료마라는 인물을 국민적 영웅으로 만들어냈습니다. 우리에게는 소프트뱅크 손정의 회장이 "내 꿈은 료마가 키웠다"라는 말을 화두처럼 던지면서 료마라는 인물이 주목받기 시작했습니다.

시바 료타로라는 작가는 100만 부 이상 판매된 작품만 10종이 넘는 일본 최고의 베스트셀러 작가입니다. 1923년생인 그는 오사카 외국어대학 몽골어과를 졸업하고 학도병으로 전차부대에 들어가 2차 대전을 치렀습니다. 종전 후에는 〈산케이 신문〉에 근무하면서 틈틈이 소설을 썼는데 1959년 《올빼미의 성》이란 작품으로 나오키상을 수상하면서 본격적으로 소설가의 길을 걸었습니다.

그 후 《나라 훔친 이야기》, 《세키가하라 전투》, 《미야모토 무사시》, 《항우와 유방》, 《언덕 위의 구름》 등 역사성이 짙은 역작들을 끊임없이 발표했습니다. 그는 살아생전 60종의 소설과 50종의 평론, 에세이, 대담집 등을 발간했는데 《료마가 간다》는 그의 대표작이라고 할 수 있습니다.

시바 료타로의 작품은 종종 상상력으로 재구성된 픽션으로서 객관적인 사실과 동떨어진다는 평가를 받기도 합니다. 하지만 작가 자신은 나름대로 역사소설을 집필할 때마다 "트럭 하나분의 자료를 가지고 글을 쓴다"고 할 정도로 철저한 고증을 바탕으로 집필 작업을 했다고 주장합니다. 어쨌거나 시바 료타로의 작품을 읽다 보면 박진감 넘치는 일본사의 여러 명장면들을 들여다보는 즐거움을 느끼게 되는 것은 사실입니다.

시바 료타로는 흉부대동맥 파열로 국립 오사카 병원에서 사망했는데 1998년에 그의 업적을 기려 문예, 학예, 저널리즘 분야에서 창조적 활동으로 주목을 끈 사람에게 수여되는 '시바 료타로상'이 제정되었습니다. 역대 수상자로는 일본의 석학 다치바나 다카시立花隆, 《로마인 이야기》의 저자 시오노 나나미塩野七生, 애니메이션계의 대부 미야자키 하야오宮崎駿 등이 있습니다.

 시바 료타로는 역사의 큰 흐름을 주도한 인물들에 대한 뛰어난 통찰력을 갖춘 작가임에 틀림없습니다. 그는 한국의 역사에도 관심이 많아서 다산 정약용에 관한 연구도 하고, 김대중 전 대통령이 1980년 신군부에 의해 내란 혐의로 사형을 선고받자 당시 수상이던 스즈키 젠코에게 편지를 보내 구제에 나서줄 것을 부탁하기도 했습니다.

소설 《료마가 간다》와 사카모토 료마에 대하여

이제부터는 시바 료타로의 《료마가 간다》에 대해서 살펴보기로 하겠습니다. 이 소설은 10권이나 되는 대작이지만 한번 빠져들면 손에 놓지 못하고 꼬박 이틀 밤은 새워야 하는 마력을 가진 책입니다. 저는 일본판 삼국지 같다는 생각을 하면서 이 책을 읽었습니다. 바쁘신 CEO 여러분께서는 요약본으로 만족하실지 모르겠지만 한가한 주말이나 아니면 여름휴가 때 전권을 읽어보기를 권

하고 싶습니다.

10권이 지나치게 많은 분량이라고 생각하시는 분은 야마오카 소하치山岡莊八라는 작가가 쓴《사카모토 료마》를 읽으셔도 좋을 겁니다. 물론 스토리는 조금 다르지만 3권짜리라서 좀 더 빨리 읽을 수 있습니다. 이 책은 역사적 배경과 사건보다는 료마의 내면과 인간관계에 초점이 맞춰져 있어서 박진감은 조금 떨어집니다.

또한 보다 사실적이고 정통적으로 료마를 알고 싶으신 분은 마쓰우라 레이松浦玲라는 학자가 쓴《사카모토 료마 평전》을 읽으세요. 두 가지 책이 모두 국내에 번역되어 나와 있으니 참고하기 바랍니다.

자, 그러면 소설《료마가 간다》를 본격적으로 살펴보기로 하겠습니다. 이 소설은 일본에서 수차례 드라마로 제작되었고 2010년에도 대하드라마〈료마전傳〉이 방영되어 인기를 끌었습니다. 한국에서는《제국의 아침》이라는 소설로 번역되었다가 최근에는 다시《료마가 간다》라는 제목으로 출판되었습니다.

이미 말씀드렸지만 이 소설은 일본 개화의 꽃이라고 할 수 있는 메이지유신을 선도한 사카모토 료마를 주인공으로 한 역사소설입니다. 도대체 그가 어떤 인물이기에 "한 번뿐인 인생, 료마처럼 살고 싶다"면서 손정의 회장이 롤모델로 꼽았을까요? 왜 현대 일본 경영자들이 입을 모아 그를 추앙하고 있을까요?

사카모토 료마

'사카모토 료마'가 누구인지 알아보기로 하지요.

우선 말하고 싶은 것은 인간 '사카모토 료마'와 소설 속의 주인공 료마와는 조금 차이가 난다는 것입니다. 소설의 서문을 보면 작가는 "패전한 국민들에게 희망과 용기를 주기 위하여 이 소설을 쓰게 되었다"고 밝히고 있습니다.

마치 박정희 시대에 이순신 장군이 구극의 성웅으로 등극한 것과 맥을 같이한다고 보면 맞을 겁니다. 그렇다고 이순신 장군이나 료마가 가공의 영웅이란 뜻은 아니니 오해는 마세요. 다만 정치적 요청에 의해 특정 인물이 어느 시기에 부각되는 경우가 있는데 료마의 경우도 마찬가지입니다.

일본에서는 사카모토 료마의 열풍이 세 번 있었어요. 첫 번째 열풍은 소설《료마가 간다》가 히트를 쳤던 1960년대이고, 두 번째는 1980년대 드라마로 만들어지면서였습니다. 그리고 2010년 NHK 대하드라마 〈료마전〉이 만들어지면서 세 번째 열풍이 일어났습니다.

최근 중국의 동북공정 때문에 우리나라에서 고구려 영웅을 주제로 한 드라마 붐이 일어난 것처럼 일본에서도 정치, 경제적 원인 때문에 영웅 이야기가 필요했던 거죠. 일본의 경우 저성장과 디플레이션이라는 최악의 경제 상황, '잃어버린 20년'을 벗어나기 위해서라도 새로운 영웅의 탄생을 갈망했습니다. 그러다 보니 료마라는 인물이 지나치게 영웅적으로 미화되고 과장되었다는 비판이 없지 않아 있습니다.

2010년, 같은 시기에 우리나라에서 방영된 〈선덕여왕〉의 경우도 무척 많은 픽션이 가미되어서 역사가들의 지탄을 받은 바 있는데, 소설 《료마가 간다》나 드라마 〈료마전〉도 그런 인식의 궤적에서 받아들이면 좋을 듯싶습니다.

료마는 에도막부 말기의 풍운아로서 일본이 쇄국과 개화의 갈림길에 서 있을 때 과감한 결단으로 역사를 개척한 인물입니다. 《료마가 간다》는 주인공 료마의 드라마틱한 모습을 생생하게 그려냄으로써 오늘날 일본인에게 많은 영감을 주었습니다. 그 강한 이미지에 힘입어 사카모토 료마는 〈아사히 신문〉이 뽑은 일본 천년의 리더 1위, 일본 역사상 가장 존경받고 사랑받는 인물로 일본 국민의 인기를 얻고 있습니다.

눈치 빠르신 분들은 이미 감을 잡으셨겠지만 그는 처음에는 부랑자에 가까운 무사였을 뿐입니다. 사실 그는 역사에 묻힌 인물이었고, 메이지유신의 숨은 공로자 정도로 알려져 있던 인물이었습니다. 하지만 작가의 독수리 같은 매서운 눈은 이미 세상을 떠난 사람이라도 놀라운 상상력으로 그 인물을 복원해 놓는 법입니다.

새로운 일본을 향하여

사카모토 료마는 1836년 일본 열도의 4개의 섬 중 가장 작은 혼슈 동남단에 위치한 시코쿠의 도사 번(현 고치 현)에서 향사의 아들로 태어났습니다. 사카모토 가문은 전당포, 주조업, 포목상을 영위하고 있었기에 료마는 매우 유복한 환경에서 자라났습니다. 료마는 14세 때부터 히네노 벤지日根野弁治가 가르치는 히네노 도장에 다니며 오구리小栗류의 검술과 유술을 익혔습니다.

그러다가 19세였던 1853년 3월, 히네노에게 《오구리 류 야와라 병법사 목록小栗流和兵法事目錄》을 하사받았습니다. 병법사 목록을 받자 료마는 더욱 심도 있게 검술을 연마하기 위해 에도로 가서 지바 도장에서 호쿠신이토北辰一刀류 검술을 배웠습니다. 이 검술과 유술에 대해서는 소설 속에 자세히 묘사되어 있으므로 설명을 생략하겠습니다.

료마는 검술을 배우면서, 한편으로는 에도의 사쿠마 쇼잔佐久間象山의 사숙에서 공부하고, 존왕양이尊王攘夷론자들과 사귀었습니다. 당시 일본은 250여 년간 도쿠가와막부의 봉건체제가 지배하던 시대였습니다. 그 무렵 일본은 개항을 요구하는 외세에 시달리고 있었습니다.

미국 페리 제독의 흑선이 들어와 대포를 쏘아대자 일본은 발칵

뒤집혔습니다. 당시 일본인은 서양 열강의 근대식 거함을 흑선이라고 불렀는데 선체의 외부를 검은색으로 도색했기 때문에 그렇게 불린 것입니다. 일본은 흑선의 압력으로 개국으로 방향을 틀고 많은 인사들은 막부의 무능함에 실망을 합니다.

료마는 이 사건으로 서양 사정에 대해서 알게 되었고 포병 학교에 들어가 포술을 배우게 됩니다. 그때 그는 비로소 서양과 일본의 군사력 차이를 실감하면서 막부에 대한 반감을 갖게 됩니다. 또한 청나라가 영국, 프랑스 등 서양 세력에 의해 이렇다 할 저항도 못하고 손쉽게 무너지는 것을 보고 서양의 힘에 짙은 두려움을 느끼게 됩니다

1861년, 료마는 왕권 복구와 서양 척결을 주장하는 존왕양이주의자들과 교유하면서 다케치 즈이잔武市瑞山이 주도하는 근왕당勤王黨에 가담하고 1862년 말 친서양파인 가쓰 가이슈勝海舟를 죽이기 위해 다시 에도로 갔습니다. 그러나 그는 오히려 가쓰의 넓은 견문에 크게 감화받아 그의 문하생이 되었습니다. 가쓰는 막부가 건조한 증기선 지휘관으로 미국을 방문하고 돌아와 근대적 해군을 창설한 인물입니다. 료마는 가쓰 덕분에 통상과 해운에 눈을 뜨게 되었지요. 료마에게 개혁파의 한 인물인 사이고 다카모리西鄕隆盛를 소개해준 것도 가쓰였습니다.

1863년, 료마는 바다로 눈을 돌려, 세계를 누비는 종합 상사라

할 수 있는 '해원대'라는 해운회사를 고베에 설립했는데 이 회사는 뒤에 해군 지원대로 바뀌었습니다.

　료마는 뭔가 어수룩하고 모자라 보이면서도 머리가 비상한 사람이었습니다. 그는 매사에 낙천적이었으며 검술은 그야말로 고수였던 독특한 인물이었습니다. 그는 검술의 고수이면서도 칼로 모든 것을 해결하려는 그 무렵 우국지사들과는 달리 '해군의 중요성과 무역'에 관심을 가졌습니다. 스승으로 모시던 가쓰의 영향력 때문이었지요. 그때 이미 료마의 생각은 번과 막부 차원에서 벗어나 새로운 일본을 향하고 있었습니다.

| 역사의 물줄기를 바꾼 료마

사카모토 료마는 해운업으로 막대한 수익을 얻게 되었는데 그는 그 수익으로 막부를 타도할 개혁파 세력을 규합합니다. 료마는 막부를 타도한 뒤 일본을 위해, 배 안에서 구상한 8가지 방책인 '선중팔책船中八策'을 제안하는데 그것이 훗날 메이지유신의 기폭제가 되고 근대 일본의 국가적 기틀을 마련하는 초석이 되는 것입니다.

　이 작품에는 사카모토 료마를 중심으로 막부에 대항하는 수많은 개혁파 인물이 등장합니다. 일본 정국은 개국론과 쇄국론의 팽팽한 대립으로 막부와 반막부파의 극과 극 대결로 커다란 갈등을 겪고 있었습니다. 그야말로 내우외환內憂外患의 연속이었습니다. 개국이냐, 양이냐, 존왕이냐, 막부냐로 국론이 크게 갈려 격렬히 대립하는 가운데 계속되는 가뭄으로 국민들은 굶주렸고 사회불안은 점점 심각해져 갔습니다.

이 무렵 료마는 영국, 프랑스, 미국 등 서구 제국주의 세력 앞에 누란의 위기에 처한 일본을 구하고자 온갖 지혜를 짜내고 혼신의 힘을 기울입니다.

교토를 중심 무대로 벌어지는 막부와 반막부파의 싸움에서 수많은 인물이 피를 흘리며 죽어갔습니다. 그중에서 살아남은 소수의 인물들이 메이지유신 후 일본 개혁의 중심이 되는데 바로 이토 히로부미伊藤博文, 무쓰 무네미쓰陸奧宗光 등이지요.

료마는 이들 개혁파 인물들과 폭넓게 활발한 활동을 펼쳐나가게 됩니다. 이때 료마는 젊은 하층 계급 무사들을 결집시키고 막부를 쓰러뜨리고 천황에게 국가 통치권을 돌려준 역사적인 사건 다이세이 봉환大政奉還을 성사시키는 데 성공합니다.

이 사건으로 일본은 가마쿠라막부鎌倉幕府 이래 675년 동안 계속되던 봉건시대가 끝나고 근대화의 물줄기에 올라타게 되는 것입니다. 막부의 권한을 빼앗아 천왕에게 바친 다이세이 봉환은 사카모토 료마가 약 10년 동안 기획하고 완성한 작품인 것입니다. 근대 국가 일본의 문을 료마 혼자 연 것은 아니겠지만 그 무렵 료마가 없었다면 일본의 지금 모습은 상상도 못할 만큼 다른 양상을 띠었을 것이 분명합니다.

 그런데 안타까운 것은 다이세이 봉환이 이루어지고 한 달 정도 지난 1867년 12월 10일 료마는 반대파 자객에 의하여 암살되고 만 것입니다. 그날은 공교롭게도 그의 33번째 생일날이어서 많은 사람들의 가슴을 더욱 아프게 했습니다. 료마는 안타깝게도 그 혁명의 완수를 보지 못하고 죽었지만 젊은 혁명가의 소망은 한 달 후인 1868년 1월 3일 메이지유신으로 이루어지게 됩니다.

 마쓰우라 레이는 《사카모토 료마 평전》에서 일본 역사의 물줄기를 바꾼 사카모토 료마를 이렇게 평가하고 있습니다.

 료마의 이름이 알려진 것은 러일전쟁 전야 황후의 꿈에 나타나 "내가 있는 한 일본 해군은 지지 않는다"고 했다는 신탁이 맞아떨어지자 해군의 수호신으로 추앙되면서였다. 그러나 그가 '일본 천년의 리더'라는 최고의 역사 인물로 존경받게 된 것은 적어도 시바 료타로가 1966년에 완성한 장편소설 《료마가 간다》의 힘이 크다. 료마의 신선한 발상과 계획성, 격식에 구애되지 않은 자유와 불꽃처럼 살다간 그만의 인생 철학 때문이 아닐는지…….

역사상의 료마도, 소설 속 료마도 역사를 크게 움직인 거인인 것은 사실입니다. 2010년 일본에서 경이적 시청률을 기록한 NHK 드라마 〈료마전〉에도 료마를 비장감이 어린 거인으로 묘사한 장면이 나옵니다.

"나는 관직에 오르려고 막부를 쓰러뜨린 게 아니다."

이 한마디는 자신만의 영욕에 눈이 먼 주위의 정치가와 군인들을 보잘것없이 만들었습니다. 바로 이 료마의 사심 없는 정의감이 '인간이 역사를 만드는 하나의 기적'을 이루어낸 것입니다. 이 욕심 없는 마음이 때론 가볍게 때론 비장하게 엄청난 일들을 척척 해내는 이야기가 《료마가 간다》입니다.

처음에 료마는 거사를 도모하고자 탈번(脫藩)을 결심했으나 가족들에게 피해가 갈까 두려워 실행하지 못하고 망설입니다. 탈번이란 에도시대 일본의 무사가 소속된 지역인 번(藩)을 떠나는 행위를 말하는데 주군인 번주(藩主)를 배신한 것으로 간주되어 본인은 물론 가족에까지 해가 끼쳤습니다. 이때 료마의 누이가 이렇게 말합니다.

"료마야, 가라! 너는 초야에 묻히고 말 재목이 아니다. 나가서 더 큰일을 하거라. 그걸 위해서라면 우리는 괜찮다. 떠나라!"

이 장면에서 손정의는 펑펑 울었다고 합니다. 그가 그토록 하염없이 운 건 그 스토리에 자신의 지난날이 겹쳐 떠오른 때문입니다. 손정의는 앓아누운 아버지를 두고 단신으로 미국 유학을 떠났던 아픈 기억이 있었던 것입니다.

"사람이 인생을 사는 데 있어서 한 뜻을 이룰 수 있다면 그것으로 충분하지 않은가?"

이것은 료마가 후세 사람들에게 던진 화두입니다. 사카모토 료마가 진정 존경을 받는 가장 큰 이유는, 그가 그토록 애를 써서 이루어낸 열매를 정작 자기 자신은 하나도 가지려 하지 않았다는 데 있습니다. 일본 역사상 위업을 이룬 영웅은 많지만 료마처럼 자신이 손에 쥔 모든 것을 훌훌 털어버린 예는 찾아보기 힘들다고 할 수 있습니다.

일본인은 도쿠가와 이에야스德川家康, 오다 노부나가織田信長와 함께 사카모토 료마를 일본 역사상 가장 위대한 인물로 꼽고 있습니다.

오랜 시간 경청해 주셔서 감사합니다.

Chapter 002

손정의의
삶과 경영에 대하여

도중에 어떤 난관이 있더라도 상관없습니다.
결국에 목적지에 도달하면 됩니다.
요는 단번에 사람들을 휘어잡을 수 있는
힘이 리더에게 있느냐 하는 겁니다.
그저 부드럽기만 한 사람은
제가 볼 때 아무런 소용이 없습니다.
인기에 연연하는 리더십이
무슨 소용이 있겠습니까?

손정의

삶의 이정표를 정하다

큰나무 아카데미 연구원 김익수입니다. 소프트뱅크 손정의 회장은 잘 알려져 있다시피 열정과 배짱, 아이디어를 무기로 성공 신화를 이룬 입지전적 인물입니다. 그는 1957년 일본 남부 규슈의 사가 현에서 4형제 중 둘째로 태어난 재일교포 3세입니다. 그의 가족은 한인 집성촌의 쓰러져가는 오두막에서 돼지를 길러 생계를 유지했습니다. 어린 손정의는 음식물 찌꺼기를 모으기 위해 할머니의 리어카를 타고 역전 주변의 식당을 돌며 자랐습니다. 학교에서 돼지 냄새 나는 '조센진'이라는 놀림을 당하면서 그는 '차별'에 대해 심각한 고민을 하며 괴로워했습니다.

 지독한 가난과 차별에 상처를 입은 그는 일찍부터 사업에 눈을 떴습니다. 12세 때, 손정의는 이미 타고난 사업가의 자질을 유감없이 발휘하기 시작했습니다. 그 무렵 부모가 몸을 아끼지 않고 일한 덕분에 그의 집안은 제법 자리를 잡아가고 있었습니다. 그런데 어느 날 아버지가 느닷없이 작은 카페를 차렸습니다. 소년 손정의가 보기에 그곳은 장사가 될 것 같아 보이지 않았습니다. 번화가도 아니었고 전철역에서도 멀리 떨어져 있어 사람이 별로 다니지 않는 한적한 곳이었죠. 얼마나 외진 곳이었는지 커피 원료를 공급하는 회사마저 물건을 대길 꺼릴 정도였으니까요. 장사를 시작할 수조차 없게 된 아버지는 낙심했습니다. 그때 아들이 한 가지 꾀를 냈습니다.

"아버지, 공짜 쿠폰을 잔뜩 찍어 역 앞에 뿌려요."

그러자 아버지는 당연히 역정을 내며 말했습니다.

"말도 안 되는 소리 꺼내지도 마라."

하지만 아무리 생각해도 그 방법밖에 없다고 생각한 아들은 고집을 꺾지 않았습니다. 결국 아버지는 동의했고 1,000장의 공짜 쿠폰을 찍어서 사람들에게 나눠줬습니다. 덕분에 카페는 사람들로 북적거리기 시작했고 커피 공급업자들은 놀라서 아주 싼값에, 좋은 조건으로 물건을 대주기 시작했습니다. 초기 비용은 많이 들었으나 가게는 갈수록 번창해서 몇 년이 지난 뒤 상당히 좋은 값에 매각할 수 있었습니다.

그 일을 통해서 소년 손정의는 많은 것을 배웠습니다. 특히 사람은 명령으로 다스리는 것이 아니라, 목적을 공유하면서 서로 공감대를 형성해나가야 한다는 것을 배웠지요.

16세가 되었을 때 손정의는 시바 료타로가 쓴 역사소설《료마가 간다》를 읽고 충격을 받았습니다. 책의 주인공 사카모토 료마의 인생이 무척 극적이고 멋있어 보였던 것이죠. 최하급 무사로 태어나 메이지유신의 초석을 닦으며 일본 근대화의 영웅으로 우뚝 선 인물, 사카모토 료마! 소년 손정의는 료마를 자신의 롤모델로 삼고 이런 결심을 합니다.

"19세기 사카모토 료마가 신사상, 신문물의 물꼬를 튼 것처럼 나는 이제부터 일본에 디지털 혁명을 갖고 오는 위대한 인물 '제2의 료마'가 될 것이다."

그의 아버지 손삼헌은 아들의 천재성을 눈치채고 어려운 살림에도 불구하고 아들을 위해 대도시인 후쿠오카로 이사해 지역 명문인 구루메대학 부설 고교에 입학시킵니다. 그러나 더 큰 꿈을 가졌던 손정의는 가족의 반대에도 불구하고 자퇴서를 내고 미국 유학을 가기로 결정했습니다.

좌우명 '뜻을 높게!'

소년 손정의가 미국 유학을 결심했을 때는 1974년, 그때 그의 나이 17세였습니다. 하지만 주변 여건은 최악이었습니다. 유학 자금도 문제였지만 무엇보다도 아버지가 피를 토하고 쓰러져 있어 가족에 위기가 닥친 시기였습니다. 장남이자 한 살 위인 형은 집안의 생계를 책임지려고 고등학교를 중퇴하고 어머니와 함께 돈벌이를 하며 아버지 병원비를 대고 있었습니다.

그러나 한번 마음을 먹었으면 반드시 그 일을 해내고야 마는 성격인 손정의는 물러설 수가 없었습니다. 그는 어학연수차 한 달 동안 미국을 다녀올 수 있었는데 그가 직접 가서 목격한 미국은 일본과는 비교가 되지 않는 신천지와 같았습니다. 그는 한동안 흥분해 어쩔 줄 몰랐습니다. 미국 대륙은 일본과는 비교할 수 없이 엄청난 규모와 끝도 없는 비전이 넘쳐나는 곳이었습니다.

손정의가 집으로 돌아와 보니 아버지는 여전히 입원 중이었습니다. 그는 의사를 찾아가서 아버지의 병세에 대해 상담을 했습니다. 아버지는 피를 토하기는 했지만 다행히 죽을병은 아니라고 의사는 대답했습니다. 손정의는 안도하면서 일본 제1의 사업가가 되가 되기 위해서는 사카모토 료마가 탈번하는 심정으로 유학을 떠나는 수밖에 없다는 결론을 내립니다.

예상대로 주변의 반대가 이어졌습니다. 친척들은 그를 '인정머리 없는 녀석!', '피도 눈물도 없는 놈!'이라고 몰아붙였습니다. 그들이 보기에는 아버지가 언제 죽을지 모르는 마당에 유학을 떠난다고 하니 그럴 수밖에 없었을 겁니다. 하지만 그는 그들을 뒤로하고 비행기를 탔습니다. 그리고 마음속으로 '나는 일본 제일의 사업가가 될 겁니다! 그때 내 진심을 보여드릴게요!'라고 그들에게 소리쳤습니다."

손정의는 비행기를 타기 전에 다니던 고등학교에도 직접 자퇴서를 냈습니다. 담임교사와 교장은 "정 갈 거면 휴학을 해라, 자퇴까지 할 게 뭐냐."면서 설득을 거듭했습니다. 그때 손정의는 말했습니다.

"선생님, 전 유약한 남자입니다. 미국에 간다지만 영어를 못해요. 혼자 어떻게 살아야 할지도 몰라요. 곤란이 닥치면 좌절하고 마음이 흔들릴 텐데, 그때 돌아올 곳이 있으면 바로 포기할지도 몰라요. 퇴로를 끊지 않으면 어찌 고난에 맞설 수 있겠습니까?"

비행기 안에서 그리운 가족을 생각하며 손정의는 자신의 좌우명을 가슴에 새겼습니다.

"뜻을 높게志高く"

19세, 인생 50년 계획을 세우다

여러분 손정의 하면 가장 먼저 떠오르는 것이 있지요? 바로 그가 19세에 설계했다는 '인생 50년 계획'이죠. 그는 그 계획에서 '20대에서 60대까지의 비전'을 세워놓았는데 그 계획은 지금 들어도 19세의 소년이 품은 야망이라고 보기에 어마어마하고 실천 불가능한 일처럼 여겨집니다. 하지만 놀라운 것은 그는 50대인 현재 그 계획을 거의 달성했다는 것입니다. 기적 같은 일이죠. 그가 그런 성공을 거둘 수 있었던 것은 초인적인 집중력 덕분이었습니다. 그는 그 계획을 바꾼 적도, 목표치를 낮춘 적도, 달성하지 못한 적도 없었습니다. "신중히 계획하되, 반드시 실행한다."는 원칙 덕분입니다. 그는 19세에 출사표를 던지듯 웅대한 그림을 그렸습니다.

반드시 20대에 사업을 일으키고 이름을 떨친다. 30대에 '적어도 1,000억 엔'의 자금을 모은다. 40대에 '인생 최고의 도박'을 한다, 즉 커다란 사업을 일으킨다. 50대에 사업에서 큰 성공을 이룬다. 60대에 다음 경영자에게 사업을 물려준다는 계획을 세웠고 그대로 실현한 것입니다. 당시 19세의 소년이 꿈꾸었던 일이라고는 믿어지지 않을 정도이지요. 어떻게 그것이 가능한 일이었을까요?

어렵사리 미국 유학을 결행한 손정의의 행적을 살펴보겠습니다. 당시 그는 영어도 제대로 못했던 어린 소년에 불과했습니다. 하지만 그는 무서운 속도와 집중력으로 고등학교 과정을 2년 만에 졸업하고 1977년 캘리포니아대학교 버클리 캠퍼스 경제학부에 들어갔습니다. 그는 정말 죽기 살기로 공부했습니다. 그는 말합니다. "나는 자신 있게 말할 수 있습니다. 당시 나보다 더 열심히 공부한 사람은 없다고. 물리적으로 불가능한 일이기 때문입니다."

그는 잠자는 시간 외에는 공부를 했습니다. 밥을 먹으면서도 화장실에 가서도 책을 읽거나 문제를 풀거나 메모를 했습니다. 수업은 한 번도 빼먹지 않았습니다. 항상 맨 앞줄에 앉아 교수 얼굴을 잡아먹을 듯 노려보며 치열하게 공부했습니다.

그 시절 그는 소프트뱅크 창업을 꿈꾸게 한 운명적인 기사를 마주합니다. 한 과학 잡지에서 인텔이 개발한 마이크로프로세서 사진을 본 것이지요. 그는 그것을 보고 감동한 나머지 눈물까지 흘렸다고 합니다. 그 작은 칩 하나가 바꿔나갈 인류의 삶에 대한 기대는 그에게 주체할 수 없을 정도로 벅차게 다가왔기 때문입니다. 당시 그는 스티브 잡스나 빌 게이츠를 알지는 못했지만 거의 동년배인 그들이 펼치는 생각이 너울처럼 끼쳐온 듯 여겨집니다.

한편, 손정의는 발명에 몰두했습니다. 공부도 중요했지만 잡지에서 우연히 본 마이크로프로세서의 사진과 기사에 완전히 매료된 탓에 아이디어가 샘솟았습니다. 그는 마이크로프로세서의 사진을 오려서 벽에 붙이고 잠들 때마다 들여다보면서 주문처럼 중얼거렸습니다.

"이 작은 칩 하나가 인류의 미래를 바꿀 것이다. 나도 컴퓨터에 내 운명을 걸겠다."

오를 산을 정하라, 인생의 반이 결정된다

1980년 3월, 손정의는 미국 유학을 마치고 일본으로 돌아왔습니다. 그는 1년 반 동안 40여 개의 아이템을 검토하며 사업 구상을 했는데, 1980년대 초, 일본은 PC 대중화 시대를 목전에 두고 있었습니다. 그가 내린 결론은 소프트웨어 산업이었습니다. 하지만 이미 소프트웨어 시장은 미국의 거대 개발 업체들이 주도권을 장악하고 있었습니다. 영리한 손정의는 개발 대신 유통이 안전하고 지속적인 비즈니스가 가능하다고 결론을 내렸습니다.

그는 그해 9월, 고향 가까운 후쿠오카 현에 소프트웨어 유통 사업을 시작했습니다. 자본금 1,000만 엔에 에어컨도 없는 허름한 건물 2층에서 직원 2명으로 '소프트뱅크'사가 출범한 것입니다. 그런데 그 첫날의 그림이 가관이었습니다. 손정의는 개업 첫날 2명의 직원을 세워놓고 귤 상자에 올라서서 한 시간가량 열변을 토했습니다. 날씨는 무더웠고 낡은 선풍기가 윙윙 돌았습니다.

"우리 회사는 세계 디지털 혁명을 이끌 것입니다. 5년 뒤 매출 100억 엔을 달성할 것이고 30년 후에는 두부 가게에서 두부를 세듯 매출을 1조(엔), 2조(엔) 단위로 세게 될 것입니다. 사업을 하겠다는 자가 1,000억이니 5,000억이니 하는 걸 숫자라 부를 수는 없지 않나요?"

손정의가 두부 가게 운운한 건 일본에서는 두부 한 모를 '1조'라 발음하기 때문이라고 합니다. 어쨌든 사장이란 청년이 그렇게 고래고래 소리를 지르니 신입 사원 두 사람은 "저 인간 제정신이 아닌 것 같은데?" 하면서 며칠 지나지 않아 회사를 나가버렸습니다.

그러나 손정의는 굴하지 않았습니다. 그는 회사를 설립한 지 한 달 만인 그해 10월, 오사카에서 열린 전자 제품 전시회에 참가를 결정했습니다. 그런데 놀라운 것은 자본금 1,000만 엔 가운데 800만 엔을 대형 부스를 빌리는 데 투자하는 모험을 단행했다는 점입니다. 부스 규모는 마쓰시타나 소니에 버금갈 정도였으니 놀랍지 않나요? 그 부스를 빌리기 위해 자본금 80퍼센트를 투입하는 것은 무모한 짓이라고 직원들은 아우성이었지만, 그는 그대로 밀고 나갔습니다.

마침내 회사의 사활을 건 전시회가 열렸습니다. 직원들이 걱정한 대로 체결된 계약은 30만 엔에 불과했습니다. 하지만 그것이 다가 아니었습니다. 소프트뱅크는 이 전시회를 통해서 일본 전역에 존재를 알리는 데 성공했습니다. 그것이 손정의가 노린 '꼼수'이자 '승부수'였습니다. 불과 1,000만 엔 규모의 작은 기업이 단 한 번의 전시회를 통해서 대기업 수준의 지명도를 얻었고 그 후 소프트뱅크의 매출은 급신장하기 시작했습니다.

소비자들은 PC라는 하드웨어는 알고 있었지만 그 안에서 구동되는 소프트웨어에 대한 감각이 전무했던 시절이었는데 '소프트뱅크'를 통해서 소프트웨어에 대한 인식을 새롭게 한 것입니다. 당시로서는 일반인에게 낯선 소프트웨어 유통 사업이 이 전시회를 계기로 돌파구를 찾았던 것이죠. 그 후로도 손정의는 오사카

전시회에서 연출한 것과 같은 과감한 결단을 통해 일본 IT 산업 붐을 일으키는 데 성공했습니다.

시대를 앞서가는 두뇌의 소유자 손정의의 계산은 맞아떨어졌습니다. 첫 매출을 올린 지 1년 만에 소프트뱅크는 매출 35억 엔의 중견 기업이 됐으니까요. 소프트뱅크는 일본 유일의 소프트웨어 재벌로 자리매김하기 시작했습니다. 1983년 〈주간 아사히〉는 손정의를 '괴물 실업가'로 소개했습니다.

"컴퓨터로 거부를 쌓은 신데렐라 보이."

과연 소프트뱅크의 성장세는 눈부셨습니다. 창업 8개월 뒤인 1982년 5월에는 출판 사업도 시작했습니다. 기존 소프트웨어 유통업에 이어 또 하나의 인프라 비즈니스에 발을 들인 것입니다. 이 사업을 시작한 데는 사연이 있습니다.

당시 한 유명 PC 잡지에 소프트뱅크 광고를 내려 했으나 거절당했습니다. 그 잡지는 소프트웨어 유통 사업을 하는 '아스키'라는 기업 소유였습니다. 한마디로 '경쟁사 광고는 내줄 수 없다'는 것이었습니다.

손정의는 직접 잡지를 만들기로 결심하고, 〈오! PC〉와 〈오! MZ〉라는 정보 기술 전문지를 창간했습니다. 결과는 참담했습니다. 창간호의 80퍼센트가량이 반품되었습니다. 한 잡지에 매달 1,000만 엔씩 적자가 났습니다. 주력 사업에서 이 정도의 대적자라니, 결단이 필요했습니다. 손정의는 직원들에게 말했습니다.

"이제부터 내가 출판 부장이다. 1억 엔 정도를 과감히 투자해 잡지를 일신해 보자. 3개월 뒤에도 흑자가 안 나면 손 떼는 거다. 1억 엔을 투자했다 날리는 거나, 매달 2,000만 엔씩 적자를 보며 질질 끌다 반년 뒤 물러나는 거나 손해보기는 매한가지 아닌가."

손정의는 우선 독자의 요구를 정확히 알아야 했습니다. 그는 수만 장의 독자 카드를 일일이 분석해 지면에 반영했습니다. 매주 편집 회의를 직접 주재했습니다. 정가를 680엔에서 580엔으로 내렸고, TV 광고까지 했습니다. 그러자 효과가 곧 나타났습니다. 5만 부에서 10만 부로 증쇄를 했음에도 판매 3일 만에 매진이 되었습니다. 이후 출판 사업은 계속 성장해 3년 뒤에는 9종의 잡지를 매달 60만 부씩 발행하게 되었습니다.

병상에서 읽은 4,000권의 책

그러나 '신데렐라 보이' 손정의에게는 또 다른 시련이 기다리고 있었습니다.

다름 아닌 그의 건강에 적신호가 켜진 것입니다. 1983년 봄, 건강 검진에서 만성 간염 판정을 받았는데 상태가 아주 위중했습니다. 의료진은 "길게 잡아도 5년, 그 이상은 생존을 장담할 수 없다"고 했습니다. 뜻밖의 재앙이 아닐 수 없었습니다. 젊은 나이에 어떻게 이런 일이 일어날 수 있단 말입니까? 회사를 세운 지 이제 1년 반, 딸은 겨우 갓난아이였고, 고객은? 동료는? 직원들은? 무엇보다 걱정인 것은 이 사실이 알려지면 은행에서 당장 융자금을 회수하려고 할 것이란 생각에 손정의는 하늘이 노래졌습니다.

하지만 손정의는 진단받은 다음 날 바로 입원하지 않을 수 없었습니다. 그 정도로 병증이 위중했습니다. 손정의는 병상에서 울었습니다. 그저 살고 싶었습니다. 가족과 함께 할 수 있다면, 딸아이의 얼굴을 조금이라도 더 오래 볼 수 있다면, '아, 내 삶은 참으로 보람된 삶이었다'고 느낄 수 있는 그런 삶을 살고 싶었는데…….

그는 아무것도 이루지 못하고 죽을 수는 없다는 생각을 했습니다. 그러자 강렬한 삶의 의지가 되살아났습니다. 그는 두 가지 목표를 세웠습니다.

첫째, 병을 이긴다. 둘째, 사업을 지킨다.

그러나 말처럼 쉽지는 않았습니다. 손정의는 그후 3년 반 동안이나 입원과 퇴원을 반복하며 병마와 싸웠습니다.

CEO 역할을 제대로 할 수 없어 손정의는 새 사장을 영입했습니다. 세콤의 부사장이던 오모리 야스히코를 영입했고 자신은 회장으로 물러앉았습니다. 병실에 PC와 팩시밀리, 전화기를 설치하고

의사에게 혼나가며 원격 경영을 시작했습니다. 그리고 수렁에 빠진 느낌이 들 때마다 책을 폈습니다. 그렇게 읽은 책이 4,000여 권이 넘었습니다.

그때 손정의는 사카모토 료마를 다시 만났습니다. 《료마가 간다》를 정독했습니다. 16세 때 그가 큰 뜻을 품게 해준 바로 그 책이었습니다. 료마는 33세에 죽었습니다. 마지막 5년 동안 엄청난 일을 했습니다. 그는 마음을 다잡고 이렇게 생각했습니다.

'자, 나도 남은 시간이 5년이다. 그동안 뭔가 할 수 있는 일이 있을 거야. 그것을 하자, 목숨 바쳐서.'

오너가 부재한 회사에는 안 좋은 일이 연이어 생겼으나 가까스로 버티고 있었습니다. 그러던 중 1984년, 손정의는 새로운 치료법을 만났습니다. 도라노몬 병원의 구마다 히로미쓰 박사가 창안한 '스테로이드 이탈 요법'이었습니다. 간단히 설명하면, 만성 간염을 급성 간염으로 변화시켜 인체 내부의 저항력을 일거에 끌어냄으로써 치료를 도모하는 일종의 쇼크 요법이었지요. 손정의는 그 요법으로 기사회생할 수 있었습니다. 바이러스 수치가 크게 떨어졌고 몸은 정상을 회복했습니다.

1986년 5월, 손정의는 경영 일선에 복귀할 수 있었습니다. 그러나 회사에서 그를 기다리는 건 10억 엔이 넘는 빚과 핵심 임원과의 고통스러운 갈등이었습니다.

내 방식대로 세상을 본다

손정의는 다시 경영 지휘봉을 들고 뜨거운 열정으로 진두지휘를 하면서 기울어가던 회사를 바로 세웠습니다. 그는 우선 흔들리던 조직을 정비하고 골치 아픈 빚을 청산하는 데 주력했습니다. 마침내 회사를 정상화시킨 그는 열심히 태평양을 넘나들기 시작했습니다. 미국의 잘나가는 기업, 될성부른 벤처기업에 공을 들였습니다. 그렇게 만난 것이 당시 벤처기업에 머물렀던 마이크로소프트와 노벨, 시스코시스템스입니다.

손정의는 이 업체들과 긴밀한 제휴 관계를 맺고 사업을 진행했습니다. 1980년대 후반 일본산 컴퓨터들은 회사마다 운영체제가 달랐습니다. 손정의는 언젠가 대부분의 컴퓨터가 같은 운영체제를 탑재하리라 내다보고 가장 강력한 후보자였던 마이크로소프트에 눈독 들였습니다. 그는 마이크로소프트의 빌 게이츠를 자주 만나 친분을 쌓았습니다. 그리고 1992년, 마이크로소프트가 윈도우 3.1을 출시했을 때 손정의는 일본 내의 독점 판매권을 달라고 요청했고 빌은 쾌히 승낙했습니다. 이는 엄청난 결과로 이어졌습니다. 소프트뱅크는 그해에만 무려 1,000억 엔의 매출을 올리며 소프트웨어 업체의 강자로 떠올랐습니다.

1994년 7월, 소프트뱅크는 기업공개를 통해 단번에 2,000억 엔이라는 천문학적인 액수의 자금을 확보해 다시 한번 세상을 놀라게 했습니다. 36세의 손정의는 그 돈을 들고 미국으로 날아가 반 년에 걸쳐 총 31억 달러 규모의 인수합병을 체결했습니다. 이를 통해 손정의는 세계 최대 IT 전시회인 '컴덱스Comdex'를 손에 넣었고 야후의 지분 49퍼센트를 사들였습니다. 1996년 5월 야후 본사가 미국 나스닥에 상장되었고, 이듬해에는 야후 재팬도 일본 자스닥에 상장되면서 1999년 말 소프트뱅크가 보유한 야후 주식의 시가총액은 1조 4,586억 엔에 이르렀습니다. 손정의의 재산도 점점 불어나 단 사흘이었지만 빌 게이츠를 누르고 IT 업계 최고 부자로 꼽히기도 했습니다. 소프트뱅크는 10여 개의 자회사와 120개 이상의 하위 회사를 거느린 거대 그룹이 되었습니다.

그러나 영광은 오래 가지 않았습니다. 2000년 3월, 이른바 '닷컴 버블' 붕괴가 시작되자 소프트뱅크 주가는 100분의 1토막이 났습니다. 몇 달 전만 해도 '돈이 귀찮다'는 생각이 들 정도였는데 정신 차리고 보니 어느새 빚이 재산보다 더 많았습니다. 아차 싶었지만 또 그럴수록 전투력이 치솟는 사람이 손정의였습니다.

그는 고심 끝에 초고속 인터넷 사업에 승부수를 띄웠습니다. 하지만 주위의 반대가 이만저만이 아니었어요. 초고속 인터넷 사업을 한다는 건 곧 일본 최대 IT 기업인 NTT에 정면 도전함을 의미했기 때문입니다. NTT의 텃세를 이기기 위해 소프트뱅크는 기존

보다 5~10배 빠른 서비스를 제공하면서 8분의 1의 요금을 받는 정책을 펼쳤습니다. 그러나 언론의 반응은 싸늘했고 심지어 모건 스탠리는 소프트뱅크가 아무리 열심히 해도 최소 1억 2,000만 달러의 영업 손실을 보게 될 것이라고 전망했습니다.

 하지만 현실은 그렇게 진행되지 않았습니다. 소비자 반응은 뜨거웠습니다. 전국에서 서비스 신청이 빗발쳤고 순식간에 소프트뱅크는 NTT에 이어 초고속 인터넷 업계 2위가 되었습니다.

 손정의의 기적은 여기서 멈추지 않았습니다. 2005년 말 초고속 인터넷 가입자가 500만 명을 넘어섰을 때 그는 일본 역사상 최고의 인수합병 프로젝트를 발표했습니다. 1조 7,500억 엔이라는 천문학적인 금액을 투자해 일본 꼴찌 이동통신사였던 '보다폰'을 인수한다는 내용이었습니다. 언제 어디서나 인터넷에 접속할 수 있어야 했기에 이동성에 강한 보다폰 인수에 나선 것입니다. 이동통신은 피할 수 없는 승부처였습니다. "손정의가 이번엔 제대로 미쳤다."는 이야기가 곳곳에서 나왔습니다.

 하지만 손정의는 보다폰을 인수하고 난 직후 스티브 잡스를 만났고 '소프트뱅크 모바일'을 창업했습니다. 손정의의 소프트뱅크 모바일은 2008년 아이폰이 일본에 진출할 때 일본 내 독점권을 따냈습니다. 덕분에 일본 이동통신 시장의 새로운 가입자 50퍼센트가 소프트뱅크 모바일로 몰렸습니다. 언론도, 경쟁사도, 심지어 직원들조차 상상하지 못한 결과였습니다.

경사는 또 있었습니다. 소프트뱅크가 33퍼센트의 지분을 보유한 중국 인터넷 경매 업체 알리바바닷컴이 홍콩 증시에 상장한 것입니다. 알리바바닷컴에 투자한 돈은 20억 엔, 상장 뒤 33퍼센트 지분 평가액은 1조 엔이 넘었습니다. 당시 주가로 투자 대비 500배 이상의 수익을 거둔 것이었습니다. 손정의는 전해에 이어 2년 연속으로 〈포브스〉 선정 일본 최대 갑부가 되었습니다.

컴퓨터 소프트웨어 유통 업체로 사업을 시작한 소프트뱅크는 현재 통신사, 전자 상거래, 출판업 및 야구 구단주로 활약하고 있으며 최근에는 동영상 서비스 유스트림Ustream 등에 투자하며 미디어 산업 진출에도 박차를 가하고 있습니다. 결국 자신만의 방식으로 정면 돌파를 시도한 손정의의 승리였습니다.

쓰나미가 바꾼 손정의의 인생관

2011년 3월 11일 오후 2시 48분, 일본 열도는 대재앙 속으로 빠져들었습니다. 규모 9.0의 강진으로 후쿠시마를 비롯한 일본 북동부가 쑥대밭이 되었습니다. 거대한 해일은 집들과 자동차들이 마치 성냥갑인 양 쓸어가 버렸습니다. '일본 관측 사상 최대'의 쓰나미

참상은 충격 그 자체였습니다.

 이어서 더 무서운 일이 그다음 일어났습니다. 원자력발전소 피해로 막대한 방사선이 유출된 것입니다. 모든 이들이 공포, 혼란, 무기력, 불안에 빠져들었습니다. 손정의는 그 광경을 바라보고 가슴을 쳤습니다.

 대지진으로 가족을 모두 잃은 92세 할머니가 TV에 나와 눈물을 쏟고 있었습니다. 손정의는 그 광경을 보고 같이 울었습니다. 대지진은 그의 인생관을 송두리째 바꿨습니다. 그는 생각했습니다.

 '삶이란 뭔가? 회사란 뭔가? 내가 사는 보람은 과연 무엇인가?'

 그런 생각을 하다 보니 자신의 기업만 잘 꾸려간다고 될 일이 아니었습니다. 그는 세상을 바꾸는 일에 나서기로 했습니다. 돈, 시간, 열정 모두 아끼지 않기로 했습니다.

 지진 당일, 그는 SNS에 글을 올렸습니다.

 "오늘부터 일주일간 소프트뱅크 가입자의 문자 서비스는 모두 무료입니다."

 다음 날에는 이렇게 밝혔습니다.

 "스마트폰 애플리케이션으로 모금을 시작하겠습니다."

 그는 자신이 한 말을 그대로 실행했습니다. 기업인으로서, 이동통신 사업자로서 할 수 있는 모든 지원을 하고 싶어 했습니다.

 4월 3일, 손정의는 피해 복구를 위해 100억 엔(1,430억 원)을 내놓겠다고 밝혔습니다. 언론은 '일본 개인 기부 사상 최고액'이라고 보도했습니다. 소프트뱅크도 기업 차원에서 10억 엔을 따로 내놓았습니다.

무엇보다도 그가 일본 국민을 감동시킨 것은 총리보다도 먼저 현장에 도착해서 구호 활동에 팔을 걷어붙이고 나선 것입니다. 당장 후쿠시마로 달려갔어야 할 총리는 "날씨가 나빠 헬기를 못 띄운다."며 도쿄에서 미적대고 있었습니다. 원전 운영사인 도쿄전력 사장은 "두통이 심하다."며 출근도 안 했습니다.

손정의가 아는 한 올바른 문제 해결의 첫걸음은 언제나 '현장'이었습니다. 그는 후쿠시마로 달려가서 이재민들과 고락을 같이 하며 구호 활동을 펼쳤습니다. 이러한 그의 모습을 보고 SNS에는 "고맙다.", "덕분에 용기를 얻었습니다.", "나도 동참하겠다."는 글이 이어졌습니다. "손정의를 총리로!"라는 글도 간혹 눈에 띄었습니다. 정부의 우왕좌왕 느린 대응에 실망한 탓인 듯했습니다.

후쿠시마 지진과 쓰나미, 원전 사태 발생 한 달쯤 뒤, 손정의는 SNS에 이런 글을 올렸습니다.

"국가가 어려울 때 경제인이기 전에 생명을 생각하는 인물이 되고 싶습니다. 내 시간의 30퍼센트를 국난을 위해 쓰고 있습니다."

과거 손정의는 원전 건설을 지지하는 사람이었습니다. 하지만 그는 달라졌습니다. 원전이 사람의 목숨을 위협하는 것이라면 더 이상 필요 없다는 생각으로 돌아섰습니다. 원전에 대해 공부하면 할수록 그의 생각은 더욱 확고해졌습니다. 그는 수명이 다한 원자로는 멈춰야 하고, 태양열·풍열·지열·바이오 에너지로 새로운 일본을 건설해야 한다고 결론 내렸습니다.

요즘 손정의는 자신이 약속한 대로 후계자를 기르는 일에 몰두하고 있습니다. 얼마 전 문을 연 '소프트뱅크 아카데미아'는 미래를 그려갈 후계자를 기르는 곳입니다. 무슨 사업 부장 같은 리더를 키우기 위한, 일반 회사에서 시행하는 사원 교육 프로그램 같은 것이 아닙니다. 무려 100 대 1의 경쟁을 뚫고 패기만만한 300명의 젊은이들에게 말 그대로 '통치자가 되기 위한 실전 교육'을 시키는 곳입니다.

수강생 각자는 '내가 소프트뱅크 CEO라면 어떻게 할 것인가?'를 항상 생각하도록 훈련받습니다. 30년 뒤 소프트뱅크를 지금의 100배 규모로 키우려면 보통의 생각으로는 불가능하다는 것이 손정의의 생각입니다. 그의 마지막 소원은 '사장'이나 '회장'이라 불리며 죽는 것보다 '교장 선생님'으로 남는 것이라고 합니다.

경청해 주셔서 감사합니다.

PART 03
Warren Buffett
워런 버핏

인생은 눈덩이를 굴리는 일과 같다.
중요한 것은 습기를 머금은 눈과 길고 긴 언덕을 찾는 일이다

자신의 일을 즐기지 못하는 사람은 결코 성공할 수 없다.
능력 있고 유쾌한 동료들로부터 다양한 도움을 받아 좋아하는 직업을 오래 가질 수 있었다.
매일이 우리에게는 흥분되는 나날이다. 탭댄스를 추면서 일하러 나오는 게 당연하다.

런 버핏 추천서 | 벤저민 그레이엄 《현명한 투자자》

 벌써 3번째 독서경영 조찬 세미나 시간이 되었습니다. 오늘의 주제는 투자의 귀재 워런 버핏입니다.
 워런 버핏은 소년 시절 단돈 100달러를 들고 투자에 입문한 이후 오로지 증권 투자로만 세계 최고 갑부의 반열에 오른 사람입니다. 다른 슈퍼 리치들처럼 벤처 사업을 벌이거나 제조업에 손을 댄 적이 한 번도 없이 말입니다.
 그는 어떻게 주식 투자만으로 세계 최고 부자의 반열에 올라설 수 있었던 것일까요? 그것도 50년 이상 승승장구하며 말입니다.
 알고 보니 버핏에게는 '가치투자'라는 무서운 병기가 있었습니다. 아마 그 병기가 없었다면 버핏은 오늘의 위치에 있지 못했을 것입니다.
 버핏은 언젠가 이런 말을 한 적이 있습니다.
 "우리는 벤저민 그레이엄이 심은 나무 밑에서 휴식을 취한다."
 벤저민 그레이엄은 바로 버핏의 스승이자 '가치투자'를 창시한

• • • • • • • • • • • • • • •

사람입니다. 그는 버핏 이전의 최고의 투자자이자 증권 분석가이며 작가였습니다.

워런 버핏이란 인물은 어떤 인생을 보냈고, 어떤 과정을 거쳐 가치투자라는 투자 기법을 개발하게 되었을까요? 워런 버핏은 "(투자에 성공하려면) 벤저민 그레이엄을 따르라."고 말하면서 투자자들에게 그의 저서 《현명한 투자자》와 《벤저민 그레이엄의 증권분석》을 읽어볼 것을 강력하게 추천하고 있습니다.

오늘은 한국증권 최만수 부장과 함께 오늘의 선정 도서 《현명한 투자자》와 저자 벤저민 그레이엄에 대해서 알아보고, 워런 버핏의 전기를 번역하신 강혜정 님께서 워런 버핏의 삶과 꿈에 대해 말씀해 주시겠습니다. 그럼 먼저 최만수 부장님을 모시겠습니다.

Chapter 001

《현명한 투자자》
벤저민 그레이엄

> 만일 사실에 근거해 결론을 이끌어내고
> 자신의 판단이 건전하다면
> 설사 다른 사람이 망설이거나
> 다른 의견을 내세우더라도
> 자신의 결론에 따라 행동해야 한다.
>
> 벤저민 그레이엄

벤저민 그레이엄에 대하여

아침 일찍 수고들 많으십니다. 한국증권 최만수 부장입니다. 밤새 투자에 대한 이야기를 어떻게 재미있게 말씀드릴 수 있을까 고민을 많이 했습니다. 그래서 벤저민 그레이엄과 그의 책《현명한 투자자》에 대해서 아주 인간적인 면에서 접근하기로 마음먹었습니다. 여러분 모두《현명한 투자자》를 읽으셔서 아시겠지만 상당히 전문적이고 어려운 책입니다. 그런데 투자를 단순한 돈벌이로 생각하지 않고 삶의 한 부분이자 사랑의 한 방법이라고 생각하면 이 난해한 책도 쉽게 이해되는 면이 있다고 말씀드리고 싶습니다. 저는 워런 버핏의 다음과 같은 말을 무척 사랑합니다.

"사랑받고 있는 사람 가운데 자신이 실패했다고 생각하는 이는 없다. 그리고 사랑받지 못하면서 자신이 성공했다고 생각하는 사람도 없다."

이는 단순한 투자자가 할 수 있는 말이 아니라는 생각이 듭니다. 그래서 버핏이 '오마하의 현인'이라는 타이틀을 거머쥐게 되었는지 모르겠습니다. 그런데 이런 버핏을 만들어낸 사람이 바로 벤저민 그레이엄입니다. 그는 현대 투자 기법을 창시한 금융 사상가이자 철학자로 전문 투자자들 사이에서 가장 높이 평가받고 있는 사람이고 워런 버핏이 가장 존경하는 스승입니다.

워런 버핏과 벤저민 그레이엄은 어쩌다 만나서 사제지간이 된 사이가 아니라 정식으로 대학 강단에서 학생과 교수로 만나게 되었습니다. 버핏이 고등학교를 졸업할 무렵 그레이엄은 컬럼비아대학에서 경제학을 가르치고 있었습니다. 조숙한 투자자였던 버핏은 그레이엄이 그 대학에서 강의를 하고 있다는 한 가지 이유 때문에 컬럼비아대학에 진학했습니다.

그레이엄은 증권 분석의 토대를 쌓은 이론가일 뿐만 아니라 대공황을 거치며 20년 동안 연평균 수익률 20퍼센트를 기록한 당대 최고의 투자자였습니다. 그레이엄을 한마디로 표현하면 버핏 이전의 버핏이라고 할 수 있을 것입니다. 그는 가치투자의 아버지이고, 버핏의 스승이자 위대한 투자자들의 스승이기도 했습니다.

그의 영향력은 대단했습니다. 월터 슐로스Walter Schloss, 톰 냅Tom Knapp, 에드 앤더슨Ed Anderson, 빌 루안Bill Ruane, 찰스 멍거Charlie Munger, 릭 게린Rick Guerin, 마리오 가벨리Mario Gabelli, 존 템플턴John Templeton, 존 네프John Neff 등 현존하는 투자의 귀재들이 그레이엄과 함께 일하거나 그에게 가르침을 받아 주식시장에서 큰 성공을 거뒀습니다.

오늘날 많은 투자자들이 선택하고 있는 가치 중심 투자법을 처음으로 유행시킨 사람이 바로 그레이엄입니다. 덕분에 그는 우량주 저가 매수와 장기-분산 투자가 원칙인 '가치투자'의 아버지로 불립니다. 벤저민 그레이엄은 1930년대에 처음으로 체계적인 증권 분석 이론을 수립해 월가에 '가치투자' 붐을 일으켰습니다. PER(주가수익비율), 장부가치, 순이익 성장률 등 요즘 기본적인 투자 지표로 활용되는 개념도 그가 처음으로 일반화했습니다.

또한 그는 주식 투자를 과학적, 체계적 학문으로 발전시켰습니다. 버핏이 최고의 투자서로 꼽은 그레이엄의 저서 《현명한 투자자》는 오늘날에도 주식 투자의 고전으로 손꼽히고 있습니다.

벤저민 그레이엄의 간략한 연보

벤저민 그레이엄은 1894년 5월 9일, 영국 런던에서 세 형제 중 막내로 태어났습니다. 그레이엄의 집안은 오스트리아와 독일에서 도자기와 장식품을 수입해 판매하는 사업으로 번창해 경제적으로 부족함이 없었습니다. 아버지는 '미국에 지사를 설립해 가업을 키우라'는 집안의 요청을 받아들여 미국 뉴욕으로 이주합니다. 그런데 미국에 이주한 얼마 후 아버지가 췌장암으로 사망하는 바람에 그레이엄은 힘든 경제적 상황을 맞게 됩니다. 엎친 데 덮친 격으로 어머니가 갖고 있던 US 스틸이 파산하면서 주식이 휴지 조각이 됩니다. 그레이엄은 주식이 변동성이 크다는 사실을 절감합니다. 고등학교에 진학한 그는 뛰어난 학업 능력을 발휘하며 최우등의 성적으로 졸업합니다.

1914년 컬럼비아대학을 졸업한 그레이엄은 교수직 제의를 받았으나 거절하고 월가에서 증권 분석가로 활동을 시작합니다. 25세의 나이로 60만 달러의 연봉을 받을 정도로 투자에 수완을 보인 그는 투자 회사 그레이엄-뉴먼Graham-Newman을 설립하고 자신의 투자 이론을 체계화하는 경험을 쌓기 시작합니다.

그레이엄은 대공황을 거치면서도 탁월한 투자 실적을 거뒀습니다. 1936년부터 1956년까지 그레이엄-뉴먼은 연평균 수익률 20퍼센트를 기록했습니다. 같은 기간 S&P 500 지수의 연평균 수익률은 12.2퍼센트였습니다. 당시 20년간 이런 실적을 거둔 투자자는 없었습니다. 그레이엄은 주로 우선주를 매수하고 보통주를 공매도하는 방식으로 투자 수익을 냈습니다(현재 공매도는 불가능합니다).

그레이엄은 1928년부터 컬럼비아대학에서 증권 분석을 강의하기 시작했습니다. 이는 1934년에는 데이비드 도드David L. Dodd와 《증권 분석Security Analysis》을, 1949년에는 가치투자의 고전으로 일컬어지는 《현명한 투자자The intelligent invester》를 발간합니다.

그레이엄은 컬럼비아대학에서 교수로 재직할 당시 학생이던 워런 버핏을 만나 그에게 관심을 갖게 됩니다. 워런 버핏은 컬럼비아대학을 졸업한 뒤 그레이엄의 회사에서 일하고 싶어 하지만 그는 이를 거절합니다. 그러나 결국 그레이엄은 버핏을 뜻을 받아들여 그를 채용합니다.

1956년, 그레이엄은 증권 업계에서 은퇴하고 캘리포니아 주 베벌리힐스로 거처를 옮기고, UCLA 경영 대학원의 교수가 되어 이후 15년간 무보수로 강의를 합니다. 이때 워런 버핏은 고향 오마하로 가서 투자자를 모집해 투자 인생을 시작하게 됩니다.

1976년 9월 21일, 그레이엄은 82세의 나이에 세상을 떠납니다. 월 스트리트는 그레이엄에게 '증권 분석의 아버지'라는 칭호를 헌사합니다.

한편 그레이엄의 개인사를 살펴보면, 그는 여성 편력이 대단했다고 합니다. 그 스스로 "비교적 크게 실패한 분야는 여자들과의 관계였다"고 말할 정도였습니다.

또한 그레이엄은 그리스어와 라틴어, 불어, 독어에 능통했고 문학에 심취하여 짧지만 극작가로서의 경력도 쌓았습니다. 그는 1편의 단막극과 3편의 장막극 희곡을 썼는데 그중 하나는 무대에 오르기도 했습니다.

벤저민 그레이엄은 1976년 사망했지만 그는 여전히 20세기 최고의 분석가로 남아 있습니다.

주식 투자를 위한 책 중에서 가장 좋은 책

《현명한 투자자》는 올바른 투자 접근법을 수립한 최고의 투자 지침서로서 '주식 투자를 위한 책 중에서 가장 좋은 책'이라는 평가를 받고 있습니다. 내재된 가치에 초점을 두고 위험을 줄이면서 만족할 만한 투자 수익을 올리는 그의 투자 기법은 가치투자로 대표되는 기본적 분석에 바탕을 두고 있습니다.

《현명한 투자자》는 1954년, 1959년에 각각 2, 3판이 나왔습니다. 1973년에는 4판이자 최종판이 되는 책이 워런 버핏의 도움을 받아 출간되었습니다. 워런 버핏은 이 책의 서문을 직접 쓰기도 했습니다.

가치투자란 무엇인가?

"평균 이상 수익을 얻자면 인기 없는 대형 회사나 저가주, 워크아웃 등 특수 악재에 시달리는 기업을 공략하는 게 효과적이에요. 저가주라면 내재된 가치보다 50퍼센트 이상 낮아야겠죠. 과거 실적은 좋은데 인기 없는 비우량 종목도 괜찮죠. 빼어난 수익률을 내려면 뛰어나면서 덜 알려진 종목을 찾아야 해요. 이런 주식을 많이 편입하는 게 최고죠."

그레이엄은 대단히 명석했습니다. 컬럼비아대학 졸업반일 때 아이비리그에서 그에게 강의를 제의할 정도였습니다. 그는 이론에만 밝은 게 아니라 실무에도 능했습니다.

저서인 《증권 분석》과 《현명한 투자자》는 증권가의 필독서이자 불후의 명작으로 손꼽힙니다. 특히 1940년에 쓴 《증권 분석》에서 추천한 종목은 이후 8년간 250퍼센트 이상 급등하는 성과도 거뒀습니다. 이는 같은 기간 시장 평균의 3배가 넘는 수익률이었습니다. 제자인 워런 버핏은 스승의 투자 원칙을 세 가지로 요약했습니다.

- 사업의 일부분을 매수한다는 생각으로 주식을 매수하라.
- 변덕스러운 시장 상황에서 섣불리 움직이지 마라.
- 충분히 낮은 가격에 매수하라.

한마디로 본질 가치보다 싸게—가급적 많이 싸게—사두라는 것입니다. 이 무슨 상식 수준의 간단한 투자 이론인가요? 그런데 어째서 이 단순한 이론이 20세기의 위대한 투자가 워런 버핏의 수익률을 탄생시켰으며, 아직도 수많은 고도의 투자 기법들을 능가하면서 투자가들을 열광시키고 있을까요?

그레이엄이 저서에서도 직접 설파했듯이 가치투자 철학의 정수는 '안전 마진MARGIN OF SAFETY' 개념에 있습니다. 본질 가치 대비 가급적 50퍼센트 선에서 투자에 들어가라는 것입니다. 이 개념은 일견 단순해 보여도 그 깊은 뜻에 대한 완미가 없으면 진리에 미치지 못하는, 마치 선불교의 공안公案과도 같습니다.

가치투자가들은 기업 가치를 분석할 때 미래 성장의 프랜차이즈(경쟁력이 주는 초과 수익)의 비중을 상대적으로 낮게 칩니다. 반대로 현재 자산의 프랜차이즈와 현재 자산의 가치분석을 더 중시합니다. 미래에 대한 모든 예측은 비현실적 가정을 수반하므로 본질적으로 투기 행위일 수밖에 없다는 인식에서입니다.

하지만 가치투자가들이 미래 성장의 가치를 보수적으로 보는 이유가 단순히 미래 예측에 대한 어려움을 인식했기 때문만은 아닙니다. 다른 한편으로는 모든 성장의 초과 수익은 장기적으로 '0'으로 수렴한다는 경제학의 진리를 뼛속 깊이 새기고 있기 때문입니다. 그러나 또 한편으로는 미래 성장의 초과 수익이 '0'으로 수렴하더라도 평균적 영구 성장이 지속되리라는 믿음을 가지고 있습니다. 이것이 없으면 현재 자산의 프랜차이즈에 과감한 장기적 '배팅'을 할 수 없습니다. 한마디로 인류 진보의 판이 깨지지는 않으리라는 뿌리 깊은 믿음이 있어야 합니다. 그런 점에서 가치투자가들은 미래에 대해 무한히 겸손한 태도를 지니되 인류 진보에 대해서는 태산 같은 낙관론을 펼치는 자들이라 할 수 있습니다.

'현자'의 깨달음

그레이엄은 투자는 IQ나 통찰력 혹은 기법의 문제가 아니라 원칙과 태도의 문제라는 주장을 기회 있을 때마다 하곤 했습니다. 이는 미래 예측에 대한 겸손과 인간학에 대한 깊은 철학적 인식을 바탕으로 하는 차원 높은 '현자'의 깨달음입니다. 오마하의 현자로 불리는 워런 버핏조차도 그레이엄을 20세기 가장 스마트한 사람으로 일컫는 데 주저하지 않은 이유가 바로 여기에 있습니다.

성경 잠언에 "신에 대한 두려움이 지식의 근본"이라는 말이 있습니다. 가치투자는 종교는 아니지만 종교 윤리와 흡사한 행동 원칙을 근본으로 삼고 있습니다.

인간이 아무리 현명해 보여도 미래는 모른다고 인정하는 것이 가장 현명합니다. 문제는 모른다고 인정한 데서 그치는 것이 아니라 다음의 가장 합리적 행동 방식이 무엇인지 알아야 한다는 것입니다. '안전 마진' 철학이 바로 그것입니다.

그레이엄은 주식을 연구하라고 강요하지 않습니다. 겸손한 연구는 당연한 것입니다. 다만 '마음을 다스리라'는 모토를 더 중요시 여깁니다. 심리적으로 안정적이고 합리적인 행동은 우리가 모르는 것을 인정하고 아는 부분에서부터 출발할 때 비롯됩니다. 가치투자가가 기업을 볼 때 불확실한 미래보다는 좀 더 확실한 현재의 프랜차이즈 요인에 더 주목하는 이유가 여기에 있습니다. 그리고 현재의 기업 상황에 대해 누구보다도 깊은 리서치를 하며 이를 바탕으로 가능성 높은 예측을 조심스럽게 전개합니다. 그럼에도 불구하고 안전 마진이 충분히 확보되지 않으면 투자하지 않습니다. 이러한 합리적 행동 방식과 인류 진보에 대한 믿음이 결합되었을 때 그것은 가장 낮은 곳에서 우러나오는 가장 강력한 낙관론으로 변모합니다. 이러한 한 차원 높은 강력한 낙관론이야말로 대공황의 주가 폭락에서도, 블랙먼데이의 주가 폭락에서도, 테크 버블의 붕괴 국면에서도 흔들리지 않는 태산 같은 과감한 매수 행동으로 나타날 수 있는 것입니다.

가치투자는 "미래에 대한 무한한 겸손에서 비롯되는 미래에 대한 무한한 낙관론적 행동 진리 체계"입니다. 그리고 그 진리는 현재 장기적인 성과로 꾸준히 입증되고 있습니다.

〈월 스트리트 저널〉은 워런 버핏, 피터 린치Peter Lynch, 조지 소로스George Soros와 함께 벤저민 그레이엄을 '시대를 초월한 가장 위대한 투자자' 반열에 올렸습니다. 그는 증권사 심부름꾼부터 시작해 대형 펀드의 책임자 CEO가 되기까지 42년을 월가에서 보냈습니다.

25세 때는 연봉 60만 달러의 천재적인 펀드 매니저로 활약했습니다. 그는 주식 투자를 육감에서 해방시켜 과학으로 발전시킨 주인공입니다. 30여 년간 '투자론'을 가르치며 '월가의 학장'이란 별칭도 들었습니다.

그는 주식 투자를 아내를 고르는 일에 비유했습니다. "구체적인 사항들을 세심하게 검토하지만, 여기에 비합리적인 편애Unreasoning Favoritism라는 강력하고도 지배적인 요소가 더해지기 때문"이란 게 그의 설명입니다.

투자와 투기도 철저히 구분했습니다. 아마추어가 빌린 돈으로 주식을 사는 건 투기입니다. 때론 투기도 필요하지만, 투자 자금과 투기 자금은 나눠 운영해야 한다고 말합니다.

"투기는 짜릿한 긴장감과 쾌감을 유발해 상당한 재미를 느낄 수 있죠. 자신의 행운을 시험해보고 싶다면 별도의 자금을 만들어 대박을 노리되, 그 규모는 작으면 작을수록 좋아요. 절대 투기 자금과 투자 자금을 한 계좌에 섞어 운용해서는 안 됩니다."

오랜 시간 경청해 주셔서 감사합니다.

Chapter 002

워런 버핏의 투자 인생과 성공 철학에 대하여

복리는 언덕에서 눈덩이(스노볼)를 굴리는 것과 같다.
작은 덩어리로 시작해서 눈덩이를 굴리다 보면
끝에 가서는 정말 큰 눈덩이가 된다.
나는 14세에 신문 배달을 하며 작은 눈덩이를 처음 만들었고,
그 후 56년간 긴 언덕에서 아주 조심스럽게 굴려왔을 뿐이다.
삶도 스노볼과 같다.
중요한 것은 (잘 뭉쳐지는) 습기 머금은 눈과
진짜 긴 언덕을 찾아내는 것이다.

워런 버핏,
앨리스 슈뢰더, 《스노볼 : 워런 버핏과 인생 경영》 중에서

오마하의 현인

안녕하세요? 강혜정입니다. 부자이면서 세상 사람들의 존경을 받고 사는 것은 무척 어려운 일이라고 합니다. 성경에도 부자가 천국에 가는 것은 낙타가 바늘구멍에 들어가는 것만큼 힘든 일이라고 했잖아요. 그런데 월 스트리트에서 무려 50년 이상이나 정상의 자리를 지키며 2008~2009년, 2년 연속 〈포브스〉 선정 세계 최고 부자의 자리를 차지한 워런 버핏은 '오마하의 현인'이라고 불리며 존경과 흠모의 대상이 되고 있습니다. 그의 부는 재산을 물려받지 않고 오로지 스스로 투자를 통해 이루어졌으며, 2006년 자기 재산의 85퍼센트를 기부하겠다고 약속해 전 세계에 신선한 충격을 주었습니다.

어떤 모임에서 한 꼬마가 워런 버핏에게 질문을 던졌습니다.

"어떻게 하면 돈을 벌 수 있어요?"

버핏은 그 물음에 아주 진지하게 대답했습니다.

"돈을 벌기 위해서는 노력해라. 그리고 빚을 지지 마라. 투자는 신중히 해야 하는데, 모험을 해서는 안 된다. 욕심을 부리지 마라."

누구나 알고 있는 평범한 말일 수 있지만 그는 이 원칙을 그대로 실천함으로써 최대의 부를 이루었습니다.

워런 버핏은 뉴욕 월 스트리트에서 무려 2,000킬로미터 이상 떨어진 자신의 고향인 네브래스카 주의 작은 도시 오마하를 거의 벗어나지 않으면서도 주식 시장의 흐름을 정확히 꿰뚫는다고 해서 '오마하의 현인Oracle of Omaha'으로 불립니다. 그는 낡은 회색 벽돌집에서 45년째 살며 낡은 자동차를 몰고 다니는 등 검소한 생활로도 유명합니다.

매년 5월 초가 되면 네브래스카 주의 오마하 마을이 들썩입니다. 약 3만 명의 인파가 몰려들어 장사진을 이룹니다. 퀘스트센터 대강당에는 새벽부터 수백 명의 사람들이 줄을 서서 입장을 기다립니다. 대체 무슨 일일까요? 유명 가수의 공연이라도 벌어지는 걸까요?

이들이 모인 이유는 단 하나, 바로 워런 버핏 버크셔 해서웨이 회장을 보기 위한 것입니다. 긴 행렬은 '자본주의의 우드스탁'이라 불리는 버크셔 해서웨이 주주총회에 참석하기 위한 사람들입니다.

워런 버핏은 1952년 결혼을 하며 오마하의 중심가에 있는 방 세 칸짜리 조그마한 집을 장만했는데 그는 이 집에서 아직까지 살고 있습니다. 그의 주택에는 담장이나 울타리가 없습니다.

그는 자신의 집에는 필요한 모든 것이 있다고 말합니다.

"그대가 '꼭 필요한 것' 이상으로 구입하지 말고, 자식들에게도 그렇게 하고, 유념하라고 가르치세요."

그는 어디를 가든지 운전기사나 비서를 두지 않고 직접 차를 운전합니다.

"나는 나일 뿐입니다."

그는 세계에서 가장 큰 항공 임대 회사를 소유하고 있지만 그는 자가용 비행기로 절대 여행을 하지 않습니다.

"항상 어떻게 하면 모든 것을 경제적으로 이룰 수 있을까 생각합니다."

버핏이 소유한 버크셔 해서웨이는 63개의 자회사를 가지고 있으며, 사장들에게 일 년에 딱 한 번 편지를 보내 그해의 목표를 지시하는 것이 전부입니다. 그는 절대 주기적으로 회의를 주재하지 않으며 사장들을 소집하지도 않습니다.

"사람을 적재적소에 배치하면 됩니다."

그는 예하 사장들에게 단 두 가지 원칙을 지시한다고 합니다. 첫째, 당신이 담당하는 투자자들에게 어떤 손해도 입히지 마라. 둘째, 위의 첫째 규칙을 잊지 마라.

"목적을 설정하고 투자자들이 확실하게 그 목적에 초점을 맞추게 하십시오."

버핏은 상류사회의 집단과 사교적으로 어울리는 것을 좋아하지 않습니다. 그는 사무실에서 퇴근을 하면 곧바로 집으로 와서 시간을 보냈습니다. 하는 일이라고는 스스로 팝콘을 튀기거나 TV 보고 책을 읽는 것이 고작입니다.

"과시하지 말고, 자신의 분수를 지키고, 즐겁게 하고 싶은 일을 하세요."

워런 버핏이 즐겨 하는 말입니다.

100달러로 주식 투자를 시작하다

'가치투자의 귀재'로 불리는 워런 버핏은 1956년에 100달러로 주식투자를 시작했습니다.

그의 경제 교육은 어릴 때부터 시작되었습니다. 대공황기에 직장을 잃은 은행원의 아들로 태어난 버핏은 부자가 되고 싶다는 열망을 어려서부터 갖지 않을 수 없었습니다.

네브래스카 주 오마하의 한 동네에는 워런 버핏의 할아버지가 운영하던 식료품점이 있었습니다. 단층짜리 건물인 그곳은 현재 은행으로 바뀌었는데 은행 로비에는 워런 버핏의 할아버지가 쓰던 금고가 그대로 놓여 있고 금고의 설명서에는 다음과 같은 글귀가 적혀 있습니다.

워런 버핏은 6세에 이곳에서 6병이 든 콜라 한 상자를 25센트에 사다가 1병에 5센트를 받고 팔았다. 상자당 5센트의 이윤을 남겼다.

워런 버핏의 용돈 벌이는 콜라 장사에 그치지 않았습니다. 껌, 중고 골프공 판매와 신문 배달 등도 그의 주요한 '사업'이었습니다. 워런 버핏이 어릴 때부터 용돈 벌이에 나선 것은 재정적으로 의지하지 않고 독립적으로 살아야 한다는 부모의 가르침이 있었기 때문입니다.

워런 버핏의 아버지는 대공황으로 일자리를 잃었을 때도 식료품점을 운영하는 자신의 아버지에게 손을 벌리지 않았습니다. 그래서 가족들은 끼니를 거르기 일쑤였다고 합니다. 워런 버핏의 아버지는 아들에게 그런 정신을 이어받도록 가르쳤습니다. 버핏은 어릴 때부터 경제에 남다른 관심이 있었습니다. 7세에 이미 채권과 주식 시장에 대한 책을 읽었거든요.

버핏이 처음 주식을 산 건 11세가 되던 해입니다. 주식을 사고파는 브로커로 일한 아버지 덕이었습니다. 아버지는 자식들에게 투자를 권했습니다. 아이들이 한시라도 빨리 주식에 익숙해지고, 돈을 버는 방법을 배우길 원했습니다.

그래서 버핏은 10대 중반에 이미 당시 사회 초년생들이 정규직 일자리를 가졌을 때 받는 월급 정도를 한 달에 벌었습니다. 그는 고등학교도 졸업하기 전에 신문 배달을 해서 모은 돈으로 네브래스카 주 북부의 농지 45에이커를 1,200달러에 살 수 있었습니다. 그 땅을 남에게 임대해 소득을 얻자 그는 인생이 무척 즐겁고 행복하다는 느낌을 받게 됩니다. 놀랍게도 이 과정에서 그가 얻은 교훈은 돈에 대한 것이 아니었습니다. 버핏은 삶은 기회가 가득 찬 살 만한 곳임을 그때 깨달았습니다. 그는 어린 나이에 이미 사업에 관한 것을 대부분 이해하고 있었고, "나는 내가 부자가 될 것이라는 것을 이미 알고 있었다"고 말했습니다.

이렇게 경제에 눈을 뜬 워런 버핏은 컬럼비아대학에 진학해서 벤저민 그레이엄에게 투자에 대한 훌륭한 교육을 받을 수 있었습니다. 대학을 졸업한 1956년, 버핏은 100달러로 주식 투자를 시작했습니다.

방대한 독서량

워런 버핏의 일생에는 파란만장한 굴곡 같은 것은 거의 없습니다. 그는 모험을 좋아하지도 않았고 요란스러운 여행을 다니지도 않았습니다. 그는 자신의 고향인 오마하를 거의 떠난 적 없이 조용히 삶을 살면서 주식 투자로만 세계 최고의 부자가 된 사람입니다. 그런 그가 '오마하의 현인'이란 소리를 듣는 것은 오로지 방대한 독서의 힘 때문인 것 같습니다.

버핏의 어린 시절 별명은 '책벌레'였습니다. 책과 신문을 워낙 좋아해서 붙여진 별명입니다. 그는 11세에 주식 투자를 하면서 경제 신문을 읽었고, 경제 용어를 알기 위해 책을 뒤졌습니다. 이런 버릇은 대학을 간 뒤에도 이어졌습니다. 그는 학과 공부보다는 책을 읽으며 스스로 의문을 풀었다고 합니다.

21세가 되던 해, 버핏은 미국의 신용 평가 회사인 무디스 인베스터스 서비스(이하 무디스)의 매뉴얼을 전부 읽었습니다. 무디스는 투자에 대한 정보나 조언을 알려주는 세계적인 회사입니다. 버핏의 말을 들어볼까요.

"무디스의 산업, 교통, 은행, 금융 매뉴얼을 두 번이나 읽었습니다. 누구도 쉽게 하지 못했던 일입니다. 저는 그때 시중의 모든 사업을 다 본 셈이죠. 물론 건성으로 본 것도 있지만요."

버핏이 역사상 가장 위대한 투자자가 된 데는 정보에 대한 끝없는 관심이 있었기 때문입니다. 《스노볼 : 워런 버핏과 인생 경영》의 저자 앨리스 슈뢰더Alice Schroeder는 버핏의 성공 비결을 "다른 사람보다 많은 정보를 갖고, 제대로 분석하며, 합리적으로 사용하는 것"이라고 말했습니다.

버핏은 25세 때 투자 펀드를 시작하면서 세계 최고의 투자가로 이름을 날리게 됩니다. 주식 투자로만 억만장자가 된 세계 유일의 인물이랍니다.

지금도 버핏은 늘 책과 신문을 가까이합니다. 특히 경제 신문인 〈월 스트리트 저널〉, 〈파이낸셜 타임스〉, 〈워싱턴 타임스〉, 〈뉴욕 타임스〉 등은 매일 챙겨봅니다. 그는 경제 신문을 읽어야 어떤 기업과 국가가 유망한지 제대로 살필 수 있다고 말합니다. 이런 그를 두고 그의 비서 마가렛 임은 이렇게 말합니다.

"버핏 회장은 신문과 책, 보고서를 읽을 때 정독을 합니다. 자그마한 숫자도 정확하게 기억해요. 왜 사람들이 책벌레라고 부르는지 알 수 있답니다."

가치투자에 눈뜬 청년 버핏

워런 버핏은 컬럼비아대학 경영 대학원에서 경제학 석사 학위를 받았습니다. 그는 가치투자Value Investing의 창시자 벤저민 그레이엄에게 학문을 전수받은 것은 물론 그가 차린 회사에 들어가 그의 밑에서 일하면서 주식 투자 기법을 착실하게 배웠습니다.

1965년, 워런 버핏은 버크셔 해서웨이berkshire hathaway를 인수하면서 투자의 귀재로서의 능력을 발휘하기 시작합니다. 버핏은 가치 있는 주식을 발굴해 매입하고 이를 오랫동안 보유하는 것으로 유명합니다. 그는 단순히 주가가 좀 올랐다고 해서 팔지 않습니다. 기업이 알짜 사업은 결코 다른 회사에 넘기지 않듯이 투자자들 역시 가치 있는 주식은 절대 팔아서는 안 된다는 것이 그의 지론입니다. 버핏의 투자 원칙을 간단히 4단계로 나누어 정리하면 이렇습니다.

1단계 단기적인 주가 움직임은 무시한다. 장기 보유하면서 복리 효과를 최대한 활용한다. 팔지 않고 영원히 보유할 기업의 주식을 산다.

2단계 자신이 잘 아는 기업에만 투자한다. 경기 전망에 대해서는 신경 쓰지 않는다. 시장 전망과 관계없이 기업 자체에서 투자 판단 근거를 찾는다. 시장 상황에 상관없이 저평가된 기업을 산다.

3단계 기업을 매입하듯이 주식을 매입한다. 오랜 역사를 지니고 수익성이 검증된 기업에만 투자한다. 헛된 기업의 꿈에 동참하는 위험은 감당하지 않는다.

4단계 포트폴리오를 관리한다. 투자가들은 10년 이상의 장기간이 지난 후, 자신의 포트폴리오가 최대의 포괄 이익을 낼 수 있는 것에 목표를 두어야 한다.

무엇보다 놀라운 것은 그가 제조업이나 벤처기업으로 부를 쌓은 것이 아니라 오로지 주식 투자만으로 사상 최대의 부를 구축했다는 점입니다.

워런 버핏은 무엇보다 복리의 마력에 푹 빠진 사람입니다. 그의 논리는 이렇습니다. 지금 2만 달러짜리 차는 10년만 지나면 그 가치가 거의 없어지지만, 만약 그 돈을 연복리 23퍼센트로 굴리면 15만 8,518달러로 불어나고, 30년 후에는 995만 8,257달러로 불어난다는 것입니다.

1997년, 워런 버핏은 재테크 강연 중에 이런 말을 했습니다.

가장 먼저 알아야 할 점은 부자가 되는 데는 시간이 많이 걸린다는 사실입니다. 돈을 모으는 것은 눈덩이를 언덕 아래로 굴리는 것과 비슷한 면이 있습니다. 눈을 굴릴 때는 긴 언덕 위에서 하는 것이 중요합니다. 저는 56년짜리 언덕에서 굴렸습니다. 또한 잘 뭉쳐지는 눈을 굴리는 것이 좋습니다. 처음 시작할 때는 작은 눈덩이가 필요합니다. 저는 신문 배달을 해서 작은 눈덩이를 마련했습니다. 눈뭉치를 굴리는 일은 서두르지 않고 옳은 방향으로 꾸준히 지속하는 것이 중요합니다.

구두쇠 버핏, 기부왕 되다

워런 버핏의 자전적 이야기가 담긴 《스노볼 : 워런 버핏과 인생 경영》을 읽어보면, 그는 무척 구두쇠라 자녀나 아내, 자선단체에도 돈을 내놓지 않았다고 합니다. 버핏의 여동생이 투기로 재산을 날렸을 때도 한 푼도 도와주지 않을 정도로요. 버핏은 중고 자동차를 몇십 년씩 타는 등 돈을 허투루 쓰는 일이 없기로 유명해요. 그러다 그는 아내가 죽은 후 마음이 바뀌었습니다.

마이크로소프트 전 회장 빌 게이츠가 설립한 빌 & 멜린다 재단에 거액의 재산을 기부하면서 세상을 깜짝 놀라게 하죠.

워런 버핏과 빌 게이츠가 처음 만났을 때 두 사람은 30분 정도 대화를 나누기로 계획했는데 무려 10시간이나 이야기를 나누며 아주 친밀한 친구가 되었습니다. 빌 게이츠는 워런 버핏의 신봉자가 되었고 워런 버핏은 빌 게이츠의 맏형처럼 행동하기 시작했습니다.

워런 버핏은 돈을 버는 것 못지않게 쓰는 방법도 잘 알고 있습니다. 그는 2006년, 빌 & 멜린다 재단에 자신의 재산의 85퍼센트에 해당하는 약 370억 달러를 기부하겠다고 발표해 세상을 놀라게 했습니다. 이는 역대 기부액 가운데 최대 금액이었습니다. 기자들이 버핏에게 그 정도의 돈이면 스스로 자선단체를 만들어도 좋지 않느냐고 질문하자 버핏은 빌 게이츠 부부가 자신보다 더 돈을 잘 관리해서 더 좋은 일을 할 수 있을 것 같아 그들에게 돈을 맡긴다고 스스럼 없이 이야기했습니다.

이에 따라 버핏은 2006년부터 매년 빌 & 멜린다 재단에 기부하고 있습니다. 빌 & 멜린다 재단은 에이즈, 결핵, 말라리아 같은 질병의 퇴치와 미국 도서관 등 학교의 질을 개선하는 것을 목표로 하고 있습니다.

이와 별도로 그해 버핏은 5,000만 달러를 방송인 테드 터너 부부가 설립한 핵 평화 재단Nuclear Threat Initiative에 기부하기도 했습니다. 아울러 그는 해마다 자신과의 점심 식사를 경매에 부쳐 그 수익금을 자선단체에 기부하고 있습니다.

이런 기부 활동으로 인해 버핏은 2008년 〈비즈니스 위크〉가 뽑은 위대한 기부인 1위에 꼽히기도 했습니다. 워런 버핏은 아버지의 가르침을 따라 자신의 자녀들에게도 똑같이 독립적인 경제 관념을 가르쳤습니다. 2006년 6월, 워런 버핏이 재산의 85퍼센트를 기부하겠다는 계획을 발표했을 때 자녀들은 아버지의 기부 계획에 전적으로 동의했습니다.

지혜의 보고, 주주 서한

워런 버핏 버크셔 해서웨이 회장이 매년 주주들에게 보내는 서한은 투자자에게 지혜의 보고寶庫로 통합니다. 버핏 특유의 소박한 유머가 행간마다 숨어 있는 이 서한은 경영 현황 보고 차원을 넘어 다양한 삶의 지혜와 투자 아이디어를 제공합니다. 버핏을 따라 하는 투자자가 얼마나 많았으면 자신의 투자 노하우에 대해 특허 신청까지 했을까요. 물론 기각되었지만 말입니다.

"나는 투자가가 아니라 사업 분석가"라고 스스로를 정의하는 버핏은 삶의 지혜를 많이 이야기하기로 유명합니다. 그의 말 중에 압권은 거의 전 재산을 빌 게이츠 재단에 기부하면서 한 발표 연설입니다. 이 연설문은 앨리스 슈뢰더의 《스노볼 : 워런 버핏과 인생 경영》에 실려 있습니다. 그럼 이 책에 나오는 워런 버핏의 연설문을 읽어드리며 이 강연을 마치겠습니다.

지금으로부터 딱 50년하고 한 달 전에 나는 작은 투자회사를 세우고 기꺼이 동업자가 되어서 나에게 15만 달러를 투자한 사람 일곱 명과 함께 앉아 있었습니다. 그들이 내게 돈을 맡긴 이유는 자기들보다 돈을 더 잘, 많이 불려줄 것이라고 보았기 때문입니다. 그로부터 50년 뒤 나는 나보다 돈을 더 잘 쓸 사람이 누구인지 생각했습니다.

논리적으로 당연한 일이라고 봅니다만, 사람들은 이 두 번째 생각은 보통 잘 하지 않습니다. '과연 누가 내 돈을 잘 불려줄까'라는 분야에서는 기꺼이 전문가에게 맡기지만 자선에서는 그렇지 않다는 것이지요. …자선과 관련된 재능을 가진 사람을 찾는 일은 투자 재능을 가진 사람을 찾는 것보다 더 중요합니다. 사실 자선은 투자보다 훨씬 어려우니까요.

나는 운이 좋은 사람입니다. 미국에서 1930년대에 태어났으니까요. (그것은) 복권에 당첨된 거나 마찬가지였습니다. 부모님은 훌륭한 분들이었고, 좋은 교육을 받았으며, 이 특수한 사회 속에서 (나는) 균형이 치우친 혜택을 받았습니다. 내가 이보다 오래전에 태어났거나 다른 나라에서 태어났더라면 혜택의 양상은 달라졌을 겁니다. 하지만 자본의 배분관계가 중요하게 작용하는 시장경제체제 덕분에 나는 다른 어떤 시공간에서 살 때보다 더 많은 혜택을 받으며 살았습니다.

나는 재산은 사회로 환원되어야 하는 보관증 같은 것이라고 생각했습니다. 나는 왕조시대에서처럼 대를 이어 재산을 물려주는 걸 좋아하지 않습니다. 우리보다 훨씬 더 열악한 삶을 사는 60억 인류를 생각하면 더욱 그렇습니다. 이점에 관해서는 아내 수지도 동의했습니다.

빌 게이츠가 올바른 목표와 훌륭한 철학을 바탕으로 성별과 종교, 피부색, 지역을 따지지 않고 전 세계 인류의 삶을 개선하고자 온 열정을 다해 집중한다는 사실은 아무리 봐도 틀림이 없었습니다. 그러므로 돈을 누구에게 맡겨야 할지 결정을 내려야 할 시간이 다가왔을 때 이 결정을 내리기란 너무도 쉬웠습니다.

경청해 주셔서 감사합니다.

버크셔 해서웨이 소유주 매뉴얼
Berkshire Hathaway Owner's Manual

1. 우리는 회사이지만, 우리는 파트너십의 자세를 가지고 있다. 찰리 멍거charlie munger와 나는 주주들을 소유주이자 파트너로, 그리고 우리는 매니징 파트너로 생각한다(우리가 가진 지분의 크기로 인해 우리는 때로 통제적 파트너가 되기도 한다). 우리는 회사 자체를 우리의 사업 자산으로 보지 않으며, 주주들이 자산을 소유하기 위한 '길'이라고 생각한다.

2. 버크셔 해서웨이의 소유주 지향에 따라, 임원들은 자산의 주요 부분을 회사에 투자한다. 우리는 우리가 만든 음식을 먹는다.

3. 장기적으로 우리의 경제적 목적은 주당 평균 수익률을 크게 높이는 것이다. 우리는 단지 규모로 버크셔 해서웨이의 경제적 중요성이나 결실을 계산하지 않는다. 주당 가치가 얼마나 증가했는지로 평가한다. 자본 규모가 커질수록 주당 가치 증가율은 무뎌질 것이다. 그러나 주당 평균 수익률이 미국의 기업 평균 이상이 되지 못한다면 우리는

매우 실망스러울 것이다.

4. 우리가 가장 선호는 목표 달성법은 다음과 같다. 첫째, 현금을 끌어내고 계속해서 평균 이상의 자기자본 이익률을 이루는 여러 기업들을 직접 소유하는 것이다. 둘째, 우리의 보험 자회사들이 보통주 유가증권을 매수함으로써 유사한 기업들을 일부 소유하는 것이다. 기업의 가격 및 효용성과 보험 자본 등의 필요에 따라 자산의 배분이 결정될 것이다.

5. 연결재무제표로 보는 이익은 우리의 경제적 성과를 제대로 보이지 못할 수 있기에 찰리 멍거와 나는 연결재무제표상의 수치를 크게 신경 쓰지 않는다. 대신 우리는 우리가 통제하는 주요 기업의 순이익과 우리가 중요하다고 생각하는 수치를 주주들에게 알릴 것이다. 개별 기업에 대한 이러한 수치와 기타 정보는 주주들이 개별 기업에 대해 판단할 수 있도록 도울 것이다.

6. 회계적 수치는 우리의 운용 및 자산 배분 결정에 영향을 미치지 않는다. 인수에 드는 비용이 비슷하다면 우리는 1달러의 순이익이 재무제표에 보고되는 기업보다는 현행

표준 회계 원칙 아래서는 보고되지 않지만 실질 순이익이 2달러인 기업을 선택할 것이다. (순이익이 완전히 보고되는) 기업 전체가 (대부분 그 순이익이 보고되지 않는) 기업 일부보다 두 배나 높은 가격에 팔리곤 하는 게 현실이기에 이는 우리가 종종 취하게 되는 선택이다. 총체적이고 전체적인 기간을 놓고 보면 이 보고되지 않은 순이익 역시 자본이득을 통해 내재 기업 가치에 완전히 반영되리라는 것이 우리의 생각이다.

7. 우리는 부채를 꺼리며 혹여 차입을 하게 될 때는 장기 고정금리로 조건을 설정하고자 한다. 우리는 부채를 많이 떠안느니 차라리 유익한 기회를 마다할 것이다. 이런 보수주의 때문에 우리는 불이익도 많이 당했다. 하지만 보험 계약자, 대여자, 또 재산의 큰 부분을 우리의 관리에 일임한 많은 주식 보유자 등에 대한 위임책무를 고려할 때 이렇게 행동해야만 마음이 편해진다. 인디애나폴리스에서 열리는 자동차 레이싱 대회인 인디애나폴리스 500의 한 우승자에 따르면 "1등으로 들어오려면 1등으로 출발해야" 한다.

8. 주주가 치르는 비용으로 경영자의 '희망 목록'이 채워지진 않을 것이다. 우리는 주주의 장기적, 경제적 이익에 도움이 되지 않음에도 통제 가격에 기업을 통째로 매수하는 다각화는 하지 않을 것이다. 우리는 주주들이 주식시장에서의 직접 매수를 통한 포트폴리오 다변화를 할 경우에 얻을 수 있는 가치를 충분히 저울질하며 우리 자신의 돈으로 하는 것과 똑같이 주주들의 돈을 사용할 것이다.

9. 우리는 훌륭한 의도가 성과를 가로막는지 지속적으로 점검해야 한다고 본다. 우리는 장기적 내부유보가 주주들에게 유보금액 1달러당 적어도 1달러의 시장가치 증가분을 가져다줄 수 있는지 살핌으로써 이익 유보의 지혜를 시험해 왔다. 지금껏 우리는 이 시험을 무난히 통과했다. 우리는 이 시험을 5년 주기로 적용할 것이다. 우리의 자산이 증가하면 유보이익을 지혜롭게 쓰기가 더 어려워진다.

10. 우리는 기업 가치에 대해 우리가 준 만큼 돌려받을 수 잇을 때만 보통주를 발행할 것이다. 이는 모든 종류의 보통주 발행에 해당된다. 인수 또는 기업공개뿐만 아니라 출자전환, 스톡옵션, 전환증권 등에 모두 적용된다. 우리

는 기업 전체 가치와 불일치하는 비율로는 기업의 일부를 매각하지 않을 것이다.

11. 주주들은 찰리와 내가 금융적 성과를 희생하면서까지 견지하고 있는 어떤 태도를 완전히 이해해 줬으면 한다. 아무리 비싼 가격을 쳐 준대도 우리는 버크셔 해서웨이가 보유한 훌륭한 사업체를 매각할 생각이 없다. 평균 이하의 사업체라도 그들이 조금이라도 현금을 창출할 능력이 있고 기업의 노사관계가 좋다고 느껴지면 우리는 그 기업들을 팔고 싶지 않다. 우리는 그런 평균 이하 기업을 양산하는 자산 배분의 실수를 되풀이하고 싶지 않기 때문이다. 그리고 중요한 자본 지출을 통해 그런 성과 나쁜 기업을 만족스러운 이윤이 창출되는 수준으로까지 끌어올릴 수 있다는 제안에도 우리는 대단히 조심스럽게 반응한다(그 계획은 현혹적일 게 분명하고, 이에 칭찬하는 사람들도 진심을 다해 말하는 것이겠지만 지독하게 좋지 않은 기업에 중요한 추가 자본을 투하하는 것은 진흙 밭에서 사투를 벌이는 격일 뿐이다). 그럼에도 전도가 밝지 않은 기업들을 버리는 식의 경영 형태는 우리 스타일이 아니다.

우리는 그런 식으로 행동하느니 차라리 전체 성과가 다소 불리해지는 것을 감내할 것이다.

12. 우리는 기업가치를 평가하는 데 중요한 플러스와 마이너스 요소를 중심으로 주주들에게 솔직히 보고할 것이다. 우리의 지침은 주주와 우리의 지위가 역전되었을 때 우리가 알아야 할 기업과 관련된 사실들을 주주들에게 공개한다는 것이다. 우리는 주주들에게 그만한 신세를 지고 있다. 주요 커뮤니케이션 관련 기업을 거느린 회사로서 해당 기업 기자들이 남에 대해 보도할 때 적용하는 정확성, 균형, 신랄함의 기준을 정작 우리 스스로에 대한 것을 보도할 때는 낮춰서 적용한다면 이는 변명의 여지가 없는 일이다. 우리는 또한 정직성이란 경영자에게도 도움이 된다고 믿는다. 공적인 문제에서 타인들을 속이는 CEO는 사적인 영역에서 스스로를 속이게 될 것이기 때문이다.

13. 최대한 솔직하고자 하는 것이 우리의 정책이지만 유가증권에 대한 우리의 행동에 대해서는 법적으로 필요한 최소한의 정도까지만 토론할 것이다. 좋은 투자 아이디어란 좋은 제품 및 기업 취득 아이디어가 그렇듯 흔치 않고,

귀하고, 경쟁적 점유의 대상으로 남아 있다. 따라서 우리는 원칙적으로 우리의 투자 아이디어에 대해서는 말하지 않을 것이다. 이런 불문율은 우리가 매도한 주식에 대해서도 적용되며(나중에 그 주식을 되살 수 있기 때문이다) 우리가 매수한다는 잘못된 루머가 돌고 있는 주식에 대해서도 마찬가지다. 잘못된 보도는 부인하면서 다른 경우에 대해서는 '노코멘트'한다면 노코멘트 자체가 시인이 되어버리기 때문이다.

14. (추가 원칙) 우리는 주주들이 버크셔 해서웨이 주식을 보유하고 있는 동안 회사가 기록하는 주당 내재가치의 수익이나 손실에 비례하여 시장가치의 수익이나 손실을 기록할 수 있기를 바란다. 이것이 가능하려면 버크셔 해서웨이 주식의 내재가치와 시장가치의 관계가 일정해야 한다. 1 대 1이 되면 가장 좋다는 것이 우리의 생각이다. 우리는 버크셔 해서웨이 주가가 높은 수준이 아니라 정당한 수준에서 형성되길 바란다.

출처 : http://www.berkshirehathaway.com

PART 04
Li Ka Shing
리자청

현명한 비즈니스맨은 상업 정신을 생활의 모든 일에 적용시킬 수 있다.
심지어 비즈니스 세포로 무장된 비즈니스맨은 언제든, 어느 곳에서든 돈을 벌 수 있다.

이윤이 생기면 다 같이 나눌 줄 알아야 당신과 함께 일할 사람을 붙잡을 수 있다.

리자청 추천서 | 무경칠서

안녕하십니까? 독서경영 조찬 세미나 네 번째 시간이 되었습니다. 오늘은 '세계 최고의 화상華商', '상신商神'으로 불리는 리자청李嘉誠의 시간입니다. 리자청 청쿵長江그룹 회장은 세계 54개국에 500여 개의 기업체를 운영하고, 홍콩 전체 주식의 26퍼센트를 차지하고 있는 명실상부한 아시아 최고의 부자입니다. 그가 소유하고 있는 기업의 면면을 살펴보면 그야말로 글로벌하다고 말할 수 있습니다.

홍콩에서 이동통신 업체인 허치슨왐포아Hutchison Whampoa를 비롯해 창장실업, 홍콩전력 등 460여 개의 기업을 소유하고 있고, 캐나다 최대의 항공사인 에어캐나다와 파나마운하, 그리고 부산·광양항의 컨테이너 터미널도 그의 소유입니다.

리자청은 "홍콩 사람이 1달러를 쓰면 5센트는 리자청 주머니에 들어간다"는 말이 나올 정도로 막강한 경제력을 지니고 있는 인물입니다. 홍콩 사람들은 그가 건설한 아파트에 살고, 그가 건설한 도로와 교량을 오가며, 그가 건설한 지하철역을 이용하고, 그가 소유한 슈퍼마켓에서 각종 생활 용품을 구입한다고 합니다. 그래서 사람들은 홍콩을 '리자청의 제국'이라 부릅니다.

　리자청은 80세가 넘은 나이에도 현역에서 뛰고 있는데 그는 지금도 잠자리에 들기 전 30분은 반드시 책을 읽는다고 합니다. 아시아 최고 갑부가 말하는 비즈니스 성공 전략은 '무경칠서'에 담겨 있습니다. 무경칠서는 중국의 모든 지혜를 담은 7대 병법서를 말합니다.

　오늘 1부에서는 무경칠서 중 으뜸으로 치는 《손자병법》에 관해서 살펴보겠습니다. 《손자병법》을 번역하시고 해설서도 편찬하신 바 있는 중화문화연구소 나병일 소장님이 강의할 것입니다. 2부에서는 두 번씩이나 리자청을 직접 취재했던 아시아신문 오효찬 기자가 리자청의 인생 역정에 관해서 좋은 이야기를 들려줄 것입니다.

Chapter 001

무경칠서

전쟁은 속임수다.
능하면서도 능하지 못한 것처럼 보이고,
사용할 것인데도 사용하지 않을 것처럼 보인다.
가까운 것을 먼 것처럼, 먼 것을 가까운 것처럼 보인다.
적을 이롭게 하여 유인하고, 어지럽게 하여 공격한다.
적이 내실(內實)하면 대비를 잘하고, 강하면 피한다.
적을 성나게 해서 일을 그르치게 만들고, 자신을 낮춰 적이 교만
에 빠지게 한다.
적이 편안하면 수고롭게 하고, 친하면 이간시킨다.
무방비한 것을 공격하고, 뜻하지 않았던 곳을 공격한다.

《손자병법》중에서

무경칠서란 어떤 책인가?

인사드립니다. 중화문화연구소 나병일입니다. 저는 개인적으로 리자청 회장을 만난 적은 없지만 그를 무척 흠모하는 사람입니다. 그가 부자라서 그런 것이 아니라 자기 전에 30분씩 책을 읽는 습관을 수십 년간 유지하고 있는 끈기와 노력 때문입니다. 리자청은 중학교 1학년을 중퇴한 학력으로 온갖 직업을 전전하면서도 책을 손에서 놓지 않았습니다. 그는 중고 서점에서 학생용 책이 아닌 교사용 참고서를 사서 읽고 또 읽는 '자수자학自修自學'을 했습니다.

그의 독서 습관은 60년이 훨씬 넘은 지금도 쉴 줄 모릅니다. 그는 여든이 훨씬 넘은 지금도 잠자리에 들기 전에 책을 읽는다고 하네요. 참으로 놀라운 사람이 아닐 수 없어요. 그래서 그는 최첨단 IT 분야까지 소상하게 꿰고 있고, 세계 변화와 정세에 정통해서 비즈니스에 막힘이 없는 것입니다.

리자청이 평생 머리맡에 가까이 두고 읽는 책이 있습니다. 바로 무경칠서武經七書입니다. 무경칠서는 무경武經 즉 병법兵法에 관한 7권의 책을 이르는 말입니다. 자세히는 제齊나라 출신 손무孫武의 《손자孫子》(1권), 전국시대 오기吳起의 《오자吳子》(1권), 제齊나라 사마 양저司馬穰苴의 《사마법司馬法》(1권), 주나라 울요尉繚의 《울요자尉繚子》(5권), 당唐나라 이정李靖의 《이위공문대李衛公問對》(3권), 한漢나라 황석

공黃石公의 《삼략三略》(3권), 주나라 여망呂望의 《육도六韜》(6권)입니다.

리자청이 무경칠서를 늘 끼고 사는 것은 그 속에 비즈니스에 필요한 전략과 전술이 모두 들어 있는 까닭입니다.

예로부터 중국에서는 무인이 되고자 하는 사람이라면 반드시 7대 병법서를 탐독해야 했습니다. 문관들이 과거시험을 패스하려면 반드시 사서—《논어》,《맹자》,《대학》,《중용》—와 삼경—《시경》,《서경》,《주역》—을 읽어야 했듯이, 무관이 되려면 무경칠서를 읽어야 했습니다. 무경칠서는 문과 시험이 사서삼경의 7개 과목으로 정리된 것과 같은 맥락에서 정리된 책인 셈입니다.

중국에는 무경칠서에 버금가는 병법서이지만 크게 주목받지 못하고 있던 병서로 《장원》,《삼십육계》,《손빈병법》 등 세 권이 있었습니다. 최근 우리나라에서 편찬된 《무경십서》에는 이 책들이 포함되어 있습니다. 반면 중국에서는 기존 무경칠서에 제갈량의 《장원》을 포함해서 명나라 태조 주원장의 책사였던 유기의 《백전기법》과 명대 중기 하수법이 쓴 《투필부담》을 무경십서에 포함시키기도 합니다.

어쨌든 무경칠서는 병법서로서만 아니라 인간 만사에 대한 지략이 담겨 있는 지혜의 서書라고 할 수 있습니다. 그래서 무경칠서는 세계 여러 나라의 사관학교의 필수 교재로 애용되고 있습니다. 뿐만 아니라 세계 유수의 경영 대학원에서 다양한 전략, 전술을 응용한 상략, 상술을 가르치는 데 사용하고 있습니다.

무경칠서의 으뜸, 《손자》

예로부터 《손자병법》은 수많은 장수와 군주를 승리로 이끈 결정적인 병법서 무경칠서 가운데 으뜸으로 간주되었고 그것은 현재도 마찬가지입니다. 이 책은 군사 분야뿐만 아니라 기업 경영 분야에서도 최고의 고전으로 손꼽히고 있습니다. 《손자병법》에는 시대를 초월하여 사회에서 사람들이 살아가면서 생각할 수 있는 모든 전략의 근본적인 원리가 담겨 있지요. 또한 거기에는 놀랍게도 다른 조직과의 전쟁이나 경쟁은 물론이고 조직 내에서의 인사 관리, 조직 관리 등에 대한 기본적인 원칙까지도 담겨 있습니다. 그래서 조조, 나폴레옹, 마오쩌둥, 다케다 신겐, 빌 게이츠, 손정의 등 쟁쟁한 인물들이 탐독한 책입니다. 《손자병법》은 서양권에서 동양 고전 중 《노자》와 《주역》 다음으로 가장 많은 번역본을 가지고 있습니다. 독일 황제 빌헬름 2세가 제1차 세계대전에서 패한 뒤에 《손자병법》을 빨리 읽었더라면 전쟁에서 지지 않았을 거라고 한탄했다는 일화는 유명합니다.

수많은 지략가와 전략가가 이 책을 탐독하는 것은 《손자병법》의 가르침이 실제 상황에서 실효가 있고 그만큼 가슴에 와 닿기 때문이 아닐까요? 요컨대 《손자병법》은 동서고금을 막론하고 최고의 병법서로 읽히는 책이라 할 수 있습니다.

싸우지 않고 적을 굴복시키는 것을 으뜸으로 친, 중국 고대의 가장 위대한 군사이론서 《손자병법》을 쓴 사람은 손무입니다. 그는 출생과 죽음이 불분명하지만 춘추시대 오나라의 왕 합려闔閭를 섬기던 사람으로 알려져 있습니다. 저자가 전국시대 제나라의 전략가 손빈孫臏이라는 설도 있었으나 최근 고고학적 발견 덕분에 그런 오해는 사라졌어요. 1972년 4월, 산둥성 임기현 남쪽 은작산에 있는 한나라 무덤에서 엄청난 양의 죽간이 발견되었는데, 거기에 《손자병법》과 《손빈병법孫臏兵法》이 나란히 들어 있었기 때문입니다. 즉, 두 병서가 두 가지의 죽간으로 함께 출토됨으로써 각각 저자가 다르다는 것이 판명된 것이죠. 또한 이로써 손무와 손빈 두 사람이 역사적으로 실재했으며 각각 병법을 남겼다는 사마천의 기록이 사실로 확인되었습니다. 영어권에서는 손무의 저작은 《The Art of War》로 번역하고, 손빈의 저작은 《The Method of War》로 번역하고 있습니다.

손무가 활동했던 시기는 기원전 6세기 춘추시대였습니다. 손무에 대한 기록은 사마천의 《사기史記》 외에 오나라와 월나라의 흥망사를 기술한 《오월춘추吳越春秋》가 있습니다. 손무의 선조와 그의 자손에 대하여 기록한 《신당서新唐書》도 있고요.

손무는 제나라에서 태어났으나 가문의 몰락으로 떠돌아다니다가 기원전 515년 오자서의 추천으로 오나라 왕 합려의 군사軍師가 되었습니다. 손무는 이론뿐만 아니라 실천에 임해서도 자신의 전법을 그대로 구사해서 승리를 얻어내곤 했습니다. 자신이 연구한 용병술로 오나라 군사를 지휘하며 3만 명의 병력으로 초나라의 20만 명 대군을 대파했고, 그 이후에도 제후국들과의 전쟁에서 계속된 승리를 거두었습니다. 오나라 왕 부차가 패자가 될 무렵 손무는 은퇴했고, 그 후의 생애는 알려져 있지 않습니다.

최고의 전략 전술서

세계사 공부를 하다 보면 인류의 역사는 전쟁의 역사라는 사실에 우리는 아연할 때가 많습니다. 그만큼 전쟁을 많이 한 겁니다. 노르웨이의 한 역사학자가 낸 통계에 따르면 인류가 문자로 기록을 남긴 후 5,560년간 세계적으로 1만 4,531차례의 전쟁이 일어났다고 하네요. 이는 매년 평균 2.6차례 전쟁이 일어난 것과 같습니다. 전쟁이 없었던 해는 고작 296년간뿐이었습니다. 게다가 이러한 전쟁 기간 동안 모두 36.4억 명이 사망했습니다.

특히 중국이라는 나라를 생각하면 난세의 대명사로 불리는 춘추전국시대가 떠오르지 않을 수 없습니다. 춘추시대에는 1211회, 전국시대에는 468회의 전쟁이 각각 일어났는데 그것은 주나라가 낙양으로 천도하는 기원전 770년부터 진시황이 천하를 통일하는 기원전 221년까지 매년 평균 3회의 전쟁이 터졌다는 것을 의미합니다. 중국인들은 이렇게 많은 전쟁을 겪으며 어떻게 하면 적을 이기고 천하를 얻을 수 있을지 고민했습니다. 전쟁에서 이기고 지는 것은 생사의 분기점이자 흥망의 경계선이었기 때문이죠.

《손자병법》은 명실공히 2,500년 전 중국 땅에서 쓰인 현존하는 중국 최고最古이자 최고最高의 병법서입니다. 오늘날 《손자병법》은 전쟁뿐만 아니라 기업의 경영 전략, 인간관계학에도 지대한 영향력을 끼치고 있는 세계적인 고전입니다. 이 책의 뛰어난 점은 2,500년 전에 쓰인 책임에도 불구하고 현대인들에게 늘 새로운 것을 깨우치고 있다는 데 있습니다.

《손자병법》의 첫머리는 이렇게 시작합니다.

孫子曰 : 兵子, 國之大事, 死生之地, 存亡之道, 不可不察也.

손자가 말했다. 전쟁은 국가의 큰일이다. 백성의 생사 및 국가의 존망과 직결되어 있는 까닭에 깊이 생각지 않을 수 없다.

군주와 장수는 승패에 따라 백성의 생사와 국가의 존망이 달려 있다는 준엄한 사실을 숙지하고 무겁게 움직여야 한다는 것입니다. 이런 점에서 보면《손자병법》은《논어》나《도덕경》처럼 경세의 지략을 담은 통치 사상서라 할 수 있을 것입니다.

《손자병법》은 병법서이지만 싸우는 것을 능사로 삼지 않습니다. '승산 없는 싸움은 하지 않는다', '싸우지 않고 이긴다'라는 것이 손자가 내세우는 최고의 전략 전술이지요. 백전백승이 최선이 아니고 싸우지 않고 상대를 굴복시키는 것이《손자병법》이 말하는 최고의 전략인 것입니다. 이러한 주장은 단순한 병법을 넘어서 인간미가 넘치는 철학을 우리에게 심어주고 있습니다.

《손자병법》은 6,200여 자에 불과하지만 승패와 운명의 변화 원리를 놀랍도록 정확하게 기술하고 있습니다. 인간에 대한 깊은 통찰로부터 비롯된《손자병법》의 전략 전술은 전쟁뿐 아니라 인간관계에 두루 응용이 가능해 '승자를 위한 바이블'로 통합니다.

순자, 한비자 등 춘추전국시대 사상가들이 그 탁월함을 칭찬했고,《삼국지》의 주인공이기도 한 위나라 조조가 서문을 달고 따로 정리해놓았을 정도로 가치를 인정받았습니다. 그것은 오늘날에 와서도 마찬가지입니다. 중국의 실권자였던 마오쩌둥이 죽을 때까지 손에서 놓지 않았던 책이 바로《손자병법》이지요. 또 제2차 세계대전의 명장 에르빈 롬멜Erwin Rommel과 조지 S. 패튼

George Smith Patton 장군도 참고서로 활용했고, 마이크로소프트의 창업자 빌 게이츠도 즐겨 읽었다고 합니다. 심지어 그는 "나를 만든 것은 손자의 병법"이라고까지 했습니다.

《손자병법》은 흔히 13편이 전부라고 알려져 있습니다. 그러나 그것은 총론편일 뿐입니다. 최근에 각론편이라 할 수 있는 82편이 발굴되었는데 여기에는 다양한 상황에서의 용병술이 기술되어 있습니다.

《손자병법》은 계計, 작전作戰, 모공謀攻, 군형軍形, 병세兵勢, 허실虛實, 군쟁軍爭, 구변九變, 행군行軍, 지형地形, 구지九地, 화공火攻, 용간用間의 13편으로 이루어져 있습니다. 전쟁 과정에서 군을 어떻게 조직해야 할 것인지, 전쟁할 때 반드시 준수해야 할 군사전략의 원칙과 전쟁터에 임하여 적을 격파하는 전술적 기술 등을 다뤘습니다.

《손자》가 제시하는 비책

《손자병법》에서 가르치는 승리는 두 종류가 있습니다. 적을 공격하지 않고서 얻는 승리와 적을 공격한 끝에 얻는 승리가 그것입니다. 손무는 전자가 최선책이고 후자가 차선책이라고 말하고 있어요. '백 번 싸워 백 번 이겼다百戰百勝'는 것은 최상의 승리가 아니라는 것이죠. 최상의 전법은 사전에 적의 의도를 간파하여 싸우지 않고 상대방을 굴복시키는 것. 즉, 적이 꾀하는 바를 간파하고 이를 봉쇄하는 것입니다. 그다음 상책은 적의 동맹 관계를 깨뜨려서 적을 고립시키는 것이고, 세 번째는 적과 싸우는 것이며, 최하의 방책은 모든 수단을 다 쓴 끝에 성을 공격하는 것입니다. 성을 공격한다는 것은 마지못해 사용하는 최후의 수단일 뿐입니다.

《손자병법》〈모공〉편에서는 '전쟁에서 이기는 다섯 가지 길'을 이렇게 제시하고 있습니다.

> 첫째, 싸워야 할 때와 싸우지 않을 때를 알면 이긴다.
> 둘째, 많음과 적음, 우세와 열세를 이용하면 이긴다.
> 셋째, 윗사람과 아랫사람의 목표가 같으면 이긴다.
> 넷째, 경계하고 준비하면 경계하지 않은 자에게 이긴다.
> 다섯째, 전쟁을 하는 장군에게 능력이 있고, 군주가 간섭하지 않으면 이긴다.

반면 '실패하는 장수의 다섯 가지 유형'도 제시하고 있습니다.

> 첫째, '죽기를 각오하고 싸우는 장수必死可殺也'. 오늘날로 생각하면 '전략적인 사고 없이 무조건 열심히만 하는 관리자'라 할 수 있습니다.

둘째, '자기만 살려고 애쓰는 장수必生可虜也'. 오늘날로 생각하면 '조직의 이익보다 개인의 이익을 우선시하는 관리자'라 할 수 있습니다.

셋째, '화를 잘 내는 장수忿速可侮也'. 오늘날로 생각하면 '부하 직원에게 감정을 잘 드러내는 관리자'입니다.

넷째, '청렴결백한 장수廉潔可辱也'. 오늘날로 생각하면 '지나치게 자신만의 원리원칙에 집착하는 관리자', 나아가서 '고집불통의 관리자'입니다.

다섯째, '백성을 사랑하는 장수愛民可煩也'. 오늘날로 생각하면 '마음이 약한 인사 관리자'로 볼 수 있습니다.

여러분 중에는 청렴결백하거나 백성을 사랑하는 장수가 왜 실패하는 장수에 속하는지 고개를 갸우뚱하는 분도 있을 것입니다. 하지만 장수란 융통성 없이 무조건 청렴결백하거나 무조건 백성을 사랑하는 마음만을 앞세워서는 안 되는 법입니다.

안철수는 자신의 저작 《CEO 안철수, 지금 우리에게 필요한 것은》에서 《손자병법》의 내용을 심도 있게 다루고 있는데 특히 '실패하는 다섯 가지 장수의 유형'에 대한 이야기를 이렇게 적고 있습니다.

장수에는 다섯 가지 위험한 유형이 있다. 죽기를 각오하고 싸우는 장수라면 죽이기 쉽다. 자기만 살려고 애쓰는 장수는 포로로 잡으면 된다. 화를 잘 내는 장수는 모욕을 주면 된다. 청렴결백한 장수는 욕을 보이면 된다. 백성을 사랑하는 장수라면 백성을 괴롭히면 된다. 전쟁에서 이기려면 상대방 장수의 약점을 잘 살펴서 이를 역이용하면 된다.

여러분 중에는 그런 유형의 장수가 없기를 바랍니다. 《손자병법》의 '실패하는 장수의 다섯 가지 유형'에 대해 설문조사를 한 재미있는 사례가 있습니다. 얼마 전 삼성경제연구소는 SERI CEO 회원 535명을 대상으로 "리더로서 조직에 해가 되는 요소가 무엇인가?"라는 내용의 설문조사를 실시했습니다. 그 설문의 기초가 손자병법에 나온 '장수가 빠지기 쉬운 다섯 가지 위험'이었습니다. 그 조사 결과는 다음과 같습니다.

1위(28.0%) 분노를 제어하지 못해 약점을 노출하는 '화를 잘 내는 장수'

2위(25.4%) 자신의 안위만 걱정하는 소심한 '자기만 살려고 애쓰는 장수'

3위(17.9%) 용기만 갖고 무작정 돌격하는 '죽기를 각오하고 싸우는 장수'

4위(15.0%) 지나치게 원칙을 고집해 실속을 놓치는 '청렴결백한 장수'

5위(13.3%) 인정에 얽매여 추진력을 잃어버리는 '백성을 사랑하는 장수'

《손자병법》이 제시한 인간 유형과 전략 전술이 수천 년이 흐른 현재에도 적용되고 있음을 여실하게 보여주는 사례가 아닌가 싶습니다. 손무는 전쟁에서 싸우지 않고 이기기 위해서는 힘이 있어야 한다는 것을 여러 번 설파했습니다. 힘을 가지고 있으면서 싸울 경우를 아는 자는 반드시 이긴다는 것입니다. 알고서도 과감히 공격하지 않거나, 알지 못하면서도 공격하는 자는 패배합니다. 그 힘은 준비되어 있는 상태에서 나옵니다. 손무는 이렇게 말하고 있습니다.

"상대를 알고 나를 알면 백 번 싸워도 위태롭지 않다. 상대를 알지 못하고 나만 알면 승부의 비율은 1 대 1이 될 것이다. 상대도 알지 못하고 나도 알지 못하면 싸우는 대로 패배하기 마련이다."

이러한 《손자병법》의 전략과 전술은 전쟁터를 방불케 하듯 생존 경쟁이 치열한 기업 경영과 비즈니스, 정치, 인간관계 등 여러 분야에 응용되고 있습니다. 《손자병법》이 경영인들의 애독서가 된 것도 바로 이런 이유일 것입니다.

비즈니스 세계에서는 어제보다, 상대방보다 많은 실적과 높은 평가를 받아야 살아남습니다. 때문에 늘 긴장 속에서 살아가야 하죠. 그나마 실적이라도 잘 올라갈 때는 신이라도 나지만 대부분 그렇지 못합니다. 엉뚱한 곳에서 일이 터지기도 하고 상대방이 나의 허를 찌르고 들어오기도 합니다. 그래서 항상 대비를 해야 하고 깨어 있어야 합니다. 방심은 금물이죠.

 싸우지 않고 이기려면 적이 공격하지 않기를 바라지 말고 나에게 만전의 방비가 있음을 믿어야 합니다. 적이 공격하지 않으리라는 희망적인 관측을 하면 안 됩니다. 만약 적이 공격한다 해도 그에 맞서 공략할 수 없는 철통 같은 준비가 나에게 있음을 스스로 믿을 수 있어야 싸우지 않고 이길 수 있습니다.

 마지막으로 정리해서 말씀드리자면 《손자병법》은 리더가 갖춰야 할 요건으로 지智, 인仁, 용勇, 신信, 엄嚴의 다섯 가지를 꼽고 있습니다. 최고의 리더가 되려면 이 사실을 잊지 말고 사명감을 가지고 노력해야 할 것입니다.

 경청해 주셔서 감사합니다.

Chapter 002

풍운아 리자청의
멋진 인생에 대하여

부(富)는 많아도 귀(貴)하지 않은 사람들도 많아요.
진정한 부는 자기가 번 금전을 사회를 위해 쓰려는
속마음(內心)에 있다고 봐요.
아무리 재산이 많아도 '바른 뜻(志氣)'이 없는 사람은
가장 가난한(最窮) 사람입니다. 내 좌우명은
'의롭지 못한 채 부귀를 누림은 뜬구름 같다(不義而富且貴 於我如浮雲)'라는
《논어》의 한 구절입니다.

리자청

리자청을 만난 행운

아시아신문 기자 오효찬입니다. 리자청은 세계 각국 기자들의 취재 표적이 되어왔지만 언론과의 인터뷰를 극력 사양해온 것으로 유명합니다. 하지만 뜻이 있는 곳에 길이 있다고 저는 리자청에 관한 자료와 책을 검토하다가 그를 만날 수 있는 기가 막힌 방법을 찾아냈습니다. 리자청이 매일 아침 일찍 홍콩골프클럽을 찾는다는 사실이었습니다. 그는 주로 오전 6시 30분에 그곳에 도착해서 1시간 반 가량 골프를 즐깁니다.

저는 마침 홍콩골프클럽에서 근무하는 중국인 친구를 알고 있었습니다. 그래서 저는 두 달 간 그곳 골프장에서 아르바이트를 하기로 했습니다. 저는 지근거리에서 성실히 일하며 리자청에게 눈도장을 찍는 등 다양한 물밑 작업 끝에 인터뷰를 성사시키는 행운을 잡을 수 있었습니다.

처음 리자청을 대면했을 때 저는 그의 서민적인 행동과 차림새에 무척 놀랐습니다. 개인 재산만 200억 달러가 넘는 아시아 최고이자 세계 10위의 부자인데 그 골프장에 직접 차를 몰고 나타났던 것입니다. 그 차는 눈을 씻고 다시 봐도 7~8년은 됨 직한 낡은 BMW 500이었습니다. 한쪽 손에 아이언 골프채 하나 달랑 들고 차에서 내린 리자청의 모습은 더욱 놀라웠습니다. 트레이드 마크인 커다란 까만 뿔테 안경을 쓴 그는 중키에 호리호리한 몸매를 지닌 노인이었습니다. 그런데 차에서 내리는 그의 발을 보는 순간 저는 놀라지 않을 수 없었습니다. 그는 고무 밑창을 댄 무척 낡은 구두를 신고 있었습니다. 그는 챙이 달린 흰색 모자를 쓰고 흰 반팔 티셔츠에 연한 베이지색 반바지를 입고 있었는데 명품 브랜드는 하나도 없었습니다. 자세히 보니 손목에 찬 시계도 몇 만 원 하는 값싼 세이코 시계였어요. 물론 경호원 몇 명이 그를 경호하고 있기는 했지만 유별나게 삼엄한 분위기를 연출하는 것은 아니었고요. 그 후 저는 두 달여 동안 매일 아침마다 리자청 회장의 모습을 보게 되었지만 그의 수수한 모습은 한 번도 바뀐 적이 없었습니다.

 리자청은 폭우가 쏟아지는 등 기상이변이 없는 한 매일 아침 6시 30분에 골프장에 도착했습니다. 나중에 취재를 하면서 알게 된 사실이지만 그는 아무리 늦게 취침해도 오전 6시에 기상을 해서 골프장으로 출발합니다. 그가 매일 골프장을 찾는 것은 골프 만한 건강 관리법을 발견하지 못한 탓이랍니다. 골프를 제외한 다른 건강 관리를 하는 것이 별로 없답니다. 리자청은 인터뷰 때 골프 수준을 묻는 기자에게 "골프는 전문 레슨을 받은 적이 없어요. 그래서 싱글이나 보기 플레이어 정도는 못 됩니다. 하이 핸드캐퍼 high handicapper인데, 동반자partner로서 즐겁게 어울려 칠 만한 수준이죠"라고 겸손해했습니다. 리자청은 골프를 칠 때 가장 중요한 것은 냉정함을 잃지 않고, 전략을 잘 짜는 것이라고 강조했습니다.

리자청 회장은 술은 한 방울도 마시지 않고 담배도 피우지 않습니다. 저녁 약속도 거의 하지 않고 일찍 퇴근합니다. 그래서 자기 전에 30분 이상 책을 읽는 습관을 수십 년 동안 해올 수 있었던 것 같습니다. 리자청은 낮잠을 자지 않는 것으로 유명합니다. 그는 졸리면 인삼차나 진한 커피로 졸음을 없앤다고 합니다.

참고로 말씀드리자면 리자청은 자신이 차고 다니는 손목시계를 8분 빠르게 맞춰놓고 있다고 합니다. 모든 것을 한발 앞서 준비하는 시간 관념이 몸에 배인 탓이랍니다. 그런데 8이란 숫자(중국어로 '8 八·빠로 발음'은 돈을 번다는 뜻인 '發파'와 발음이 비슷합니다. 이것이 중국인들이 8이란 숫자를 좋아하는 이유입니다. 중국인들은 사무실 전화번호나 자동차의 넘버도 모두 '8'을 선호합니다.

| 리자청의 전기적 스케치

리자청 회장의 집무실은 홍콩섬 센트럴 청콩센터 빌딩 맨 꼭대기인 70층에 있습니다. 그는 80세가 훨씬 넘은 나이임에도 그곳에서

전 세계에 산재한 500개가 넘는 기업군을 거느리고 '상신商神'이라 불리며 홍콩과 아시아를 호령하고 있습니다.

자수성가한 많은 사업가들이 그러하듯 리자청 회장의 어린 시절도 불우했습니다. 리자청은 1928년 광둥성 차오저우에서 교육자의 아들로 태어났습니다. 그의 가족은 1939년 중일전쟁이 발발하자 전란을 피해 홍콩으로 이주했습니다. 학교 선생을 하던 아버지는 낯선 홍콩 땅에서 별다른 밥벌이를 찾지 못해 가족들은 굶주려야만 했습니다. 굶주림 탓인지 아버지는 폐병에 걸려서 세상을 떠나고 14세가 된 리자청은 소년 가장이 되어 어머니와 두 동생의 생계를 책임져야 했습니다. 그때 그는 중학교 1학년생이었습니다.

중학교를 중퇴한 소년은 찻집 종업원, 철물점, 시곗줄 외판원, 플라스틱을 제조하는 회사의 영업직 등을 전전하며 가족을 부양합니다. 이때 리자청은 외판원으로 일하면서 홍콩섬과 주룽九龍반도 등을 하루 평균 10시간 이상 걸었다고 합니다. 동료들이 하루 8시간 일할 때 소년 리자청은 16시간씩 일하며 돈을 모았습니다. 그는 성실성과 영업 능력을 인정받아 간부급 사원이 되었습니다.

그때부터 걷는 것이 습관화된 리자청은 거대 그룹을 거느린 기업 총수가 된 이후에도 중대 결단을 내릴 때는 홍콩섬 사무실에서 자택이 있는 리펄스 베이까지 10킬로미터 거리를 걸어 다니곤 했답니다. 그는 택시를 타는 일 없이 먼 거리는 버스를 이용하고 가까운 거리는 걸어 다녔습니다.

1950년 여름, 리자청에게 인생의 진로를 바꿀 새로운 전기가 마련되었습니다. 23세의 청년이 된 그는 자신의 저금과 친척에게 빌린 5만 홍콩달러로 플라스틱 공장을 설립한 것입니다. 미래의 '청콩長江그룹'의 모태가 될 '청콩공업공사'가 발족한 것입니다.

중국에서 제일 긴 강인 장강(양쯔 강)의 이름을 따서 회사명을 지은 것은 양쯔 강처럼 기업이 장대하게 번성되기를 원했기 때문입니다. 여름철에 가보신 분은 아시겠지만 양쯔 강은 그곳이 강인지 바다인지 모를 정도로 넓고 장대해 입을 다물지 못할 정도입니다. 양쯔 강은 총 길이 5,800킬로미터이며 칭하이 성靑海省에서 발원하여 상해 시역에서 바다로 흘러드는 그야말로 장대한 강입니다.

이 공장은 플라스틱 완구와 간단한 일용품을 전문적으로 생산하기 시작했습니다. 하지만 창업 초기 그는 무척 어려운 시련을 겪지 않을 수 없었습니다. 피땀을 흘리며 일에 매진했으나 부족한 자금과 낙후된 설비 때문에 고전을 면하지 못했습니다. 뛰어난 영업력을 발휘해서 주문을 받아와도 불량품이 많은 탓에 납기를 맞출 수 없는 지경이었어요. 제품의 질을 중시하는 리자청으로서는 품질에 문제가 있는 제품을 납품할 수 없었던 겁니다. 불량품은 넘치는데 납품 날짜는 바작바작 다가오자 리자청은 밤잠을 이루지 못하고 매일같이 충혈된 눈으로 뛰어다녔으나 사업은 파산 지경에 몰리게 되었습니다.

　1950년에서 1955년까지의 모진 세월을 리자청은 지금도 생생히 기억한다고 합니다. 훗날 그는 쓴웃음을 지으며 그 시절을 가장 어려웠던 순간으로 떠올렸습니다. 재료비를 달라는 원자재 공급상, 배상금을 요구하는 고객, 대출금 회수를 요구하는 은행 직원, 심지어 식구를 데리고 공장에 찾아와 월급을 달라고 요구하는 직원 등. 하지만 리자청은 그런 역경을 이겨내고 1957년에는 회사 매출이 1,000만 홍콩달러를 기록하는 데 성공합니다.

　리자청은 일련의 심각한 타격을 겪은 다음, 국제경제 정세와 시장의 동향을 냉철하게 분석하기 시작했습니다. 그 무렵 그는 〈플라스틱〉이라는 외국 잡지에서 플라스틱 조화造花가 히트할 거라는 기사를 읽고, 사업을 하면 성공하리라고 예감합니다. 그는 당장 세계 최초로 플라스틱 조화를 개발했다는 이탈리아로 날아갔습니다.

　그리고 그 공장을 찾아가서 그곳에서 일용직 직원으로 취직해 제조 공정을 훔쳐보았습니다. 일종의 산업스파이 행동을 한 셈인데 사활이 달린 시기였기에 아무런 죄의식도 느낄 겨를이 없었다고 합니다. 홍콩으로 돌아온 리자청은 '가진 것은 지혜와 학습과 노력뿐'이라는 각오로 최신 흐름을 좇는 데 매진했어요.

　그가 만든 플라스틱 조화는 유럽으로 수출되면서 엄청난 매출을 올립니다. 결국 그는 7년 만에 플라스틱 조화 단일 공장으로 세계 최대 규모 사업장을 만들어냈습니다. 이때의 플라스틱 조화로 리자청은 '화왕花王'이란 별명을 얻었습니다. 리자청은 27세의 나이에 이미 평생 먹고살 돈을 벌어들입니다. 소년 가장으로 밑바닥 삶을 시작한 지 13년 만의 일이었습니다.

그 후 리자청의 사업은 굳건한 발판을 마련해 한 번도 실패하는 일 없이 성공 가도를 달리기 시작합니다.

1958년부터 리자청은 부동산업에 뛰어들게 됩니다. 공장 부지의 주인이 월세를 올려달라고 하자, 리자청은 아예 그 터를 사버린 것입니다. 이것이 그의 첫 번째 부동산 투자였고 부동산 사업의 눈을 뜨게 만들어준 계기가 되었습니다. 플라스틱 사업으로 성공의 발판을 구축한 리자청은 사업의 방향을 부동산으로 돌리는 결단을 내렸습니다. 여기서 대세를 읽는 독수리같이 매서운 눈과 놀라운 결단력의 소유자 리자청의 진면목이 나타납니다.

플라스틱 제품은 가공이 쉽고 투자도 적게 들며 효과도 빠르게 나타났지만 소자본으로도 경영이 가능하기에 경쟁자가 많았습니다. 게다가 유럽과 미국에서 생화를 찾는 바람이 불어닥치면서 시장이 중남미 쪽으로 이전해가고 있었습니다. 리자청은 회사의 주력 사업을 부동산 개발과 관리 쪽으로 탈바꿈시켰습니다.

어떤 사업이 성하고 쇠하는 과정에 무궁한 위험과 기회는 숨어 있는 법이죠. 시세를 잘 살펴 기회를 잘 타는 것은 사업가의 가장 중요한 소질입니다. 기회가 온 것을 많은 사람들이 발견하지만 결코 모든 사람이 그 기회를 잡을 수 있는 것은 아닙니다. 사람들은 어떤 기업가가 크게 성공을 거두면 그를 두고 사업 감각을 '타고났다'고 말합니다. 모든 성공한 사람들이 기회를 잡는 천부적인 능력이 있었던 것은 아닙니다. 단지 평소에 많이 마음을 쓰고 많이 관찰하고 많이 생각할 뿐이죠. 리자청이 바로 그러합니다.

그는 매일 아침 세계 각국 유명 신문을 읽고 세계경제의 흐름과 동향을 파악합니다. 또한 업무의 90퍼센트 이상은 내년이나 5년, 10년 후의 일을 생각하고 준비하는 데 모두 바칩니다. 그가 집무실에서 받는 각종 보고는 15분을 넘기지 않는 게 원칙입니다. 청콩그룹의 놀라운 성공은 미래를 대비하고 연구하는 리자청의 노력의 소산입니다.

리자청은 "사업가로서 가장 중요한 자질은 무엇입니까?"라는 저의 질문에 이렇게 대답했습니다.

"저는 사업가로서 약점이 많은 사람입니다. 그러나 끊임없이 배우고 혁신하고 열심히 일하자고 맘먹었어요. 그리고 그것들을 좋아했어요. 이런 것들이 내 사업이 계속 클 수 있었던 비결이라고 봐요. 핵심 사업 영역에 초점을 맞추면서 확장을 위해 다른 영역을 늘 모색해 왔습니다. 또 사업 파트너들을 접대하고 그들과 어울리는 데 쓰는 시간을 최소화했어요. 대신 그 시간에 공부하고 분석하고 판단하는 힘을 키운 게 사업 성공의 핵심이었다고 생각합니다."

 리자청은 발군의 비즈니스 감각 덕분에 사업 확장 때마다 대성공을 거뒀습니다. 1958년부터 부동산업에 뛰어든 이후 리자청은 자신의 판단에 따라 부동산 폭동 때마다 값이 폭락한 부동산을 대거 사들여 막대한 이익을 취합니다.

 1967년, 중국 본토에서 일어난 문화혁명은 리자청에게 있어 절호의 기회였습니다. 홍콩의 부유층들이 문화혁명으로 인해 피해를 입을 것이란 두려움에 빠져 요지의 부동산들을 헐값에 팔아넘기고 미국이나 유럽으로 이민을 떠났기 때문입니다. 하지만 리자청은 홍콩의 경제 전반에 대해 굳건한 믿음을 갖고 있었습니다. 그는 문화혁명이 일시적인 사건으로 끝날 것이라 내다보고 시장에 나온 헐값 매물들을 대량으로 사들였습니다. 이 부동산들은 1970~1980년대 청콩그룹이 고속 성장을 이루는 데 원동력이 되었습니다.

 홍콩의 발전 속도에 비추어 그 잠재력이 엄청나다고 판단한 리자청은 부동산 개발에 눈을 돌렸고 그 예측은 적중했습니다. 그는 새로이 부동산 전문 회사인 청콩실업을 세우고 거의 불모지나 다름없던 지역을 개발하여 단번에 홍콩의 신흥 부호 반열에 오릅니다.

 리자청은 1972년에 홍콩 주식시장이 호황기를 맞자 청콩공업공사를 상장하고, 또한 청콩실업을 주력사로 키웠습니다. 그는 주식시장을 통해 조성한 자금을 다시 부동산 투자에 쏟아부었습니다. 1979년, 리자청은 영국 자본의 대명사나 다름없던 홍콩 상하이 은행 그룹의 허치슨왐포아의 지분을 인수하면서 세계 주식시장을 놀라게 했습니다. 이로써 청콩그룹은 제조업, 부동산, 금융계의 큰손으로 부상하면서 홍콩 최대의 재벌로 변신했습니다.

 그 후에도 리자청은 더 많은 자금을 선진 과학기술과 전기통신에 투자하며 끊임없이 새로운 업무 영역을 개척했습니다. 그는 전기통신, 기초 건설, 판매 등 여러 분야에 자금을 투자함으로써 이익을 극대화하는 과정을 통해 항만·전화·에너지·호텔 등을 거느린 종합 재벌로 꾸준히 성장했습니다. 시대의 변화를 앞지르는 리자청의 발걸음은 계속해서 사업 지역을 아시아에서 북미, 유럽, 호주 등 전 세계로 확장했습니다. 1986년, 리자청은 캐나다의 허스키 석유 주식 과반을 확보하며 경영권을 장악했으며, 이후 에어캐나다를 인수하고 캐나다상업은행, 홍콩전력, 파나마운하, 유럽의 통신사업 등에 대한 투자로 숨 가쁘게 이어졌습니다.

 리자청은 오늘날 부동산 투자에서 이동통신 사업에 이르기까지 단 한 번도 사업에 실패한 적이 없이 '50년 불패 경영'이라는 신화를 만들어내면서 '비즈니스의 신'으로 추앙받고 있습니다. 현재 청콩그룹은 세계 42개국에 500여 개의 회사와 18만 명의 사원을 둔 총 자산 규모 600억 달러의 세계적인 기업으로 성장했습니다.

리자청의 경영 철학

리자청은 홍콩 상장 기업의 4분의 1을 소유하고 있으며 전 세계 컨테이너 물동량의 10퍼센트를 처리하고 있습니다. 이처럼 막대한 부의 제국을 이룩한 리자청이지만 좀처럼 비난받는 일이 없습니다.

　리자청은 어느 인터뷰에서 "성공을 위해 수단과 방법을 가리지 말아야 한다는 말에 절대로 동의하지 않는다"고 말했습니다. 리자청은 자기 나름대로 내세운 '정의 원칙'을 지키는 사업가입니다. 그는 수백 개의 사업체를 인수하거나 직접 설립하면서 불법 로비 등으로 강압이나 협박을 한 적이 없습니다. 그는 언제나 우호적인 분위기를 조성한 후 사업을 일으켰으며, 국가나 공동체에 피해를 끼칠 만한 사업에는 일체 손을 대지 않았습니다. 리자청은 부동산업을 하면서도 건물을 짓기 위해 부채를 얻는 행동을 하지 않았습니다. 땅 주인과 합자 형식을 취하든지, 아니면 사전에 아파트를 친구들이나 아는 사람들에게 팔았기 때문이었습니다. 부채로 인한 위험을 최소화하는 방식으로 자신과 투자자들의 재산에 대한 안전을 도모한 것이 그의 성공 비결이었습니다.

 자신만의 원칙을 지키는 것은 해외 사업에서도 마찬가지였습니다. 대표적으로 그가 카리브 해 연안의 한 국가에서 건설 사업을 성공적으로 마쳤을 때의 일입니다. 그 나라의 총리가 감사의 뜻에서 리자청에게 카지노 사업권을 넘기려고 하자 리자청은 자신은 도박 사업은 하지 않는다며 다른 사람에게 카지노를 운영하도록 했습니다.

 리자청은 20여 년째 오래전에 구입한 주택에 살고 있으며, 그의 금전 철학은 그의 월급에도 그대로 반영되고 있습니다. 리자청은 청콩실업의 사장으로 있는 동안 그 회사의 청소부와 같은 월급을 받았습니다. 월급을 많이 받아 자신의 재산을 늘리는 것은 회사를 위하는 것이 아니라는 생각에서입니다. 대신 그는 회사를 지속적으로 발전하게 만들어 그가 소유한 주식의 값어치를 높임으로써 돈을 벌었고 최고의 재벌이 되었던 것입니다.

 리자청은 기업을 하나의 가정으로 비유하면서, 직원들로 하여금 소속감을 갖게 하고 그들과 함께 운영하는 기업 정신을 이렇게 강조하고 있습니다.

 돈이 보이면 다 같이 벌고, 이윤이 생기면 다 같이 나눌 줄 알아야 당신과 함께 일할 사람을 잡아둘 수 있다. 만약 당신이 10퍼센트의 지분을 갖는 게 정상이라면 사실 11퍼센트를 가져도 무방할 것이다. 하지만 이때 9퍼센트만 가진다면 그 다음부터는 돈이 알아서 당신을 찾아올 것이다.

리자청은 자신이 어렸을 때 어려웠던 것처럼 그런 어려운 사람을 돕는 게 의무라는 것을 깨닫고 사업에 더욱 몰두했습니다. 그는 현재 세계에서 가장 많은 돈을 사회에 환원하는 기업가 중 한 사람입니다. 1980년 '리자청 기금회'를 설립한 그는 이곳에 78억 홍콩달러를 기부했습니다. 이 기부금은 70퍼센트 이상 리자청의 개인 재산에서 끌어온 것이라고 합니다.

요즈음 리자청은 하루 10시간의 업무 시간 중 6시간은 청콩그룹 일에, 나머지 4시간은 기금회 활동에 쏟고 있다고 합니다. 그는 이 자선단체를 자신의 '3번째 아들'이라 공공연하게 말할 만큼 엄청난 애착을 보이고 있습니다.

그는 무작정 돈만 기부해 이름을 알리는 데 그치지 않습니다. 자신의 기부금이 어디에 어떻게 쓰이는지 일일이 현장을 찾아가 확인하고 관리합니다. 또한 가난한 사람들에게 자신의 평생 신조인 '자립 정신'을 심어주기 위해 이들이 경제적으로 자립해서 사회에 공헌할 수 있도록 자선활동 관리에 혼신의 힘을 쏟고 있습니다. 그는 자신의 고향에 대학을 세우고 장애인, 소년 가장, 재해민을 돕기 위한 사업을 벌이고 있습니다.

리자청은 사회에 기여하는 것, 어려움에 처한 사람들이 더 나은 삶을 살 수 있도록 돕는 것이 자신의 인생에 있어 궁극적인 의미를 찾게 할 것이라고 말합니다. 그는 이것을 기꺼이 자신의 필생의 사업이라고 여깁니다.

최근 리자청은 총 재산의 3분의 1을 사회에 환원하겠다고 선언하면서 "동양의 전통적 사고는 재산을 아들이나 손자에게 물려주는 것이지만, 이런 구습을 바꿔 사회로 돌려주는 즐거움과 보람이 확산되어야 한다"고 강조했습니다.

2004년, 동남아시아 지진해일 참사 때 한국 정부는 300만 달러를 지원하기로 했다가, 리자청 개인이 310만 달러를 냈다는 이야기를 듣고 500만 달러로 금액을 올렸다는 일화가 있습니다.

리자청의 성공 비결은 한마디로 말해 '원칙을 지킨 리더십'이라고 생각합니다. 그는 지금도 매우 보수적인 회계 방식을 적용하고, 그룹 전체의 현금 흐름을 극도로 중시하고 있습니다. 그는 1956년 이후 빚을 거의 지지 않는 '무부채, 안정 경영'을 50년이 넘도록 실천 중에 있습니다. 그는 '안정을 유지하면서 전진하고, 전진하면서 안정을 유지하는 것 發展中不忘穩健, 穩健中不忘發展'이라는 말을 평생 새겨 왔습니다. 그것이 그의 비즈니스 모토입니다.

리자청은 한 대중매체에서 자신이 부를 쌓아온 비결을 이야기한 적이 있습니다.

"만약 1만 달러를 은행에 저금하면 10년 후 쌓인 돈은 그저 10만 달러에 지나지 않지만 만약 이 돈을 위험부담이 가장 큰 업종에 투입해 몇 배의 고생을 거치고 나면 10년 후 수억이 될 수 있다."

이 말에는 리자청의 기업가적 기질이 그대로 드러나고 있습니다. 그가 그토록 커다란 성공을 거둘 수 있었던 것은 안정을 추구하지만 일단 승기를 잡았다고 느끼는 순간 엄청난 도박도 할 수 있었던 덕분일 것입니다. 진정한 비즈니스는 위험이 클수록 더욱 성공하기 쉽다는 것 즉, 그는 간단명료하고 알기 쉬운 이치를 우리에게 가르쳐주고 있습니다.

리자청은 좋은 책을 읽거나 골프에서 나이스 샷 할 때, 자선활동을 할 때, 가까운 친구들과 담소를 나누거나 친구들을 사귀는 순간 인생에서 행복을 느낀다고 말합니다.

청콩그룹의 한 관계자에 따르면 "리자청은 아직도 직원들과 회사 식당에서 식사하고, 공장에서 근로자들이 먹는 도시락을 먹는 것을 큰 즐거움으로 삼고 있다"고 합니다.

리자청이 오래 장수하면서 여생 동안 많은 자선사업을 하며 큰 즐거움을 얻기를 바랍니다. 경청해 주셔서 감사합니다.

 리자청의 자기관리 성공 비결

1. 부지런함은 모든 것의 기초다.

2. 자신에게 엄격하고 남에게 관대하라.

3. 언제나 새로운 사고를 품어라. 자신의 관점으로 세상을 응시하고 시류에 편승하지 마라.

4. 약속은 반드시 지켜라. 신의는 성공의 필수 요건이다.

5. 결정할 때는 가슴을 열고 전체를 고려하되, 한번 결정하면 돌아보지 말고 과감히 추진하라.

6. 직원에게 고효율의 모범을 보여라.

7. 정책을 시행할 때 신중에 신중을 기하라. 변수에 철저히 대비하여 무모하게 모험하지 마라.

PART 05

Steven Paul Jobs
스티브 잡스

내가 세운 회사에서 내가 해고당하다니! 난 정말 말 그대로, 몇 개월 동안 아무것도 할 수가 없었다.
그러나 내 마음속에는 뭔가가 천천히 다시 일어나기 시작했다.
난 해고당했지만, 여전히 내가 했던 일을 사랑했고, 그래서 다시 시작하기로 결심했다.

모든 중요한 혁신은 놀라워야 하고 예상치 못한 것이어야 하고
따라서 세상은 준비되지 않은 상태에서 이를 열광하며 받아들여야 한다.

스티브 잡스 추천서
클레이튼 크리스텐슨 《혁신 기업의 딜레마》

스티브 잡스가 우리 곁을 떠난 지도 벌써 3년이 되어갑니다. 잡스는 애플이라는 창조적이고 혁신적인 기업을 만들어냈고 우리 시대의 신화를 썼습니다. 그는 가정마다 책상 위에 컴퓨터가 놓이는 시대를 열었고 MP3를 처음 만들지는 않았지만 그가 만든 아이팟이 세계를 휩쓸고 젊은이들의 삶의 모습을 바꾸어 놓았습니다. 한마디로 정의해서 스티브 잡스는 IT 산업을 인문학과 연결시킨 창조성의 천재입니다.

그런 잡스가 우리에게 추천한 책은 《혁신 기업의 딜레마》입니다. 제품 사이클을 선도하는 기업은 앞선 주자가 없기 때문에 자체 혁신을 해나가지만 그 혁신이 과연 옳은 방향의 혁신인지 알지 못하는 수가 왕왕 있습니다. 그것은 스티브 잡스 스스로도 수없이 겪은 뼈저린 체험이기도 하지요.

오늘은 스티브 잡스를 기리면서 대동경제신문 '혁신기업연구 팀' 박현민 팀장께서 《혁신 기업의 딜레마》에 대한 보다 쉬운 해설을 해주시겠습니다. 이어서 2부에서는 선진대학 글로벌 미디어학부 채수정 교수가 스티브 잡스의 삶과 업적에 대해서 말씀해 주시겠습니다. 먼저 박현민 팀장을 모시겠습니다.

Chapter 001

《혁신 기업의 딜레마》
클레이튼 M. 크리스텐슨

크리스텐슨은 기술 변화가
회사에 어떤 영향을 미치는지 분명하게 제시할 수 있는
몇 안 되는 사람이다.
그는 방대하고 깊이 있는 사례를 통해
새로운 신화를 만들고 있다.
이 책은 총알이 필요한 사람들에게
총알과 방탄조끼까지 제공해준다.

〈포브스〉

IT와 인문학의 천재적 결합

박현민입니다. 제가 근무하는 대동경제신문은 5년 전부터 혁신기업연구 팀을 운영하고 있습니다. 저는 5년간 이 팀을 이끌면서 많은 글로벌 CEO들과 전문 경영인들을 인터뷰했습니다. 스티브 잡스도 만날 계획이 잡혀 있었는데 그가 그만 일찍 세상을 떠나는 바람에 세기의 인물을 만날 기회를 놓친 것이 무척 아쉽습니다.

많은 글로벌 리더들이 그러하듯 잡스 또한 열렬한 독서광이었습니다. 그는 1995년 〈스미소니언〉과의 인터뷰에서 자신은 유아기부터 독서를 즐겼다고 말했습니다. 또 〈플레이보이〉와의 인터뷰에서는 세상에서 가장 좋아하는 것으로 '책과 초밥'을 들었습니다.

스티브 잡스의 독서 편력은 다른 CEO들과는 많이 다릅니다. 그는 경영학이나 비즈니스 책보다는 다른 분야의 책을 많이 읽었습니다. 우선 잡스는 고전과 인문학에 대한 책을 많이 읽었고 깊은 소양을 지니고 있었습니다. 스티브 잡스는 "내가 아이팟, 아이패드 이런 것을 발견하게 된 가장 창조적인 원천은 대학 시절에 '고전 읽기 100권 프로그램'이 결정적인 영향을 미쳤다"고 말했습니다.

스티브 잡스가 중퇴한 리드대학은 졸업하기 전에 100권의 인문고전을 반드시 읽어야 했습니다. 잡스는 비싼 학비 때문에 6개월 만에 자퇴한 뒤 1년 6개월 동안 청강생 신분으로 공부하면서 호메로스의《일리아드》, 헤로도토스의《역사》, 플라톤의《공화국》, 아우구스투스의《고백록》등 그리스와 로마 고전을 닥치는 대로 읽었습니다. 그런 영향 때문인지 잡스는 "만일 소크라테스와 점심을 같이 할 수만 있다면 애플을 내줄 수도 있다"고 말할 정도로 고전 예찬론자였습니다.

2010년 1월 27일, 아이패드가 첫선을 보인 날을 기억하는지요? 잡스가 아이패드를 들고 나와 애플의 비전을 이야기할 때 그 뒤에 교차로에서 흔히 볼 수 있는 안내판이 비쳤습니다. 그런데 서로 엇갈린 두 개의 길 이름이 독특했습니다. 표지판에는 '인문학Liberal Arts'과 '기술Technology'이라고 쓰여 있었습니다. 스티브 잡스는 그 의미를 이렇게 설명했지요.

"애플은 인문학과 기술의 교차로입니다. 애플은 언제나 이 둘이 만나는 지점에 존재해 왔지요. 우리가 아이패드를 만든 것은 애플이 항상 기술과 인문학의 갈림길에서 고민해왔기 때문입니다. 그동안 사람들은 기술을 따라잡으려고 애썼지만 사실은 반대로 기술이 사람을 찾아와야 합니다."

이 말은 기술은 인간을 위한 것이라는 인문학적인 시각을 강조한 것입니다. 잡스는 인문학이란 '인간에 대한 이해'라고 정의했고 '인간 중심'의 애플을 만들어나갈 것을 강조했습니다.

스티브 잡스가 뛰어난 통찰력으로 인문학을 내세운 덕분에 세계적으로 인문학 선풍이 불어닥쳤습니다.

이러한 '스티브 잡스 현상'은 본인의 천재성에서 기인하는 것이겠지만 미국 대학의 장점이 만들어낸 결과물일 수도 있다는 것이 저의 생각입니다. 미국의 대학은 일찍부터 자연과학과 인문학을 의무적으로 복수 전공하는 제도를 유지하고 있습니다. 만약 잡스가 대학 때 고전 100권 프로젝트를 거치지 못했다면 어떻게 되었을까요?

그가 자연과학과 인문학이란 양쪽 학문을 몸으로 체험한 덕분에 애플이 만든 모든 제품은 인문학적 휴머니티와 이공학적 기술이 멋들어진 융합을 이루고, 고객들을 감동시키는 마력을 창출한 것입니다. 이 점은 한국 교육 정책 집행자들과 대학 당국은 깊이 숙고해야 할 숙제가 아닐 수 없습니다.

그런데 스티브 잡스는 고전 중심의 인문학에만 심취했던 사람은 아닙니다. 그는 동양 사상과 불교에 심취한 독특한 세계관을 지니고 있었습니다. 그는 불교의 명상 세계에 심취해서 일본 선불교의 승려의 주례로 불교식 결혼식을 올렸을 정도였으니까요.

잡스가 읽었던 서적들을 따라가 보면 불교뿐만 아니라 인도 철학에 매료되었던 것을 알 수 있습니다. 그는《어느 요가 수행자의 자서전》,《우주의식》등의 신비주의적인 서적을 많이 읽었습니다.

말년에는 투병 생활을 하면서 인간의 신체와 섭생에 대한 각종 서적을 두루 읽었습니다.《작은 지구를 위한 식습관》,《디톡스 식습관의 치유 체계》등 환경과 식이요법에 관한 책은 말년의 그에게 야릇한 영감을 끼쳤다고 전해지고 있습니다.

한국통인 경영학의 아인슈타인

스티브 잡스는 여러 비즈니스 책 중에서도《혁신 기업의 딜레마 The Innovator's Dillema》를 늘 가까이 두고 탐독했던 것으로 알려지고 있습니다.

이 책의 초판은 1997년에 출간되었는데 저자인 클레이튼 M. 크리스텐슨Clayton M. Christensen은 이 책 한 권으로 '경영학의 아인슈타인'으로 불릴 정도로 경영계에 일대 파장을 불러일으켰습니다. 이 책은 "어째서 위대한 기업조차 실패하고 쓰러지는가?"라는 질문에 본격적으로 답하고 있습니다. 출간 당시 '고객이 원하는 것은 고객도 모른다'는 경영자들이 전혀 생각지 못했던 아이디어를 내며 일약 세계 비즈니스계에 파괴적 혁신을 가져왔습니다.

한마디로 정리하면 이 책은 경쟁력 확보에 애썼고, 고객의 요구에 기민하게 대응했으며, 새로운 기술에 공격적으로 투자했음에도 시장 지배력을 상실한 초우량 기업에 대한 이야기입니다.

 이 책에 실린 연구 결과 중에서 가장 눈에 띄는 것은 더 잘 경영하고, 더 열심히 일하고, 잘못을 많이 저지르지 않아도 일류 기업이 도태되고 만다는 사실입니다. 돌이켜보면 망할 이유가 없어 보이는데도 무수히 많은 위대한 기업이 망했습니다. 어째서일까요? 이것이 혁신 기업의 딜레마이고 '파괴적 혁신disruptive innovation' 이론이 필요한 까닭입니다.

 이 딜레마의 근원을 찾아들어가 보기 전에 우선 저자인 클레이튼 크리스텐슨 박사에 대해 알아보기로 하지요. 그는 하버드 경영 대학원에서 박사 학위를 받고 1992년부터 새로운 혁신의 개념을 전파하면서 교수 생활을 하였고 지금은 경영 대학원 석좌 교수로 있습니다.

 그는 이론가에 그치지 않고 기업을 직접 경영한 경험도 갖고 있습니다. 1984년, MIT 교수들과 전자·통신 부품 업체를 설립해 직접 경영을 한 것을 비롯해, 2000년대에는 두 개의 컨설팅 회사를 설립해서 경영했는데 놀라운 성공을 거둔 것으로 알려져 있습니다. 또한 《혁신 기업의 딜레마》 외에도 《성장과 혁신》, 《미래 기업의 조건》(공저) 등 연속적으로 파괴적 혁신 이론을 다룬 저서들을 펴냈는데 거의 모든 책이 베스트셀러가 되면서 세계적인 경영 이론가로서 명성을 얻었습니다.

영국 경제지 〈이코노미스트〉는 역사상 가장 위대한 비즈니스 서적의 하나로 《혁신 기업의 딜레마》를 선정했고 클레이튼 크리스텐슨은 '세계 비즈니스 사상가 50인'에도 이름을 올렸습니다.

재미있는 것은 크리스텐슨 교수는 '구창선'이라는 한국 이름도 갖고 있을 정도로 한국통이라는 사실입니다. 그는 1971년부터 2년간 선교사로서 한국의 춘천과 부산에서 봉사활동을 한 탓에 한국어를 유창하게 구사한다고 합니다. 그는 한국을 여러 차례 방문하고 인터뷰에서 "한국을 사랑하고, 한국인을 사랑하고, 한국에 대한 모든 것을 사랑하는 사람"이라고 말했습니다. 그는 과거 한국에서 선교사 생활을 할 때 사람들이 크리스텐슨이란 이름을 발음하기 어려워해서 한국 이름을 지었다고 합니다. 그는 애정을 갖고 한국의 경제 성장을 지켜본 경영학자로서 한국 기업의 성공 사례를 수업 시간에 자주 활용한다고 합니다.

크리스텐슨 교수는 학문적 업적뿐 아니라 독실한 신앙인으로서도 유명한 일화가 많습니다. 그는 예수 그리스도 후기 성도 교회(일명 모르몬교) 신앙을 4대에 걸쳐 지켜온 뿌리 깊은 모르몬 집안입니다. 그는 현재 암 투병 중인데 '하버드 마지막 강의 마지막 질문'이라는 부제를 단 《당신의 인생을 어떻게 평가할 것인가》(공저)라는 책을 냈습니다. 이 책은 2010년 봄, 학생들의 요청으로 자신의 인생 철학과 노하우가 모두 담긴 '인생 경영학 특강'을 진행한 결과물입니다. 그는 항암 치료를 받느라 머리숱이 거의 없을 정도로 힘든 상황에도 기업에 대한 자신의 경영학 이론을, 길을 잃고 방황하는 사람들에게 적용해서 인생의 문제를 풀어나가고 있습니다. 말하자면 경영학 이론을 바탕으로 '성공적인 사회생활, 행복한 가정, 참된 삶에 관한 해법'을 제시한 책인데 현재의 일, 가정, 관계를 점검하도록 도와주고 나아가 구체적 해결 방법까지 제시해주는 책이므로 젊은이들은 꼭 읽어볼 것을 권합니다.

밀리언셀러가 된 《혁신 기업의 딜레마》

이제부터 《혁신 기업의 딜레마》의 핵심 내용을 살펴보겠습니다. 이 책은 꽤 부피가 두툼한데도 빠르게 읽힌다는 장점을 가지고 있습니다. 어려운 내용 같지만 조금만 진득하게 읽어 들어가면 쉽게 풀어쓴 탓에 잘 읽힙니다. 여러분은 어떻게 읽으셨나요? 이 책의 주제는 처음 출간될 당시에는 경영자들에게 잘 다가오지 않았다고 합니다. 경영자들은 전혀 상상도 못했던 개념을 화두처럼 던지고 있었으니까요.

"초우량 기업이 망할 이유가 없어 보이는데도 망하는 것은 어째서인가?"

아마 잘나가는 기업의 CEO였다면 이 질문이 다소 당혹스러웠을 겁니다. 하지만 세월이 흐른 지금에 와서 보면 주제가 아주 명쾌하게 와 닿지요. 그것은 크리스텐슨 교수의 파격적인 경영학 이론이 기업 경영의 마인드를 바꾸어놓은 영향 때문일 겁니다.

앞서 말했듯, 이 책은 약점을 가진 기업이 아닌 초우량 기업에 대한 이야기입니다. 1부는 1장~4장으로, '왜 훌륭한 경영자의 건전한 의사결정이 기업을 실패로 몰고 가는가'에 대한 분석이 제시되어 있습니다. 2부는 바로 이 딜레마를 해결하기 위하여 단기적으로는 기업을 강하게 만들고 궁극적으로는 기업의 몰락을 가져오는 파괴적 기술에 대해 적절히 자원을 집중하는 파괴적 혁신 전략을 제안하는데 그 핵심은 다음과 같습니다.

1. 고객과 투자자에게 의존하지 마라.
2. 소규모 시장에 주목하라.
3. 너무 많이 계획하지 마라.
4. 개인의 능력과 조직의 능력은 다르다.
5. 기술 공급은 시장의 수요와 일치하지 않을 수도 있다.

쉬운 사례를 들어보기로 하지요. 크리스텐슨 교수는 초기 연구에서 컴퓨터의 핵심 부품 중 하나인 하드디스크 드라이브 산업에 주목했습니다. 아시다시피 하드디스크 드라이브는 컴퓨터가 이용하는 정보를 읽고 쓰는 저장 장치입니다. 하드디스크는 IBM이 메인 프레임이라는 대형 컴퓨터를 최초로 출시했을 때 직경이 14인치였어요. 그러던 것이 8인치, 5.25인치로 줄어들다가, 노트북의 등장과 함께 3.5인치로 축소되었습니다. 이때 가장 중요한 기술혁신은 드라이브의 크기를 작게 만드는 것이었습니다. 그런데 기술적 우위를 갖고 있던 기업들이 기술 변화와 함께 도태되었다는 것입니다.

14인치 드라이브 시장을 지배하던 기업이 8인치 드라이브의 도래와 함께 시장에서 자취를 감추게 되었고, 8인치 드라이브 시장을 지배하던 기업은 5.25인치 드라이브의 도래와 함께 맥을 못 추었습니다. 왜 이렇게 시장을 지배했던 기업이 기술 발전과 함께 도태되었던 것일까요? 그들에게 기술력이 부족해서 그런 일이 일어난 것은 결코 아닙니다.

크리스텐슨 교수는 선도 기업이 힘을 쓰지 못하는 진짜 이유는 놀랍게도 기술 문제가 아니라 경영 문제라는 것을 밝혀냈습니다. 가령 시게이트Seagate는 5.25인치 시장을 지배하는 최강자였는데 3.5인치 시장에서는 명성을 잃고 명맥만 유지하기에 바빴습니다. 위기의 원인은 경영진에게 있었습니다. 시게이트 기술진은 가장 먼저 3.5인치 드라이브를 개발했습니다. 하지만 경영진들은 3.5인치 시장을 내다보는 시선이 처음부터 부정적이었어요. 당시 기술로는 5.25인치가 40MB에서 60MB를 출하하고 있었는데 3.5인치는 20MB밖에 제공하지 못했던 겁니다. 기존 고객들이 신제품인 3.5인치보다는 기존 제품인 5.25인치의 성능을 더 높게 평가하고 있다는 시장조사 때문에 3.5인치의 성장 잠재력을 간과한 것이죠.

경영자들은 시장이 확실한 5.25인치 드라이브의 성능 향상에 노력을 기울이는 것이 시장이 불확실한 3.5인치 드라이브를 개발하는 것보다 안전하다는 판단을 하고 회사를 경영했습니다. 그런데 노트북 컴퓨터가 등장하자 그들은 당황하기 시작했습니다. 3.5인치 드라이브가 순식간에 시장을 석권했기 때문입니다.

3.5인치 프로젝트를 취소했던 시게이트는 벼랑 끝으로 떨어졌다가 가까스로 기사회생의 드라마를 쓰게 되었지요. 시게이트의 추락은 경영진이 나태한 것도, 고객의 목소리에 귀를 기울이지 않은 것도 아니었습니다. 오히려 적극적으로 시장조사에 나선 것이 화근이었다고나 할까요.

성공한 기업은 자금이 풍부한 탓에 시장조사를 적극적으로 하고, 최고의 인재를 영입하고, 연구 개발에도 투자를 아끼지 않습니다. 그런데도 그들이 실패하는 이유는 무엇일까요? 이 책에는 많은 초우량 기업이 무너진 사례가 나옵니다. 미국 백화점계를 이끌던 시어스가 월마트에 무너졌고, 컴퓨터 업계의 거인 IBM, 복사기 시장을 석권했던 제록스, 카메라와 필름 시장을 장악했던 코닥이 존폐 위기에 놓였던 사례가 등장합니다.

크리스텐슨 교수는 우량 기업이 내리막길을 걷는 이유가 경영진이 제대로 된 판단을 했기 때문이라고 말합니다. 잘나가는 기업은 주력 시장의 고객들이 알고 있는 기술을 개량해 나가며 어제보다 나은 오늘의 제품을 만들어내는 데 이것을 지속성 기술sustaining technology이라고 합니다. 대부분 경영자들은 혁신을 지속성 기술의 맥락에서 진행합니다. 그런데 잘나가던 기업이 어느 날 갑자기 몰락해 버립니다.

크리스텐슨 교수는 그 주범으로 '파괴적 기술disruptive technology'을 들고 있습니다. 파괴적 기술은 《혁신 기업의 딜레마》를 관통하는 내용입니다. 파괴적 기술을 가지고 있는 기업들은 기존 고객이 요구하는 성능보다 훨씬 낮은 기술을 가지고 있는 경우가 대부분입니다. 하지만 파괴적 기술을 가지고 있는 기업들은 궁극적으로 '숨어 있던' 고객을 발굴해 기존 시장을 교란시키고 와해시키면서 서서히 지배력을 강화해 나갑니다.

| 고객이 원하는 것은 고객도 모른다

진정한 혁신이란 고객이 미처 생각지 못한 새로운 가치를 만들어 새로운 수요를 창출하는 것입니다. 가장 좋은 혁신은 단순히 기존 고객의 욕구에 맞춰 품질을 향상시키는 것이 아니라 새롭고 남다른 제품, 새로운 용도 또는 새로운 욕구를 발견해서 새로운 만족을 제공할 수 있는 제품이나 서비스를 창출하는 것입니다.

 기존의 고객이 원하는 상품만 만들어낸다면 아무리 잘나가는 기업이라도 혁신적 기업이라고 할 수 없을 것입니다. 그런데 크리스텐슨 교수는 재미있는 사실을 발견했습니다. 대부분의 경우 파괴적 기술은 처음에 기존 기업들 내에서 개발이 된다는 겁니다. 기존 기업의 마케팅 인력들이 '얼리어답터' 같은 선도적 고객들의 반응을 알아보는 등 시장조사까지 마치는 경우가 허다합니다.

 그럼에도 기존 기업들은 혁신적 기술의 가치에 주목하지 않고 지속성 기술에 매달리고, 이때 파괴적 기술을 가진 신생 기업들이 등장하며 그들은 많은 시행착오를 거쳐서 파괴적 기술 시장을 열어갑니다.

 파괴적 기술로 시장의 판도를 바꾼 제품은 더 싸고, 단순하고, 작고, 사용하기에도 편리한 경우가 많았습니다. 예컨대 소니의 트랜지스터라디오는 기존 진공관 라디오보다 크기, 무게, 이동 시간편함 등에서 앞서 있기에 새로운 시장을 열 수 있었습니다. 또 백화점을 파괴시킨 할인점, 기존 항공사를 궁지로 몰아넣은 저가 항공사, 미국 최대의 서점 체인인 반즈앤노블을 침몰시킨 온라인 서점, 메릴린치를 긴장시킨 온라인 증권사, 레이저프린터를 밀어낸 잉크젯프린터, 외식 시장에서 영세한 소규모 식당들을 몰아낸 패스트푸드점 등이 모두 파괴적 혁신의 대표적인 사례들입니다.

파괴적 혁신은 처음에는 저가 시장을 중심으로 제품이나 서비스를 공급하지만 거기에서 그치지 않습니다. 파괴적 혁신은 작은 시장 규모, 낮은 마진, 단순한 제품과 서비스 등의 이유로 처음에는 미약해 보이지만 점차 상위 시장으로 치고 올라가 결국 기존 시장을 대체하는 과정을 거치게 됩니다.

인텔Intel의 최고 경영자였던 앤디 그로브Andy Grove는 크리스텐슨의 책을 읽고 감명을 받아 그를 자문 교수로 위촉했고, 인텔 간부들을 대상으로 특강을 부탁했습니다. 또한 그는 컴덱스COMDEX 박람회 기조 연설에서 《혁신 기업의 딜레마》를 치켜들며 자신이 근 10년 동안 읽은 책들 중 가장 중요한 책이었다고 선언할 정도였습니다.

실제로 《혁신 기업의 딜레마》는 인텔을 위기에서 구하기도 했습니다. 1990년대 말 사이릭스Cyrix라는 파괴적 기술을 가진 기업이 나타나서 인텔을 위협했습니다. 사이릭스의 프로세서는 훨씬 더 단순하고 값싼 것이어서 그 프로세서가 출시되자 인텔은 시장 지위가 위협받는 지경이 되었습니다. 이런 위기를 해결하기 위해 앤디 그로브는 임직원들과 '인텔이 어떻게 시장을 파괴적으로 혁신할 수 있을까?'에 대해 심도 있게 토론했습니다. 인텔은 한 번에 100명 정도의 임직원들을 대상으로 1년 동안 18번에 걸친 세미나를 진행했습니다. 거의 2,000명에 달하는 인원들이 파괴적 혁신에 대한 이론과 생각의 틀을 배웠습니다. 인텔은 이런 과정을 거쳐서 시장 맨 아래로 다시 내려가기로 결정하고 보급형 PC를 위해 저가형 CPU 셀러론Celeron을 개발했습니다. 셀러론은 1년도 안 되어 프로세서 시장의 30퍼센트 이상을 장악하며 사이릭스를 몰아낼 수 있었습니다. 혁신 기업의 딜레마가 없었다면 불가능했을 사건이라고 할 수 있겠지요. 그로 인해서 1999년, 앤디 그로브와 크리스텐슨은 경제 전문지 〈포브스〉 표지를 나란히 장식하기도 했습니다.

그 무렵 스티브 잡스도 《혁신 기업의 딜레마》를 읽고 '고객이 원하는 것은 고객도 모른다'는 사실에 매료되어 무릎을 쳤습니다. 자신이 은연중에 생각하고 있던 것을 콕 끄집어내준 이론이었던 것이죠. 거기서부터 잡스는 고객의 새로운 니즈를 스스로 창조하는 영감을 얻게 되었습니다.

그때부터 시장조사를 하지 않고 시장을 선도하고 창조하는 잡스의 정신이 빛을 발합니다. 잡스는 아이팟, 아이폰 등 회사의 사활이 걸린 제품을 출시할 때 단 한 번도 소비자 조사를 한 적이 없습니다. 그의 논리는 《혁신 기업의 딜레마》에서 크리스텐슨이 제시한 "소비자는 자신이 진정으로 무엇을 원하는지 모른다"는 것이었습니다. 잡스는 이렇게 소리칩니다.

"모든 중요한 혁신은 놀라워야 하고 예상치 못한 것이어야 하고 따라서 세상은 준비되지 않은 상태에서 이를 열광하며 받아들여야 한다."

진정한 혁신가는 무지無知한 소비자가 원하는 제품을 내놓을 수 있어야 한다는 것이죠. 어쨌거나 잡스는 탁월한 직관력intuition을 발휘하면서 MP3 플레이어의 후발 주자이면서도 파괴적 혁신의 힘을 한껏 발휘하면서 아이팟, 아이튠즈를 개발해냄으로써 MP3 시장을 석권할 수 있었습니다. 그의 파괴적 혁신은 계속 이어져서 가장 인간 친화적인 아이폰과 아이패드를 만들어내는 데까지 이어졌습니다.

크리스텐슨 교수는 빌 게이츠의 집에도 초청을 받을 정도로 경영학의 아이콘이 된 사람입니다. 이처럼 《혁신 기업의 딜레마》란 책을 통해서 시작된 파괴적 혁신은 CEO들 사이에서 끊임없이 회자되는 유행어가 되었으며 이제는 제조업뿐 아니라 의료, 교육, 방위산업에 이르기까지 산업 전반에 적용되는 새로운 경영 이론으로 자리를 잡았습니다. 과거를 파괴하고 새로운 혁신의 기회를 노리는 파괴적 혁신만이 미래의 성장 돌파구가 되어줄 것이라는 아이디어는 15년이 지난 지금도 절실한 과제로 남아 있습니다.

크리스텐슨 교수는 두 번째 저서 《혁신 기업의 해결책The Innovator's Solution》을 통해 자신이 제안했던 파괴적 기술의 개념을 혁신이라는 틀을 통해 체계화했는데 기업을 경영하시는 분들은 반드시 찾아 읽어보시기를 권합니다.

한국 경제가 위험하다

앞에서도 말씀드렸지만 크리스텐슨 교수는 한국을 무척 사랑하는 한국통입니다. 그는 암 투병 중인 2010년에도 한국을 방문했습니다. 인터뷰에서 "무슨 이유가 있어서가 아니라 그냥 한국이 보고 싶어서 왔다"고 말할 정도로 한국에 대한 애정이 깊습니다.

그런 크리스텐슨이 한국 경제와 기업에 대해 많은 걱정을 하고 있습니다. 그동안 한국은 삼성전자나 현대자동차와 같은 파괴적 혁신을 일으킨 기업들 덕분에 놀라운 성장을 할 수 있었지만 앞으로가 문제라는 것입니다. 향후 한국 경제에 가장 큰 위협의 하나는 파괴적 혁신을 기반으로 시장에 새롭게 진입하는, 중국과 같은 경쟁국이라는 것이죠.

크리스텐슨은 아주 근접한 사례로 일본을 들고 있습니다. 고도성장기에 일본 기업들은 앞서가고 있던 많은 미국 기업들을 파괴적 혁신을 통해 추월했습니다. 예를 들어 도요타와 소니는 소형차와 트랜지스터라디오처럼 아주 단순하고도 값싼 솔루션을 가지고 시장의 가장 밑바닥에서 시작해서 한 발자국씩 고가 시장을 점령해 나갔습니다. 1990년대가 되자 많은 일본 기업들이 시장의 정점에 올라 각 분야에서 최고의 제품을 만들어내고 있었지요. 그러나 이런 하이엔드high-end 시장을 점령한 기업들에 발생하는 문제는, 정점에 오르면 더 이상 예전과 같은 성장률을 유지하기 어렵다는 것입니다. 정점에 오르면, 새로운 경쟁자들이 나타난다는 사실에 주목하기 바랍니다. 이때 나타난 것이 바로 한국 등 네 마리 용들이었죠.

일본 경제가 성장을 멈추기 시작하자 곧바로 한국·대만·싱가포르에 있는 기업들이 과거 일본 기업들이 했던 똑같은 파괴적 혁신의 방법으로 일본 경제를 공략했습니다. 그래서 이번엔 많은 일본 기업들이 시장에서 쫓겨나는 운명이 되었죠.

그런데 이제는 한국이 일본의 전철을 밟지 않으리란 보장이 없다는 것입니다. 하드웨어는 중국이, 소프트웨어는 인도가 치고 올라오고 있는데 그들은 이미 세계적인 수준이라서 한국 경제에는 매우 큰 위협이라는 겁니다.

위기가 선두 기업의 숙명이라면 대비책은 없는 것일까요? 크리스텐슨 교수의 대답은 인텔의 사례에서 보았듯이 '시장 밑바닥으로 다시 내려가라'는 것입니다.

한국 기업들이 명심해야 할 것은 시장 아래쪽인 로엔드low-end에서 치고 올라오는 위협을 절대 간과해서는 안 된다는 것입니다. 현재 중국 기업들, 특히 하이얼 같은 기업들은 꾸준히 저가 시장을 공략하고 있습니다. 이것이 바로 아래쪽에서 오는 위협이지요. 대기업들이 알아야 할 것은 시장에서 점점 하이엔드로 나아가는 것도 좋지만, 새로운 성장 가능성은 시장 밑바닥으로 내려가는 것에서 나온다는 것입니다. 새로운 성장 동력은 파괴disruption에서 나온다는 것을 명심해야 합니다.

그러나 정상에 오른 최고의 기업이 스스로 밑바닥으로 내려가는 것은, 밑바닥에서 출발하는 것보다 훨씬 어려울지 모릅니다. 기존 조직은 변화를 싫어하고 저항하기 때문이지요. 이에 대해 크리스텐슨 교수는 세 가지 해법을 제시하고 있습니다.

첫째, 새로운 파괴적 기술을 감당할 수 있는 프로세서와 가치를 지니고 있는 별도의 젊은 조직을 구성하기. 둘째, 회사의 프로세서와 가치를 바꾸기. 셋째, 분사 조직을 만들기입니다.

그러나 문제는 쉽게 해결되지 않을 수도 있습니다. 무엇이 미래를 바꾸어놓을 만한 파괴적 기술인지 어떻게 알 것이며, 어떤 조직이 파괴적 혁신에 가장 좋은지 어떻게 알 수 있겠습니까? 다만 스티브 잡스와 같은 선견력을 갖춘 창조적 경영자는 그것을 알 수 있을 것입니다. 그러나 너무 걱정하지 마십시오. 크리스텐슨 교수의 대답 속에 해답이 있는 것은 사실입니다.

현대가 조선업에서 성장할 수 있었던 것은 시장 밑바닥으로 내려가 거기서부터 올라왔기 때문입니다. 지금 중국도 단순한 제품에서 시작해 시장 아래서부터 올라오고 있습니다. 반드시 기억해야 할 것은 이런 방식이 바로 한국이 일본을 무너뜨린 전략이고, 또 중국이 한국을 무너뜨릴 수 있는 전략이란 것입니다. 시장 밑바닥으로 내려가 거기서부터 올라오라는 크리스텐슨의 충고를 뼛속 깊이 새겨야 할 것입니다.

경청해 주셔서 감사합니다.

Chapter 002

창조적 혁명가
스티브 잡스

기술만으로는 충분하지 않다는 것,
그 철학은 애플의 DNA에 내재되어 있습니다.
가슴을 울리는 결과를 내는 것은
인문학과 결합된 기술임을 우리는 믿습니다.

스티브 잡스

성공은 사회적 환경의 산물일 수도 있다

안녕하세요? 선진대학 글로벌 미디어 학부에서 미디어아트를 가르치고 있는 채수정입니다. 미인박명이란 말이 있고 천재는 요절한다는 말처럼 스티브 잡스는 현대인치고는 너무 일찍 세상을 떠났습니다. 그는 세상에 매우 많은 이야기를 남겼습니다. 이제 잡스의 삶을 제가 여러분에게 이야기한다는 것이 새삼스럽게 여겨질 정도입니다.

스티브 잡스는 흔히 세계 IT 업계에서 라이벌로 불린 빌 게이츠와 같은 해인 1955년에 태어났습니다. 두 사람은 여러 가지 면에서 공통점이 참 많습니다. 그들은 동갑내기이고, 미국 서부에서 태어났으며, 똑같이 대학교를 중퇴했습니다. 그리고 곧바로 컴퓨터를 기반으로 하는 회사를 창립했으며, 공동 창업자들과 함께 회사를 크게 키워나간 것도 같습니다.

그러나 빌 게이츠의 마이크로소프트가 세계 최고의 소프트웨어 회사로 커나간 반면 스티브 잡스의 인생처럼 애플은 우여곡절 끝에 성장합니다. 그런데 재미있는 것은 조금 늦게 등장하기는 했지만 현재 IT 업계의 최강자로 군림하고 있는 구글의 에릭 슈미트 회장도 이들과 같은 해에 태어났다는 것입니다.

말콤 글래드웰Malcolm Gladwell은 《아웃라이어Outliers》라는 탁월한 책에서 이들 세 사람이 같은 해에 태어난 것은 우연의 산물이 아니라고 말하고 있습니다. 성공은 사회적 환경의 산물이라는 것입니다. 물론 실리콘밸리의 제왕이 모두 1975년에 태어난 것은 아닙니다. 선 마이크로시스템의 창립자인 빌 조이는 1954년생입니다.

 빌 게이츠, 스티브 잡스, 에릭 슈미트, 빌 조이 이들은 개인 컴퓨터가 갓 출시한 시기인 1975년에 모두 20대였습니다. 그들은 다가올 개인 컴퓨터 혁명을 준비하고 주도하기에 딱 적절한 나이였던 것이죠. 그들의 성공은 특별한 노력이 사회로부터 보상받을 수 있는 시대를 만나 이루어진 것으로 즉, 그들이 자라난 세계의 산물인 셈입니다.

 빌 게이츠가 10대 시절 마음껏 프로그래밍 연습을 하지 못했더라면, 스티브 잡스가 실리콘밸리에서 살지 않았더라면 지금의 빌 게이츠나 스티브 잡스가 되지 못했을 것이라는 겁니다. 빌 조이도 마찬가지입니다. 그가 몇 년만 늦게 태어났더라면 선 마이크로시스템의 창립자가 아니라 IBM 같은 기업에서 근무하는 평범한 엔지니어로 생을 마감했을 수도 있습니다. 일본 IT 업계를 쥐락펴락하는 손정의 역시 1957년생입니다.

 말콤 글래드웰이 강조하는 것은 성공은 사회적 산물일 수 있다는 것입니다. 여기에는 분명한 패턴이 있고 그것은 위에 열거한 사람들이 증명해주고 있습니다. 그런데 사람들은 성공을 개인적인 요소에 따른 결과라고 생각합니다. 1955년 전후 3년 바깥쪽 연대에 태어난 사람 중에 IT 업계의 거목이 된 사람은 거의 없습니다. 말하자면 빌 게이츠, 스티브 잡스, 빌 조이, 손정의 등은 때를 잘 골라서 태어났다는 겁니다.

악동, 인생의 은인을 만나다

빌 게이츠가 부유하고 유복한 집안에서 성장한 데 비해 스티브 잡스는 출생부터 불우했습니다. 그는 시리아에서 미국으로 유학을 온 가난한 대학원생 아버지와 미국인 어머니 사이에서 태어났으나 부모는 아이를 키울 수 있는 상황이 아니었어요. 어머니 쪽 집안에서 아랍계 남성과 결혼하는 것을 반대해서 두 사람은 헤어질 수밖에 없었습니다.

 아이는 태어난 지 일주일도 되지 않아 입양 기관에 넘겨져서 어느 기계공 부부에게 입양이 되었습니다. 그들이 캘리포니아 주 산타클라라에 사는 폴 잡스와 클라라 잡스 부부였습니다. 이들 부부는 10년 전에 결혼했지만 아이가 없었습니다. 잡스의 새로운 부모는 그에게 '스티븐 폴 잡스'라는 이름을 지어주었습니다. 잡스는 비록 양부모 밑에서 자랐지만 어진 부모를 만난 덕에 별 구김살 없이 성장했습니다.

 잡스 가족은 마운틴 뷰로 이사를 했는데 그곳이 오늘날 구글이 위치한 실리콘밸리의 중심으로 급부상한 도시입니다. 이 도시로 이사를 한 것이 스티브 잡스에게는 커다란 행운이었습니다. 잡스는 아주 어렸을 때부터 실리콘밸리 한가운데서 자라면서 신기한 물건들과 기계들을 접할 수 있었습니다. 그것은 잡스에게 큰 행운이었을 뿐만 아니라 훗날 그가 만들어낸 제품으로 보다 나은 IT 세상을 만나게 된 인류에게도 행운이었습니다.

 어린 잡스는 어려서부터 유별난 성격의 소유자였습니다. 그는 호기심이 지나치게 왕성해서 금속 머리핀을 전기 소켓에 꽂았다가 화상을 입기도 하고, 바퀴벌레 약을 먹고 죽을 뻔한 일도 있었습니다. 뭔가 신기한 것을 보면 만지지 않고는 참지 못하는 그의 기질 때문에 집 안은 늘 엉망진창이 되기 일쑤였습니다. 하지만 양부모는 관대하고 애정이 충만한 사람들이었습니다.

 아버지는 엔지니어여서 잡스가 무엇인가를 만드는 것을 적극적으로 도와주었고 어머니는 잡스가 학교에 들어가기 전에 글을 읽을 수 있도록 가르쳐 주었습니다. 말썽꾸러기에다가 악동 기질이 다분한 잡스였지만 부모에게는 양순한 아이였습니다.

 잡스는 장난을 좋아해서 학교에서는 악동으로 통했습니다. 그는 교실에서 자기가 만든 폭발물을 터뜨리기도 했고, 뱀을 풀어놓는 장난을 치기도 했습니다. 그는 초등학교 3학년 때까지 선생님을 완전히 두 손 들게 만드는 정말 못 말리는 아이였습니다.

그런 잡스에게 천적이 나타났습니다. 4학년 때 담임인 테디 힐 선생님과의 만남이었습니다. 선생님은 문제아로 소문이 자자한 잡스에게서 비범한 자질을 발견했습니다. 선생님은 커다란 막대 사탕을 잡스에게 주면서 말했습니다.

"잡스, 만약 수학 숙제를 해오면 선생님이 이 사탕뿐만 아니라 너에게 5달러를 주겠어. 어떻게 생각하니?"

잡스는 처음에는 사탕과 5달러가 탐이 나서 숙제를 했지만 나중에는 공부가 재미있어서, 자신에게 특별한 관심을 가져주는 선생님을 기쁘게 만들고 싶어서 열심히 숙제를 했습니다. 그때부터 잡스는 수학뿐만 아니라 여러 분야에서 탁월한 지적 능력을 발휘하기 시작했다고 합니다. 선생님은 렌즈를 갈거나 카메라를 조립하는 취미용 키트를 선물해 주었는데 잡스는 그것으로 진짜 사진이 찍히는 카메라를 만들어내기도 했습니다. 급우들은 물론 많은 선생님들도 악동 잡스가 영재아로 변신하는 것을 보고 모두 놀랐습니다.

테디 힐 선생님이야말로 반항아 잡스를 영재로 거듭나게 한 필생의 은인인 셈입니다. 잡스는 배움에 대한 열정을 되살려준 선생님에게 깊은 존경심을 갖게 되었습니다. 훗날 잡스는 학문적인 면에서 일생 동안 배운 것보다 더 많은 것을 그 한 해 동안 배웠다고 말하면서 그녀를 '내 인생의 성녀 중 한 분'이라고 회고했습니다. 테디 힐 선생님 덕분에 잡스는 월반을 해서 중학교를 다닐 수 있었고 정상적으로 고등학교를 졸업할 수 있었습니다.

차고에서 태어난 애플 컴퓨터

1972년, 고등학교를 졸업한 잡스는 포틀랜드에 있는 리드대학교에 입학했으나 6개월 만에 중퇴하고 맙니다. 잡스의 양부모는 친부모로부터 아이를 입양할 때 반드시 대학 교육을 시키기로 약속을 했습니다. 그런데 비싼 대학 입학금과 등록금 탓에 양부모가 평생 번 돈을 하루아침에 다 써버렸다는 것을 알게 되자 잡스는 대학을 그만두기로 마음먹습니다. 그만큼 가난한 가정에서 미국 대학의 등록금은 살인적인 것이었습니다. 잡스는 중퇴 사실을 양부모에게 알리지 않고 청강생 생활을 하면서 지내게 됩니다.

 잡스가 리드대학에서 고전 100권 읽기 프로젝트에 빠져서 1년 6개월 동안 청강생으로 몰래 공부한 사연은 앞서 강사님이 자세히 소개해 주셔서 저는 그 내용은 생략하겠습니다.

 다만 그때 스티브 잡스가 들은 서체 디자인calligraphy 강의에 대해서 말씀드리겠습니다. 청강생 잡스가 들은 강의 가운데 하나가 서체 강의였습니다. 리드대학에는 당대 최고의 서체 강좌가 있었습니다. 잡스는 정규 강의들을 들을 필요가 없었기에, 자신이 원하는 여러 수업을 들으러 다녔습니다. 그때 잡스는 서체의 묘한 매력에 빠져듭니다. 잡스는 서체 디자인을 배우면서 서체에는 아름다움과 역사와 예술적 섬세함이 복합적으로 배어 있다는 것을 깨닫고 그것에 매혹되어서 더욱 열심히 배웠습니다.

그가 그렇게 배운 서체 디자인의 유용한 용도를 깨달은 것은 10년이 지나서였습니다. 매킨토시 컴퓨터를 설계할 때 자신이 배웠던 그 모든 것이 되살아났습니다. 매킨토시는 아름다운 글꼴을 가진 최초의 컴퓨터였습니다. 만약 스티브 잡스가 그 강의를 청강하지 않았더라면, 맥 시스템은 그토록 다양한 글꼴을 지닌 서체를 가질 수 없었을지 모릅니다. 본인도 "내가 리드대에서 서체 강의를 듣지 않았다면 매킨토시 컴퓨터의 '아름다운' 글꼴을 디자인할 수 없었을 것이다"라고 말을 했으니까요.

2년 동안 집을 떠나 있던 스티브 잡스는 캘리포니아로 돌아옵니다. 잡스는 세계 최초의 비디오게임 회사인 아타리Atari에 입사했습니다. 그리고 그는 자신의 운명을 바꾸게 될 친구인 스티브 워즈니악Steve Wozniak을 만나게 됩니다. 잡스보다 5세나 많은 워즈니악은 HP의 엔지니어로 남부럽지 않은 생활을 하고 있었습니다.

그는 무엇이든지 만들어낼 수 있는 그야말로 천재였습니다.

잡스는 어린 시절부터 아버지의 차고 안에 있는 온갖 잡동사니 부품으로 무엇이든지 만드는 데 천재였는데 워즈니악은 그를 능가하는 실력을 지니고 있었습니다. 두 사람은 나이 차에도 불구하고 곧 의기투합해 토론을 즐기며 무엇인가를 만들고자 눈빛을 빛냈습니다. 처음에는 아타리가 원하는 게임을 만들었으나 빌 게이츠와 폴 앨런이 최초의 개인용 컴퓨터 알테어 8800을 만든 것을 보고 그들은 운명의 부름 소리를 듣게 됩니다.

"뭐야, 이 정도 제품은 나도 만들 수 있어."

알테어 8800을 본 워즈니악이 아주 호기롭게 말했습니다. 그러자 잡스는 워즈니악을 꼬드기기 시작했습니다.

"형, 그렇다면 우리가 그걸 만들어보자."

그렇게 해서 두 사람은 잡스 아버지의 차고에서 전혀 새로운 개인용 컴퓨터를 만들기 시작했습니다. 워즈니악은 PC에 대한 완전한 이미지가 머릿속에 번쩍하고 떠올라서 그것을 종이 위에 스케치했습니다. 그리고 몇 달 뒤 키보드, 모니터, 컴퓨터가 하나의 개인용 패키지로 통합된 획기적인 제품인 '애플 I'이 차고에서 탄생했습니다. 세계 최초의 퍼스널 컴퓨터가 탄생한 것입니다.

세기적 인물이 되었으나

1976년, 스티브 잡스는 스티브 워즈니악과 함께 '애플 컴퓨터'를 설립했습니다. 그들은 성능과 디자인이 한층 멋지고 세련된 '애플 II'를 선보여 애플의 로고와 함께 전 세계가 PC 열풍에 빠져들게 만들었습니다.

1980년, 두 사람은 애플의 주식을 공개해 일약 백만장자가 되었습니다. 애플은 세계적으로 폭발적인 인기를 누렸고, 스티브 잡스는 20대에 세계 최고 부자의 반열에 올랐습니다.

이처럼 애플이 성공하자 헤아릴 수 없을 만큼 많은 개인용 컴퓨터 제조사들이 등장했습니다. 그리고 컴퓨터 업계의 거인인 IBM이 PC 시장에 출사표를 던지게 되었습니다.

IBM PC가 등장하자 개인용 컴퓨터 시장의 판도가 바뀌었습니다. IBM 개인용 컴퓨터는 애플 컴퓨터와는 달리 개방형 체제를 선택한 탓에 부품과 컴퓨터에 대한 지식만 조금 있으면 일반인들도 PC를 조립할 수 있을 정도였습니다. 그것은 독자적 모델만을 고집하던 애플에게는 엄청난 타격을 주기에 충분했습니다.

IBM의 등장이 두려운 나머지 애플은 서둘러서 '애플 III'를 내놓았습니다. 그러나 무리한 시도를 한 탓에 하드웨어 설계에 결정적인 결함이 있었습니다. '애플 III'는 초기에 판매된 1만 4,000대의 컴퓨터를 모두 리콜하는 등 뼈아픈 실패작이 되고 말았습니다.

스티브 잡스는 계속해서 다양한 형태의 PC를 선보였지만, 본질적인 업그레이드는 이루어지지 않았기 때문에 판매는 부진했습니다.

1979년, 스티브 잡스는 글자 위주로 움직이던 컴퓨터를 그림 위주로 움직이는 GUI(그래픽 사용자 환경)를 구현한 전혀 새로운 개념의 PC인 매킨토시Macintosh를 개발해 냈습니다. 최고의 컴퓨터로 불려도 손색이 없을 명작이었습니다. 매킨토시의 성공을 위해서는 강력한 마케팅 능력을 가진 인재가 필요했습니다.

스티브 잡스는 코카콜라에게 수십 년간 밀리던 브랜드인 펩시콜라를 최고의 브랜드로 키워낸 존 스컬리를 선택했습니다. 그는 1977년 최고의 마케터로 인정을 받아 펩시콜라 사상 최연소 사장이 된 사람이었습니다. 스티브 잡스는 자신보다 16세나 많은 거대 기업의 사장을 찾아가 이런 말을 툭 던졌습니다.

"평생토록 설탕물만 팔면서 살고 싶으십니까? 아니면 세상을 바꾸고 싶으십니까?"

존 스컬리는 이 한마디에 엄청난 충격을 받았습니다. 자신이 최고라는 자부심으로 가득 찬 그는 모욕을 느끼기 전에 잡스의 말에 도전 정신이 되살아나는 기쁨을 느꼈습니다.

"당신의 그 당돌함이 마음에 드는군. 좋소, 같은 배를 타고 세상을 바꾸러 가봅시다."

 조그만 컴퓨터 회사 애플이 최고의 인물 존 스컬리를 스카우트한 사실만으로도 세상을 놀라게 하기에 충분했습니다. 스컬리의 마케팅 능력과 스티브 잡스의 창의력이 만나자 '애플호'는 한동안 순항을 하면서 잘나가는 듯이 보였습니다.

 그러나 8만 대나 생산한 매킨토시가 고작 2만 대밖에 판매되지 않자 이는 곧바로 심각한 경영 위기로 이어졌습니다. 스컬리의 마케팅 능력은 뛰어났으나 매킨토시가 완벽한 제품이 아니었다는 것이 가장 큰 원인이었습니다.

 1984년, 애플은 15억 달러의 매출을 올렸으나 그 이후 회사는 심각한 판매 부진으로 파산의 위기로 내몰렸습니다. 반면 최대의 경쟁자인 IBM과 마이크로소프트는 새로운 운영체제인 '윈도우'를 출시하고 애플을 위협하고 있었습니다.

 애플 이사회는 매킨토시 판매와 관련하여 과도하게 낙관적인 전망을 내놓아 위기를 불러온 스티브 잡스에게 책임을 물었습니다. 그러자 존 스컬리 또한 잡스가 아이디어는 많지만 현실 감각이 떨어지고 무능하다는 이유로 그를 해임할 것을 건의했습니다. 이때 잡스는 망치로 뒤통수를 얻어맞은 듯한 충격을 받았다고 합니다. 결국 그는 자신이 창립한 회사에서 쫓겨나는 수모를 당하고 말았습니다.

제왕의 귀환

"내가 세운 회사에서 내가 해고당하다니!"

잡스는 인생의 초점을 잃어버리고, 뭐라 말할 수 없는 참담한 심정이 되었습니다. 훗날 그는 이렇게 털어놓았습니다.

"전 정말 말 그대로, 몇 개월 동안 아무것도 할 수가 없었답니다. 그러나 제 마음속에는 뭔가가 천천히 다시 일어나기 시작했습니다. 전 해고당했지만, 여전히 제가 했던 일을 사랑했고, 그래서 다시 시작하기로 결심했습니다."

그 사건으로 인해 스티브 잡스는 성공이란 중압감에서 벗어나서 아버지의 차고에서 컴퓨터를 만들던 초심자의 마음으로 돌아가기로 결심했습니다. 다 내려놓기로 작정하자 그는 몸과 마음이 한결 가벼워지고 마음에 여유가 생겼습니다. 그는 오히려 자유를 만끽하며, 최고의 창의력을 발휘하는 능력을 나타내기 시작했습니다.

1989년, 잡스는 스탠퍼드대학에서 강연을 하다가 사랑하는 여자 로렌Laurene Powell을 만났습니다. 그녀와의 만남은 잡스의 성격과 인생관까지 바꾸어놓는 결과를 낳았습니다. 로렌은 똑똑하면서도 정감이 넘치는 가운데 절도가 있었습니다. 그는 로렌이 자기처럼 육식을 하지 않는 채식주의자라는 사실 때문에 천생연분이라고 생각하고 더욱 사랑했습니다.

두 사람은 2년간의 열애 끝에 결혼을 하고 가정을 이루게 됩니다. 잡스에게는 로렌과 결혼하기 전에 낳은 딸 리사가 있었는데 로렌은 10세의 리사를 친딸처럼 키웠습니다. 스티브 잡스의 공식 전기를 쓴 월터 아이작슨Walter Isaacson은 어느 인터뷰에서 "잡스에 가장 많은 영향을 끼친 사람은 누구인가?"라는 질문에 이렇게 답했습니다.

"아내 로렌 파월이다. 그녀는 잡스의 낭만적이고 반사회적이며, 감각적이고 과학적인 세계관, 비즈니스적 성향을 뒷받침했고 그 모든 것을 하나로 묶어내는 역할을 했다."

행복한 가정을 꾸린 스티브 잡스는 아내의 내조에 힘입어서 컴퓨터 제작 회사인 '넥스트', 애니메이션 회사인 '픽사'를 창립해 재기에 성공했습니다.

그 무렵 존 스컬리가 이끄는 애플은 난파당할 위기에 내몰리고 있었습니다. 애플의 주식은 1992년 중반에 거의 70달러에 달했지만 점차 폭락해 1993년에는 절반 가격으로 떨어졌습니다. 스컬리는 일시적인 현상이라고 말했지만, 이사진들은 스컬리의 말을 듣지 않았습니다. 스컬리도 잡스처럼 애플에서 쫓겨나야 했습니다. 그 후 몇 명의 CEO들이 영입되었으나 애플은 전성기를 지난 운동선수처럼 기운이 없었습니다.

애플 이사회는 마침내 다시 스티브 잡스를 선택했습니다. 스티브 잡스는 애플에서 쫓겨난 지 11년 만인 1997년에 다시 애플 CEO로 복귀하는 괴력을 발휘했습니다. 애플로 돌아온 잡스는 예전에 애플에서 쫓겨나던 시절의 잡스가 아니었습니다. 그의 창의성과 독창성은 여전했으나 특유의 카리스마뿐만 아니라 팀플레이, 관리 방식, 경영 능력에 이르기까지 모든 것들을 갖춘 완벽한 CEO의 모습 그 자체였습니다.

애플에 복귀한 스티브 잡스는 한 천재를 발견했습니다. 그 사람은 바로 오늘날 애플의 디자인 혁명을 일으킨 조나단 아이브 Jonathan Ive입니다. 런던에서 태어나 뉴캐슬 폴리테크닉 대학에서 디자인을 공부한 아이브는 탠저린Tangerine이라는 회사를 창업해서 파워 툴부터 텔레비전에 이르는 다양한 디자인 컨설팅을 하다가 1992년 그의 고객이었던 애플에 스카우트되면서 애플과 연을 맺었습니다.

하지만 그의 재능은 큰 빛을 보지 못했습니다. 당시 애플은 쇠락해가고 있는 회사여서 그에게 재능을 펼칠 기회가 주어지지 않았습니다. 그에게 기회가 찾아온 것은 잡스가 복귀하면서부터였습니다. 잡스는 아이브의 재능을 한눈에 알아보았고 가장 중요한 프로젝트였던 아이맥 디자인의 전권을 그에게 맡겼습니다.

1998년, 아이브는 역사적 제품인 아이북을 내놓습니다. 아이북은 1년 만에 200만 대나 판매되었고, 애플의 주가는 아홉 배나 뛰었습니다. 그는 소비자들이 사랑하고 또 기꺼이 사고 싶은 컴퓨터를 만들어냈던 것입니다. 그는 파워북 G4, 아이팟으로 이어지는 연속적인 히트작들을 만들어내면서 애플의 중흥을 이끌었습니다.

이로써 스티브 잡스는 10억 달러의 적자를 기록했던 애플을 단 1년 만에 4억 달러 가까운 흑자를 만들어낸 드라마의 절정을 연출했습니다. 주당 13달러까지 떨어진 애플의 주가를 1999년 말 118달러로 끌어올림으로써 20억 달러짜리 회사를 200억 달러에 달하는 회사로 탈바꿈시켰습니다. 또한 스티브 잡스는 픽사의 CEO를 겸임하면서, 월트 디즈니와 손잡고 애니메이션 영화의 새로운 영역을 개척해냈습니다.

스티브 잡스는 다시 세계적인 부호의 반열에 올라섬으로써 옛 명성을 되찾았습니다. 그는 이렇게 화려한 재기에 성공함으로써 지난날 애플의 성공이 결코 요행이 아니었음을 보여주었습니다. 그는 스탠퍼드대학교 졸업식 축사에서 자신이 만든 회사에서 쫓겨난 쓰디쓴 인고의 세월이 있었기에 새로운 신화를 만들어낼 수 있었다고 다음과 같이 감동적으로 말하고 있습니다.

"애플에서 해고당하지 않았다면 이런 기쁜 일들 중 어떤 한 가지도 겪을 수 없었을 것입니다. 정말 독하고 쓰디쓴 약이었지만 이게 필요한 환자도 있는가 봅니다. 때로 인생이 당신의 뒤통수를 때리더라도 결코 믿음을 잃지 마십시오. 전 반드시 인생에서 해야 할 제가 사랑하는 일이 있었기에 반드시 이겨낸다고 확신했습니다."

그는 지난날의 설움을 뒤로하고 가장 활동적이고 창조적인 역량을 과시하면서 계속해서 획기적인 제품들을 내놓아 세계인의 사랑을 독차지했습니다. 스티브 잡스처럼 성공과 실패를 극적으로 반전시킨 경영인은 찾아보기 힘들 것입니다.

애플은 깔끔하고 매혹적인 디자인의 MP3 플레이어인 '아이팟'을 전 세계에 2,950만 대를 팔아치우면서 압도적 1위를 달렸습니다. 아이팟은 단순한 MP3 플레이어가 아니었습니다. 잡스는 아이팟을 통해 전 세계 음반 유통의 일대 혁명을 가져왔습니다. 아이팟은 '아이튠즈'로 편리한 곡 관리 프로그램과 '아이튠즈 스토어'를 통한 편리한 곡 구매로 세계적으로 큰 인기를 끌었습니다. 스티브 잡스는 음반 회사들과 어려운 협상을 통해 한 곡당 0.99달러라는 당시로서는 획기적인 가격을 이끌어냄으로써 성공을 거두었습니다. 아이튠즈 스토어는 2010년 2월 24일 100억 곡 다운로드라는 대기록을 세우면서 전 세계 온라인 디지털 음악 판매의 70퍼센트를 차지하는 엄청난 영향력을 발휘했습니다.

특히 아이튠즈는 컴퓨터 내의 음악과 동영상을 관리하고, 아이튠즈 스토어와 앱스토어에 접속해 음악이나 뮤직비디오, 영화, 앱 등을 구매할 수 있는 다양한 기능으로 애플이 지속적으로 성장할 수 있는 동력을 제공했습니다.

　스티브 잡스가 창조적 천재로 불리는 것은 이처럼 음악 콘텐츠와 하드웨어 사이의 장벽을 깨뜨린 인물이기 때문입니다. 그는 소니처럼 수조 원을 투자해 음반사를 인수하는 대신 '아이튠즈'라는 음악 거래 사이트를 만들어 단번에 온라인 음악 유통 시장을 장악했습니다. 미국의 대표적인 IT 전략 컨설팅 업체인 델파이그룹의 토머스 쿨로폴루스 CEO는 "애플의 MP3 플레이어 아이팟을 구성하는 하드웨어와 콘텐츠 중에서 애플이 직접 개발한 것은 하나도 없다"고 말했습니다.

　스티브 잡스는 온라인 음악 거래 사이트라는 독창적인 비즈니스 모델을 창안한 것뿐이고 그것 하나로 전 세계 음악의 유통망을 장악한 것입니다. 엔지니어이면서 비즈니스의 흐름을 꿰뚫어보는 눈이 있었기에 가능한 일이었지요.

　2001년 1월, 스티브 잡스는 샌프란시스코 맥월드에서 기조 연설을 했습니다. 그 연설은 애플의 미래를 위해 준비한 디지털 허브 Digital Hub에 관한 것으로 오늘날의 애플이라는 회사의 대성공을 이끌어내는 기반이 되었습니다.

　그 후 애플은 아이팟의 기능을 내장한 아이폰, 아이패드를 잇달아 선보이면서 세계인의 디지털 라이프스타일Digital Lifestyle을 선도하며 새로운 신화를 만들어 나갔습니다. 애플은 아이i로 시작하는 모바일 기기를 연속으로 출시하여 큰 성공을 거두었습니다.

 2007년 1월, 스티브 잡스는 맥월드 엑스포에서 아이폰을 처음 선보이며 특유의 독특한 어법으로 큰소리쳤습니다.

"아이폰은 그 어느 휴대전화보다 5년 이상 앞서 있습니다. 아이폰이 세상을 바꾸어놓을 것입니다."

 그러면서 회사 이름도 애플 컴퓨터에서 애플로 바꿨습니다. 더 이상 컴퓨터를 만드는 제조 업체가 아니라는 선언이었습니다. 스티브 잡스는 회사 명칭을 바꾸는 이유를 세계 최고의 모바일 업체로 변신하겠다는 뜻이라고 밝혔습니다. 과연 스티브 잡스의 큰소리는 사실이 되었습니다. 아이폰 판매량은 2011년 1분기 중 1억 대를 넘어섰습니다. 이로 인해 휴대전화의 역사는 아이폰 출시 전과 아이폰 출시 이후로 나뉜다는 말이 생겨났습니다.

 아이패드를 출시하면서 또 한번 애플 쇼크를 일으킨 애플은 모바일을 넘어 TV 시장에도 도전장을 내고 애플 TV로 새로운 신화를 써나가고 있습니다. 스티브 잡스가 작고할 시기에 애플은 거의 20년간 세계 최고의 부자 자리를 차지한 빌 게이츠의 마이크로소프트를 시가 총액에서 앞질렀습니다.

신은 여전히 천재를 질투하는 것인가

2011년 8월 24일, 애플은 스티브 잡스가 CEO에서 물러난다고 발표했습니다.

 그동안 잡스의 건강 이상설은 여러 번 나돌았습니다. 2004년에 췌장암 수술을 받은 후 잡스는 무척 쇠잔한 모습을 보였습니다. 그러나 애플은 잡스의 건강이 회복되지 않았고 계속 악화된다는 이야기가 나오면 그의 건강 이상설을 적극적으로 부인해왔습니다. 그것은 주가 하락 등의 이유 때문이었습니다.

 하지만 스티브 잡스의 모습은 무척 수척해진 것이 그가 병을 앓고 있음이 역력해 보였습니다. 2009년 6월, 잡스가 간 이식 수술을 받은 것으로 알려지자 애플의 주식 시세는 엄청나게 떨어졌습니다. 잡스는 건강 이상설에도 불구하고 백악관에 초청되어 다른 초청 인사들인 구글의 에릭 슈미트, 야후의 캐롤 바츠, 페이스북의 마크 주커버그, 시스코 시스템즈의 존 챔버스, 오라클의 래리 엘리슨 등과 함께 오바마 대통령과 만찬을 가졌고 그 사진도 공개되어 화제를 모았습니다.

 그 후 파파라치가 찍은 잡스의 사진이 공개되자 췌장암 악화로 인한 6주 시한부설이 나돌기 시작했습니다. 2011년 3월, 잡스는 아이패드 2를 발표하기 위해 모습을 나타냈습니다. 잡스는 언론에 보도된 것보다는 건강한 모습을 보여 경영에 문제가 없음을 과시했습니다.

 그러나 그해 8월 잡스는 병세가 급속히 악화되어 애플 CEO에서 물러났습니다. 결국 그는 췌장암 투병 끝에 2011년 10월 5일에 세상을 떠났습니다.

 스티브 잡스의 사망은 애플의 공식 성명에 의해 알려졌습니다. "애플은 명확한 비전과 크리에이티브를 지닌 천재를 잃었습니다. 그리고 세계는 정말 놀라웠던 한 사람을 잃었습니다. 스티브와 함께 일하는 행운을 누렸던 저희는 사랑하는 친구이자 늘 영감을 주는 멘토였던 그를 잃었습니다. 이제 스티브는 오직 그만이 만들 수 있었던 회사를 남기고 떠났으며, 그의 정신은 애플의 근간이 되어 영원히 남을 것입니다."

 애플의 공동 창업주이자 전 CEO, 21세기를 움직인 혁신의 아이콘 스티브 잡스는 우리 곁을 떠났습니다. 스티브 잡스가 세상을 떠난 후, 그의 공식 전기가 출간되어 베스트셀러가 됨으로써 세계는 다시 한번 스티브 잡스라는 열병을 앓았습니다.

 잡스는 생전에 전기 작가 월터 아이작슨에게 전기를 써달라고 부탁하면서 자신의 삶에 대해 솔직하게 털어놓았습니다.

"몸이 아프기 시작하니까 내가 죽고 나면 다른 사람들이 나에 관한 책을 쓸 거라는 생각이 들더군요. 하지만 그들이 뭘 알겠습니까? 제대로 된 책이 나올 수가 없을 겁니다. 그래서 누군가에게 직접 내 이야기를 들려주어야겠다 싶었지요."

아이작슨이 스티브 잡스의 전기를 쓰기 시작한 것은 2009년부터의 일이었습니다. 아이작슨은 잡스를 40여 차례 집중 인터뷰했고 그의 친구, 가족, 동료뿐 아니라 그에게 반감을 가진 인물이나 라이벌까지 포함하여 100여 명의 인물들을 만났습니다. 그중에는 잡스의 최대 라이벌이었던 빌 게이츠를 비롯해, 애플의 공동 창업자 스티브 워즈니악, 애플의 핵심 디자이너 조나단 아이브, 애플의 후계자 팀 쿡 등이 포함되어 있습니다.

스티브 잡스는 자신의 전기에서 이렇게 밝히고 있습니다.

"죽은 후에도 나의 무언가는 살아남는다고 생각하고 싶군요. 그렇게 많은 경험을 쌓았는데, 어쩌면 약간의 지혜까지 쌓았는데 그 모든 게 그냥 없어진다고 생각하면 기분이 묘해집니다. 그래서 뭔가는 살아남는다고, 어쩌면 나의 의식은 영속하는 거라고 믿고 싶은 겁니다."

스티브 잡스는 세상을 떠났지만 그가 남기고 간 제품들 속에서 그의 의식은 영속하고 있는 것 같다는 생각이 많이 듭니다. 평생의 라이벌이자 절친한 친구였던 빌 게이츠가 스티브 잡스의 죽음을 애도하는 글을 자신의 트위터에도 게재했는데 그 전문을 읽어드리면서 강의를 마치겠습니다.

스티브 잡스의 부고를 듣고 무척 슬펐습니다.

멜린다와 저는 스티브와 그의 가족, 친구는 물론 그에게 영향을 받은 모든 분께 진심으로 애도를 표합니다.

스티브와 저는 약 30년 전에 처음 만났습니다. 우리는 동료이자 경쟁자로, 그리고 친구로서 인생의 절반가량을 함께 했습니다.

스티브와 같이 깊은 인상을 남기는 인물을 우리는 다시 만나기는 어려울 것입니다. 그의 영향력은 수많은 세대에 걸쳐 이어질 것입니다.

스티브와 함께 일할 수 있었던 것은 미치도록 대단한 행운이고 영광이었습니다.

스티브가 몹시 그립습니다.

PART 06
Oprah Gail Winfrey
오프라 윈프리

자신의 몸, 정신, 영혼에 대한 자신감이야말로 새로운 모험, 새로운 성장 방향, 새로운 교훈을
계속 찾아나서게 하는 원동력이며 바로 이것이 인생이다.

모든 시대를 통틀어 가장 위대한 발견은 바로
어떤 사람이 단지 태도를 바꿈으로써 자신의 미래를 바꿀 수 있다는 사실이다.

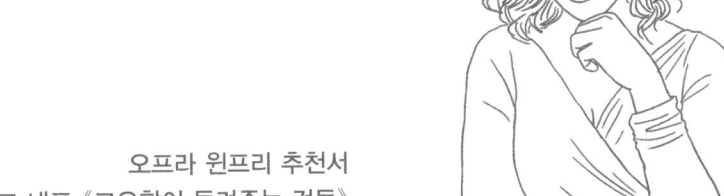

오프라 윈프리 추천서
마크 네포 《고요함이 들려주는 것들》

2011년 5월 17일, 오프라 윈프리는 〈오프라 윈프리 쇼〉 고별 방송을 했습니다. 1986년 첫 방송 이후 숱한 화제를 뿌리며 세계적으로 가장 사랑받았던 토크쇼의 '25년 대장정'에 마침표를 찍었습니다. 최종회 방청객 신청자가 140만 명이나 되었다니 정말 대단하지 않나요? 그중 선택된 404명이 참석한 가운데 60분간 진행된 이 토크쇼는 방송 앞뒤에 붙는 30초 광고비만 100만 달러에 달했다고 합니다. 이 토크쇼는 4,400만 명의 미국 시청자가 눈을 맞추었고, 세계 145개 나라의 방송망을 탔습니다.

오프라는 무대를 떠났지만 여전히 바쁘게 지내고 있습니다. 그녀는 영화, 잡지, 케이블, 인터넷까지 거느린 하포Harpo 그룹의 경영주이고 일 년에 무려 1,500억 원이나 되는 수입을 올리고 있는 최고의 재산가입니다.

오프라의 시작은 참으로 미약했습니다. 그녀는 흑인에 뚱뚱했고, 가난하고 불행했습니다. 미혼모의 딸로 태어나 삼촌에게 성폭

● ● ● ● ● ● ● ● ● ● ● ● ● ● ●

행을 당하고, 자신도 14세에 미혼모가 되었습니다. 하지만 그녀는 굴하지 않고 재능을 찾아 세계에서 가장 부유하고 유명한 여자가 되었습니다. 그녀의 성공기는 '인생의 성공 여부가 온전히 개인에게 달려 있다'는 '오프라이즘Oprahism'을 낳기도 했습니다.

오프라는 방송에서 '오프라의 북클럽'을 진행하면서 "독서가 내 인생을 바꿨습니다"라는 말을 하곤 했습니다. 그녀는 미국 최대의 북클럽을 운영했고 독서 운동을 주도하기도 했습니다.《고요함이 들려주는 것들》은 오프라 윈프리가 강력하게 추천한 책입니다.

오늘은 오프라 윈프리 재단이 운영하는 잡지 〈오, 매거진〉 섭외 담당 이사로 일하고 있는 리처드 장을 모시고 좋은 말씀을 듣겠습니다. 특별히 1부와 2부 순서를 모두 리처드 장께서 리드해 주실 겁니다. 1부에서는 추천 도서인《고요함이 들려주는 것들》에 대한 강의를, 2부에서는 옆에서 보고 느낀 오프라의 삶과 인생 철학에 대해 듣겠습니다. 리처드 장을 박수로 맞아주시기 바랍니다.

Chapter 001

《고요함이 들려주는 것들》
마크 네포

창조는 계속 진행되고 있다.
세계는 매일 새롭게 시작된다.
이것은 모든 것을 변화시키는 소리 없는 기적이다.
이 기적을 느낄 정도로 충분히 고요해져서
이 속으로 뛰어들 수만 있다면
우리도 매일 새롭게 시작할 수 있다.

마크 네포,
《고요함이 들려주는 것들》 중에서

| 시처럼 읽히는 영혼의 소네트

리처드 장입니다. 저는 미국 유학을 마치자마자 운 좋게도 오프라 윈프리가 창간한 〈오, 매거진〉의 창간 멤버로서 10년 넘게 근무하고 있습니다. 제가 오프라 윈프리가 경영하는 기업에서 일을 한다고 하니까 주최 측에서 많은 기대를 하는 것 같은데 사실 저는 오프라 윈프리를 자주 만나보지도 못하고 개인적인 대화 같은 것은 거의 나눈 적이 없는 위치에 있습니다.

솔직히 말씀드리면 입사할 때 면접에서 윈프리를 한 번 만나보고 그동안 만난 것이 열 손가락 안에 들 겁니다. 일 년에 한 번꼴로 만난 셈이 되나요? 오프라 윈프리의 토크쇼를 열심히 보신 분들, 그리고 그녀의 저작이나 그녀에 관한 책을 꼼꼼히 읽으신 예민한 독자분이나 오프라 광팬보다 오프라를 잘 알지 못할지도 모릅니다.

그렇다고 너무 실망하지는 마십시오. 오늘 이 자리는 오프라 윈프리가 제가 한국의 독서경영 조찬 세미나에 강사로 초빙을 받았다는 사실을 알고 적극적으로 격려하고 흔쾌히 보내주어 서게 된 것입니다(일동 우레와 같은 박수).

감사합니다. 먼저 첫 번째 주제인 《고요함이 들려주는 것들》에 대해서 이야기하겠습니다. 저는 〈오, 매거진〉의 섭외 담당 이사이기 때문에 많은 사람들을 만납니다. 그래서 《고요함이 들려주는 것들》의 저자인 마크 네포도 인터뷰를 한 적이 있습니다.

이 책의 저자는 책의 날개에도 소개되어 있듯이 두 번씩이나 암과의 싸움을 이겨낸 사람입니다. 그는 30년 넘게 영성과 시 분야에서 강의를 해온 시인이자 작가이자 철학자입니다. 마크 네포는 죽음의 문턱까지 갔다가 돌아왔기 때문인지 많은 것을 내려놓은 듯 순수하고, 초탈한 분위기가 강하게 느껴집니다. 《고요함이 들려주는 것들》이 "진정한 삶에 필요한 것이 무엇인지를 가장 잘 가르쳐주는 책의 하나"라는 평가를 받았듯이 글과 사람이 같구나 하는 경이감을 주는 사람입니다. 오프라 윈프리의 말 그대로 순수하게 가슴으로 글을 쓰는 사람입니다.

오프라는 친구에게 《고요함이 들려주는 것들》을 생일 선물로 받게 되었는데 아침마다 그의 가르침을 한 가지씩 읽어나가다가 글과 사람에 반해버렸다고 합니다. 왜 아침마다 그 책을 읽게 되었나 하면 이 책은 《톨스토이의 인생론》처럼 1월 1일부터 12월 31일까지, 365일간 매일 읽을 수 있는 형식으로 구성되어 있어서 매일 한두 쪽 분량을 읽게 되어 있었던 것이죠. 한가한 사람이야 며칠 만에 읽어낼 수도 있겠지만 워낙 바쁜 오프라는 아침에 비타민을 먹듯이 그날의 이야기를 읽었던 듯싶습니다.

그런데 그렇게 읽다 보니 이게 장난이 아닌 것입니다. 명상과 의

지의 힘으로 암을 물리친 사람이 쓴 글답게 읽으면 읽을수록 마음의 자양이 풍부해지는 것입니다. 이 책의 저자가 죽음의 문턱을 드나들면서 깨달은 달관의 경지가 페이지마다 배어 있어서 책장을 넘기는 것이 아까울 정도입니다.

오프라 윈프리는 이 책의 진가를 발견하고 마크 네포를 〈오프라 윈프리 쇼〉의 '소울 시리즈'에 두 번이나 초대했습니다. 그리고 그녀는 "모든 사람이 이렇게 한다면 가슴을 열고, 세계를 변화시키며, 현재의 삶에 충실해 자신이 진정으로 원하는 삶을 살게 될 것"이라고 극찬했습니다. 뿐만 아니라 그녀는 〈오, 매거진〉에 두 차례나 마크 네포에 관한 글을 직접 써서 싣기도 했습니다.

그 덕분에 《고요함이 들려주는 것들》은 〈뉴욕타임스〉가 선정한 베스트셀러에 올랐고 세계적인 마크 네포 선풍을 일으켰습니다.

1년 365일, 하루에 10분만!

일 년 동안 매일매일 영감을 선사하는 양식,
나 자신과 친구들을 위한 완벽한 선물!
내가 가장 좋아하는 것들 중 하나로 손꼽는 책!
-오프라 윈프리

《고요함이 들려주는 것들》은 1월 1일부터 12월 31일까지, 1년 365일 형식으로 구성되어 있습니다. 하루하루 한두 쪽 분량으로 쉽고 간결하며, 리듬감이 있고, 오래도록 생각하게 만드는 힘이 있습니다. 오프라 윈프리의 말처럼 이동 중이나 아침저녁으로 자신만의 재충전 시간에 읽을 수 있으며, 어느 쪽이든 날짜와 상관없이 마음에 드는 부분을 골라서 읽어도 좋습니다.

저는 이 강의를 의뢰받고 이 책을 침대 머리맡에 두고 다시 한 번 꼼꼼히 읽어보았습니다. 평일에는 그날의 글을 찾아서 읽고, 주말 같은 때는 그달의 글을 몽땅 음미하면서 읽는다면 좋겠다는 생각을 했습니다. 아니 생각만 한 것이 아니라 그렇게 실행해 보았습니다. 그랬더니 마음이 마치 수양을 한 사람처럼 차분하게 가라앉는 것을 느낄 수 있었습니다.

책을 읽으면서 마음에 와 닿는 글귀에 밑줄을 그었습니다. 그리고 다시 한번 밑줄 그어진 곳을 음미해 봅니다.

……어떻게 해야 내가 진정 누구인지를 항상 기억할 수 있을까요? (……) 느림은 기억을, 서두름은 망각을, 부드러움은 기억을, 딱딱함은 망각을, 순응은 기억을, 두려움은 망각을 낳는다……

……기쁨을 아는 한 가지 열쇠는 즐거움을 쉽게 느끼는 것이다. 주어지는 삶을 순순히 받아들인다는 것은 삶의 환멸과

고난들에 대한 도전을 그만둔다는 의미는 아니다. 그보다는 고난 속에서도 기쁨을 발견한다는 의미다. 그러려면 언제 어디에서나 특별한 사람으로 대접받기를 요구하지 않고, 주어지는 모든 것을 특별하게 여길 줄 알아야 한다……

여러 번 읽다 보면 이 책은 밑줄로 가득 찰 것처럼 느껴지는 하나도 버릴 것이 없는 문장들입니다. 이 책의 진면목은 복잡하고 시끄러운 세상에서 우리가 놓친 것, 진정 우리에게 필요한 것이 무엇인지를 일깨워준다는 점에 있습니다.

이 책을 한 페이지, 한 페이지 넘겨가면서 읽다 보면 고요하게 흐르는 물처럼 잔잔하면서도 햇살을 받아 빛나는 아름다운 반짝임들이 여울져오는 감동을 만날 수 있습니다. 암을 두 번이나 겪으면서 죽음의 문턱을 드나들면서 일으킨 내면의 변화와 울림을 고스란히 담았습니다. 출판사 리뷰에서 밝히고 있듯이 이 책은 "지혜와 통찰, 순간의 골수는 물론 시간의 뼈대까지 빨아들이는 뜨거운 열정"을 가르쳐 줍니다.

차분하게 독서 삼매경에 빠져들면 바깥의 시끄러운 소리는 하나도 들리지 않습니다. 저자는 복잡하고 시끄러운 세상에서 필요한 인생의 지혜는 '고요함이 들려주는 것들'에 귀 기울이는 것이라고 말합니다. 그래서 이 책은 고요한 명상에 잠기는 영혼의 호사스러움을 느낄 수 있는 책입니다. 마크 네포는 말합니다.

"시인으로서 평소 숟가락처럼 쓸모 있는 표현 형식을 갈망해왔고, 또 암을 이겨내는 동안 매일 일기처럼 읽을 수 있는 책에서 영혼의 양식을 얻었기 때문"이라고 말입니다.

사실 저는《고요함이 들려주는 것들》과 같은 훌륭한 책을 강의할 만한 자격이 없는 사람입니다. 다만 오프라 윈프리라는 걸출한 인물 덕분에 이 자리에 서게 된 것입니다. 그래서 저는 마크 네포의 분위기를 여러분에게 전달하는 수준에서 그리고 그것도 여러분에게 도움이 될 것 같다는 판단에서 이 자리에 서게 된 것입니다. 그래서 저는 마크 네포의 책을 영상화해 보았습니다. 한번 즐겨 주시기 바랍니다. 감사합니다.

| 오프라 윈프리가 선정한 세 편의 글

다음은 오프라 윈프리가 마크 네포와 인터뷰하면서 "정말로 숨이 멎을 것처럼 좋았던 대목"이라며 읽었던 부분입니다. 화면으로 보시겠습니다. 먼저 이 장면을 연출하느라 수고하신 감독님과 애니메이션 작가님과 성우분께 감사드립니다(중앙 스크린에 화면이 떠오르고 애니메이션과 함께 낭랑한 목소리의 성우가 책을 낭독한다).

January 15

고통을 담는 그릇

제자의 끊임없는 불평에 신물이 난 힌두교 스승이 제자에게 소금을 가져오라고 했다. 제자가 소금을 갖고 오자, 그는 우울한 얼굴의 제자에게 소금 한 줌을 물에 타서 마시라고 했다.
"맛이 어떠냐?"
"죽을 맛입니다."
스승은 낄낄거리면서 제자에게 다시 소금 한 줌을 근처 호수에 집어넣으라고 했다. 둘은 말없이 호숫가로 갔다. 제자가 소금 한 줌을 호수에 휘휘 뿌리자 스승이 말했다.
"이제 호수의 물을 마셔 보거라."
제자가 턱 밑으로 물을 뚝뚝 흘리면서 호숫물을 떠 마시자 스승이 물었다.
"맛이 어떤고?"
"시원합니다."
"소금 맛은 나느냐?"
"안 납니다."
스승은 자신의 옛 모습을 떠올리게 만드는 제자의 진지한 얼굴을 보고는 두 손을 맞잡으며 말했다.

"삶의 고통은 순수한 소금과 같다. 그 이상도 이하도 아니지. 삶에서 경험하는 고통의 양은 똑같아. 정확히 똑같지. 하지만 우리가 느끼는 고통의 정도는 고통을 담는 그릇에 따라 달라져. 고통이 느껴질 때 우리가 할 수 있는 일은 넓은 마음으로 상황을 인식하는 것뿐이야. 유리잔 말고 호수가 되어야 해."

February 14
첫눈

둘 모두 생각이 많으면 사랑은 약할 수밖에 없다
누구를 사랑하든 첫눈에 반하는 사랑은 하지 못한다
- 크리스토퍼 말로

첫눈에 반하는 사랑의 진정한 힘을 우리는 흔히 놓쳐버린다. 처음 만나는 순간 휩쓸리듯 서로에게 빨려 들어가는 측면에서만 의미를 찾기 때문이다. 첫눈에 반하는 사랑의 의미를 더욱 깊이 이해하려면, 첫눈의 중요성을 발견하고 되찾아야 한다.

첫눈은 대상을 물리적이 아니라 본질적인 차원에서 처음으로 이해하는 것과 더 관련 있다. 그러나 사람들은 보통 습관과 판에 박힌 일상 속에서 무감각하게 걸어 다니기 때문에 평범한 삶의 경이들을 당연하게 받아들인다. 이럴 때 습관이나 지루한 일상에 조금도 방해받지 않게끔 매 순간 신선한 자극을 주는 것이 첫눈이다. 그러므로 첫눈은 신과 가슴과 영혼의 눈이 열리는 순간이라고 할 수 있다. 새로운 깨달음, 즉 모든 방해물이 사라지는 순간 스치듯 우리를 압도하는 합일의 느낌이 첫눈의 경험이다.

 모든 영적 전통에서는 첫눈에 반하는 사랑을 가장 깊고 실제적인 차원에서 완전한 깨어남의 보답같이 말한다. 이 새로운 눈으로 우리는 다시 살아 있음을 느낀다. 역설적으로 첫눈은 되풀이해서 경험할 수 있다. 매일 잠에서 깨어나듯 영혼이 깨어나는 리듬 속에서 정기적으로 첫눈을 경험한다. 우리와 우리를 둘러싼 삶 사이에 아무것도 없을 때, 즉 본래의 눈으로 볼 수 있을 때 눈에 보이는 모든 것을 사랑하게 된다. 이렇게 근원적인 눈으로 보면 사랑도 기쁘게 받아들이게 된다. 근원적으로 사랑하면, 우리가 속한 세계를 활기차게 진행 중인 창조물로 바라보게 된다. 그렇다. 본래의 시각은 이렇게 드러난다. 우리는 첫눈에 사랑을 발견한다. 첫눈의 진정한 인식과 함께 이미 그곳에 존재하던 사랑은 우리를 움직인다.

이런 점에서 첫눈은 존재의 위엄을 얻기 위해 반드시 그리고 끊임없이 넘어야 하는 문턱이다. 첫눈에 반하는 사랑은 확실히 그리고 아름답게 타인들과의 관계에서도 경험할 수 있다. 타인을 처음 진정으로 보게 될 때, 기적 같은 타인의 존재 속으로 감미롭게 빨려 들어갈 때 이런 사랑을 경험한다. 매일 자신과 세계를 처음처럼 보게 될 때, 신을 느낄 때도 이런 사랑은 가능하다.

어느 날 괴로움에 시달리다 보면 그 어느 때보다도 활짝 마음의 문이 열릴 때가 있다. 그러면 여러 해 무심하게 지나치던 사람의 얼굴에서도 한 가득 빛을 발견하고 그 사람을 있는 그대로 보고 사랑하게 된다. 계절마다 똑같은 모습으로 서 있던 버드나무도 어느 날 비 갠 뒤의 눈부신 모습과 부드러운 바람에 전과는 다른 눈으로 보게 된다. 우리 내면에 자리하게 된 버드나무를 사랑하게 된다. 그리하여 늦은 밤 거울에 비친 자신을 들여다보고 또 보다가 문득 피곤에 찌든 자신의 얼굴에서 버드나무와 빛, 타인의 모습을 발견하고 그것이 신의 모습임을 깨닫는다. 흔히들 첫눈을 첫 만남으로 생각하는데, 첫눈은 처음으로 안목이 열리는 것이다. 모든 것을 말려주는 산들바람이 물을 투명하게 만드는 것처럼, 우리도 결국에는 말과 과시적인 행동과 허세를 멈추고 완전히 소진된 후에 투명해진다. 그러면 모든 것 속에 존재하는 심장이 우리 앞에서 고동치기 시작한다.

May 07
일상의 기술

햇살 가득한 아름다운 날이었다.

나는 300마일이나 달려 그녀를 만나러 갔다. 아흔넷의 그녀는 여덟 달 가까이 같은 병실을 쓰고 있었다. 나는 그녀의 첫째 손자다.

할머니는 나를 보고 무척 행복해했다. 우리는 안부를 주고받고 나서 침대 가장자리에 말없이 앉아 있었다. 잠시 후 드디어 할머니가 투덜거렸다. 날씨가 너무 우중충하다고.

그 순간 나는 하나뿐인 병실 창문을 일 년 가까이 한 번도 닦지 않았다는 것을 깨달았다. 이런 사실을 말씀드리자 할머니는 아흔넷의 노인이나 낼 수 있는 소리로 낄낄 웃다가 러시아인 같은 말투로 말씀하셨다.

"눈이 침침하면 세상도 그렇게 보여."

우리의 정신과 마음도 마찬가지다. 자아는 우리가 세상을 바라보는 창문과 같다. 그런데 지저분한 창문 때문에 우울한 기분에 젖어들거나 화창한 세상을 우중충한 곳으로 착각하는 경우가 흔하다.

 이럴 때 정신과 마음을 깨끗하게 유지하도록 돕는 것이 진정한 관계의 역할일 것이다. 한낮의 햇살을 충분히 만끽하도록 창문을 닦는 일이 바로 마음공부일 것이다.

Chapter 002

신화를 넘어 문화가 된 여자, 오프라 윈프리

저는 언제나 발전 과정 중에 있는 여자입니다.
저는 다른 모든 사람들과 똑같이
노력 중인 사람일 뿐입니다.
저는 모든 갈등과 경험을 다 겪어보려 하며,
그것으로부터 배우려고 합니다.
인생은 절대 지루하지 않죠.

오프라 윈프리

오프라 윈프리의 성공 비결은 무엇일까?

리처드 장입니다. 오프라 윈프리는 제가 모시고 있는 분이라서 저는 이 강의의 적임자가 아닐 수도 있습니다. 하지만 주체 측의 간곡한 부탁도 있고, 오프라 윈프리라는 사람과 10년 동안 일해 오면서 옆에서 본 그 사람의 모습이 멋지고 훌륭하다는 것을 많이 느꼈기에 가식적인 이야기나 별다른 수식 없이 있는 그대로 말씀드릴 수 있을 것 같다는 자신감에서 이 자리에 섰습니다.

잘 아시다시피 오프라는 인기, 명예, 돈 모두를 거머쥔 세계에서 가장 성공한 여성 중 한 명으로 손꼽히지만 참으로 어려운 인생의 질곡을 겪은 사람이지요.

오프라는 흑인 사생아로 태어나, 9세 때 삼촌에게 처음 성폭행을 당하고, 14세의 나이에 아이를 낳고, 마약에 빠지는 등 불우한 어린 시절을 보냈으나 그 모든 불행을 굳은 의지로 극복하고 토크쇼의 여왕이 되었습니다.

본인의 이름을 내건 〈오프라 윈프리 쇼〉를 25년간 진행했고, 이는 세계에서 가장 유명한 프로그램이었습니다. 그녀는 1주일에 닷새 동안 TV에 나와서 미국 내 시청자 4,400만 명을 울리고 웃겼습니다. 또한 세계 145개국에서 '오프라 현상'을 만들어냈죠.

오프라는 2006년 〈포브스〉 선정 '올해의 유명 인사 100인' 중 1

위를 차지하는 기염을 토했고, 세계 부호 순위 242위에 오른 대부호입니다. 흑인 여성으로서 이만큼 성공한 사람은 없습니다.

웹사이트 Oprah.com에는 월 670만 명이 방문하고 있고, 그녀의 트위터를 팔로잉한 사람들 수는 200만 명이 넘습니다. 구글에서 오프라의 이름을 치면 800만 개 이상의 자료가 검색되고, 그녀만을 다루는 웹사이트가 529개에 달합니다. 미 의회 도서관 목록에는 그녀를 주제로 쓴 박사 학위 논문이 서른 편 넘게 올라 있을 정도로 그녀는 일개 성공 신화를 넘어서서 문화가 된 여자입니다.

하지만 그녀가 처음부터 그런 위치에 오르리라고 예상한 사람은 아무도 없었습니다. 그녀는 최초의 흑인 앵커이자, 〈보그〉의 패션모델이 되었지만 안 좋은 조건은 모조리 갖추고 있었습니다. 흑인에다 사생아에다 가난한 미혼모였고 게다가 뚱뚱하기까지 했습니다. 그러나 그녀는 사람들을 향해서 이렇게 당차게 되물었습니다.

"그래서? 그게 뭐 어쨌다고?"

오프라 윈프리는 무엇을 하든 당당하고 자신감에 넘칩니다. 그 자신감은 어디서 나온 것일까요?

그녀는 '인종의 용광로'라 불리는 링컨 중학교에 다니면서 뛰어난 성적을 올렸습니다. 여러 인종과 어울려 생활하면서 흑인도 결코 뒤떨어지지 않는다는 것을 깨달았고, 그것을 자신이 보여주고자 노력했습니다. 그녀는 강하고 씩씩했으며 자신감에 차 있었고

'튀는 학생'이었습니다. 그녀 특유의 자신감과 뛰어난 언변, 성공 욕구는 이때부터 생겼던 것 같습니다.

이스트내슈빌 고등학교에 진학한 오프라는 학교 후원금을 모금하고자 내슈빌의 흑인 라디오 방송국을 찾아갔다가 운명적인 행운을 만나게 됩니다.

존 하이델버그라는 DJ가 그녀의 목소리가 마음에 쏙 들었던 겁니다. 그녀는 발음이 아주 또렷했어요. 어법도 잘 맞았고요. 그래서 그는 한번 녹음해 보자고 권했습니다. 오프라는 풍부한 성량과 깊고 밝은 음색으로 원고를 읽어나갔습니다. 그렇게 해서 17세의 소녀에게 현장 연수의 기회가 주어졌습니다. 오프라는 방송일을 시작하면서 자기한테 재능이 있다는 걸 알고 있었어요. 무엇에도 위축되거나 겁내지 않았습니다. 거침이 없었어요.

오프라는 대학 졸업을 미루고 처음으로 TV의 저녁 뉴스를 맡았습니다. 그녀의 나이 19세 때의 일이었죠.

오프라는 1983년 시카고에서 시청률이 낮은 30분짜리 아침 토크쇼인 〈에이엠 시카고AM Chicago〉의 진행자가 되었습니다. 오프라의 진가가 발휘되며 이 프로그램은 시카고에서 가장 인기 있는 프로였던 〈도나휴의 토크쇼〉 시청률을 한 달 만에 앞질렀습니다. 그 후 〈에이엠 시카고〉는 전국적으로 방영되는 〈오프라 윈프리 쇼〉로 바뀌었고 오늘의 오프라 윈프리를 탄생시켰습니다.

그렇다고 오프라가 곧바로 성공의 가도를 달린 것은 아닙니다. 그녀의 토크쇼는 히트를 쳤지만 저속한 내용을 다루었다며 비난을 받기도 했고, 광우병 문제를 다뤘을 때는 텍사스 목장주들과의 소송 사건으로 법정에 서기도 했습니다. 이러한 어려운 상황 속에서 토크쇼를 진행하면서, 그녀는 특유의 삶의 지혜로 시청자들을 감동시켜 날로 인기가 상승했습니다. 그러다가 오프라는 자꾸만 불어나는 체중 때문에 방송국에서 쫓겨나기도 했습니다.

오프라는 살과의 전쟁에 들어가지 않을 수 없었습니다. 하루 8킬로미터 이상을 뛰면서 식사량은 절반 넘게 줄였습니다. 그녀는 다이어트 선언 4개월 만에 30킬로그램을 감량한 뒤 몸에 꼭 맞는 사이즈 10짜리 캘빈클라인 청바지를 입고 손수레에 30킬로그램의 지방 덩어리를 싣고 TV에 등장했습니다. 수많은 시청자들이 놀라움을 금치 못하면서 오프라에게 환호했습니다.

눈물 겨운 노력 끝에 '다이어트 여왕'으로 등극한 그녀는 방송에 복귀하면서 자신의 어두운 과거를 가감 없이 진솔하게 폭로했습니다. 〈오프라 윈프리 쇼〉의 인기 비결은 한마디로 그녀의 아픈 과거와 이에 대한 그녀의 솔직한 고백에서 시작되었다고 볼 수 있을 겁니다.

그 후 그녀의 토크쇼는 미국뿐만 아니라 국경을 뛰어넘어 전 세계를 향해 퍼져나갔습니다. 그때부터 세계인은 자국 언어로 더빙

되거나 자막을 입힌 〈오프라 윈프리 쇼〉를 시청하게 되었습니다.

그녀는 결혼이나 상속의 혜택을 입지 않고 혼자 힘으로 부를 일구었습니다. 또한 수백만 명의 시청자들에게 독서의 기쁨을 알게 해줌으로써 독자들은 물론, 작가들의 삶까지도 풍요롭게 만들어준 출판계의 영웅입니다.

그 비결은 어디서 온 것일까요? 저는 한마디로 말할 수 있습니다. 바로 그것은 '자신감'과 '독서'입니다. 오프라는 자신감으로 똘똘 뭉친 여자입니다. 그녀는 자신감이 남달랐고 많은 사람들이 그녀의 엄청난 자신감에 감명을 받습니다. 그녀는 무슨 일이든 해낼 수 있다는 믿음이 늘 있었다고 합니다. 그만큼 자신이 유능하기 때문이라고 그녀는 말합니다. 그런데 그 유능함은 어디서 나오는 것일까요? 오프라는 말합니다.

"나의 성공 비결은 독서, '책 읽기는 나의 힘'이랍니다."

독서 천재 오프라 윈프리

그래서 저는 오늘 오프라 윈프리의 독서 편력과 한때 미국뿐만 아니라 세계 도서 시장의 판도를 쥐락펴락했던 '오프라 윈프리 독서 클럽'을 중심으로 이야기를 진행하려고 합니다.

오프라의 삶의 풍경이야 여러분도 익히 다 아는 사실들인 것인데 중언부언 늘어놓아 보았자 별로 새로울 것이 없거든요. 이 자리가 독서 토론 모임이라서 가능한 이야기이겠지만요.

먼저 말씀드리고 싶은 것은 오프라 윈프리는 엄청난 독서량을 지닌 '독서 천재'라는 것입니다. 우리말에 책벌레니 독서광이니 하는 말이 있지만 오프라의 경우는 그 수준을 넘어서는 것 같아요. 오프라는 템플턴 펀드 창업자 존 템플턴의 다음과 같은 말을 가장 좋아해서 집안에 액자로 만들어 걸어놓았을 정도였습니다.

성공을 준비하는 사람은 늘 도서관을 끼고 다닌다. 지하철을 기다리거나 공항에서 탑승 수속을 위해 대기할 때 몇 분의 시간은 있다. 이럴 때 회사 일에 도움이 되는 자료를 찾아보거나, 요즘의 흐름을 분석해보거나, 아니면 그저 마음의 양식이 되고 식견을 넓히는 책을 읽어볼 수도 있다. 약속 시간보다 일찍 도착했을 경우에 대비해 기다리는 동안 읽을 수 있는 신문을 가지고 다닐 수도 있다. 늘 책과 신문을 지니고 다닌다면 도서관을 끼고 다니는 것이나 마찬가지다. 이렇게 하게 되면 당신은 항상 무언가를 성취할 수 있고, 성공을 향해 훨씬 빨리 나아갈 수 있을 것이다.

어때요? 멋있는 말이죠? 그래서 오프라는 이 말을 좌우명으로 삼고 성공을 준비했던 것 같습니다.

 오프라는 미시시피 강 근처의 가난한 흑인 마을에서 태어났습니다. 어머니와 아버지는 오프라가 태어나기 전에 헤어졌기에 그녀는 사생아가 되었고 축복받지 못한 어린 시절을 보내야 했지요.

 오프라는 3세 때부터 말을 썩 잘했고 암기력이 뛰어나서 한 번 들은 이야기는 잘 잊어버리지 않았답니다. 6세 때 위스콘신 주 밀워키로 이사했지만 그곳에서도 가난하고 신산스런 고초를 겪어야 하는 것은 마찬가지였습니다.

 그런 어려운 환경에도 불구하고 그녀가 성공할 수 있었던 비결은 바로 독서였습니다. 처음 오프라에게 글을 가르쳐준 것은 이모였습니다. 신앙심이 깊었던 이모는 성경을 확실히 이해했고 거기에 나온 이야기들을 오프라에게 가르쳤어요. 그 다음에 오프라에게 책 읽는 것을 가르친 것은 아버지였지요. 어머니의 생활이 불안정한 탓에 집을 나간 오프라가 아버지를 찾아간 것입니다. 아버지는 내슈빌에서 이발소를 하고 있었습니다.

 아버지는 마땅치 않은 표정이었으나 그녀를 받아들였지요. 아버지는 일주일에 책 한 권을 읽게 할 정도로 독서 습관을 가르쳤습니다. 오프라는 유치원을 건너뛰고 초등학교 1학년으로 곧장 들어가도 될 만큼 글을 익힌 상태였어요. 어려움도 많았던 어린 시절이었지만, 책을 읽는 습관을 가질 수 있었던 것은 정말 다행이 아닐 수 없습니다. 아버지는 엄격할 정도로 반듯한 생활을 할 것과 책을 읽을 것을 강조했습니다. 윈프리는 아버지의 감시를 받으면서 많은 책을 읽었습니다. 아버지는 TV는 하루 한 시간만 보도록 허용했고 1주일에 한 번 정기적으로 도서관을 데리고 갔습니다. 일요일이면 어김없이 교회에 가는 것처럼 말입니다.

어린 오프라는 아버지의 엄한 교육 방식이 불만이었습니다.
"아버지는 깐깐한 고집쟁이였다."

오프라는 그렇게 술회하고 있지만 그녀의 높은 지적 수준은 바로 어린 시절부터 시작한 독서의 양과 무관치 않다는 것이 정설입니다. 아버지는 오프라가 책을 읽은 뒤에는 반드시 독후감을 쓰도록 했습니다. 그래서 오프라는 "학교에서 내준 숙제뿐 아니라 집에서 내준 숙제도 해야 했다"고 술회한 적이 있습니다. 그것이 오늘날의 오프라 윈프리를 만들어낸 자양분이 되었던 겁니다.

오프라가 고등학생 시절 라디오 프로를 진행할 때 많은 사람들이 놀랐습니다. 도저히 고등학생이라고 믿기지 않는 놀라운 지적 능력 때문이었지요. 그래서 그녀는 불과 19세의 나이에 TV 저녁 뉴스의 캐스터를 할 수 있었던 겁니다. 아무리 지역 방송이라고 해도 이는 엄청난 파격이었습니다. 이것은 독서의 힘으로 온갖 어려움을 극복한 끊임없는 지적 탐구자 오프라 윈프리였기에 가능한 일이었습니다.

그녀는 언론과의 인터뷰에서 이렇게 말하고 있습니다.

"책은 삶에 여러 가능성이 있다는 사실을 내게 가르쳐 주었습니다. 독서는 내게 희망을 주었습니다. 내게 독서는 열린 문이었습니다."

강간당하고, 사생아를 낳고, 마약에 빠지기도 하고, 가난과 학대로 얼룩지기도 한 그녀의 인생을 바꾸어놓은 것은 바로 독서였습니다.

출판업계의 마이다스

〈오프라 윈프리 쇼〉에서 '북클럽' 코너가 생긴 것은 1996년이었습니다. 〈오프라 윈프리 쇼〉의 많은 부분이 그렇듯이 '북클럽'은 그녀 자신으로부터 시작되었습니다.

오프라는 '북클럽'에서 다루는 모든 작가들에게 깊은 애정을 쏟았고, 그녀의 열렬한 후원을 받은 책들은 당당하게 〈뉴욕타임스〉 베스트셀러 목록에 이름을 올렸습니다.

오프라는 북클럽에서 다룰 작품을 한 달 전에 알려줘서 시청자들에게 읽을 시간을 충분히 주었습니다. 그동안 프로듀서들은 저자가 자택에서 생활하는 모습, 오프라와 식사하는 모습, 몇몇 팬들이 그 책에 관해 토론하는 모습 등을 촬영해두었다가 나중에 편집 영상을 방송에 내보냈습니다.

오프라가 가장 처음 선정한 작품은 자식을 유괴당한 어머니의 이야기를 그린 재클린 미처드Jacquelyn Mitchard의 《사랑이 지나간 자리The Deep End of the Ocean》입니다. 6만 8,000부를 찍었던 이 책은 〈오프라 윈프리 쇼〉에 소개되면서 400만 부 이상 팔려나갔으며, 영화로도 만들어졌습니다.

오프라가 소개하는 책은 대개 빈곤과 고통에서 살아남아 구원을 찾는 여성에 관한, 여성이 쓴 슬픈 이야기들이었어요. 주인공들은 오프라처럼 성적 학대와 부주의한 양육 환경, 인종 차별, 가난, 짝사랑, 나약한 남자들, 원치 않는 임신, 마약, 비만 등 온갖 역경을 딛고 일어난 여성들이었습니다. 일부 평자들이 너무 '감상주의적'이고 '상업적'이라고 비판했지만 오프라는 자기 방식대로 밀고 나갔습니다.

그녀가 북클럽을 통해 추천하는 책은 순식간에 베스트셀러가 되었습니다. 평범한 작품을 특급 베스트셀러로 바꿔놓는 능력 덕분에 오프라는 '출판계의 마이다스의 손'이 되었습니다. 출판계는 오프라가 올린 도서 판매액이 2억 달러에 달할 것이라 보고 있습니다. 오프라가 미국 국민이 다시 책을 읽게 만든 것입니다.

오프라 윈프리는 많은 자선사업을 벌이고 있지만 자신의 어린 시절을 떠올리며 한 달에 한 번은 아주 특별한 행사를 갖습니다. 미국에서 제일 위험한 우범 지역들 중 하나로 알려진 시카고 니어 노스 사이드의 저소득층 주택 단지, 카브리니 그린을 방문하는 것입니다. 오프라는 10~13세의 어린 소녀들을 모아서 쇼핑에 나서기도 하고 영화를 보여주거나 밥을 사주기도 합니다. 그리고 그녀가 가장 강조하는 일은 책 읽기입니다. 오프라는 어렸을 때 아버지가 해줬던 일을 카브리니 그린의 소녀들과 하려고 했습니다. 바로 도서관에 데려가 책을 읽게 하는 일이죠. 아이들의 손에 사전을 쥐어주고 하루에 5개씩 새로운 단어를 익히게 했습니다. 잔소리도 마구 늘어놓습니다

"나도 너희와 아주 비슷했어. 대책 없는 말괄량이였지. 하지만 책을 무척 열심히 읽었단다."

오프라는 자기 아파트에 그 소녀들을 초대해 파자마 파티를 열기도 합니다. 그들의 모임에는 항상 웃음소리와 더불어 진지한 무엇, 새롭게 배워야 할 무언가가 있습니다. 아이들이 삶의 지평을 넓혀가는 모습이 있습니다.

오프라는 〈미즈〉라는 잡지와의 인터뷰에서 어린 소녀들에게 이렇게 전했습니다.

"인생 목표에 대한 이야기를 하다가 애들이 캐딜락을 갖고 싶다고 하면, 제가 이렇게 말해줍니다. 제대로 말할 줄 모르고 글도 못

읽고 산수도 못하고 임신이나 하고 학교나 때려치우고 그러면 평생 캐딜락은 못 가진다. 내가 장담해! 또, 성적표에 D나 F가 뜨는 날에는 이 그룹에서 나가는 거야. 학교에 들고 다니는 건 라디오뿐이면서 멋지게 살고 싶다는 소리는 하는 게 아니지!"

| 오바마를 만든 오프라

오프라 윈프리는 자신의 방송에서 일체 정치적인 색채를 배제해 왔습니다. 그것이 자신의 프로가 세상의 구설수에 빠지지 않고 장수하는 방법이라고 생각한 것이죠. 그런데 그 룰이 깨지는 순간이 찾아왔습니다.

 2004년 7월 27일, 오프라 윈프리는 젊은 남성이 매사추세츠 보스턴 민주당 전당 대회에서 일생일대의 명연설을 하는 것을 보고 있었습니다. 여태껏 그녀가 들은 연설 중 가장 비범한 연설이었습니다. 그녀는 그의 마법 같은 의사 전달력에 깊은 감동을 받습니다.

 "오늘밤 나는 그들에게 전합니다. 진보적인 미국과 보수적인 미국이 따로 있는 게 아니라 하나의 미합중국이 있을 뿐입니다. 흑인의 미국, 백인의 미국, 라틴계 미국, 아시아계 미국이 따로 있는 게 아니라 하나의 미합중국만이 존재할 뿐입니다."

 그 남자는 바로 버락 오바마였습니다. 오프라는 버락이 연설하는 동안 '바로 저 사람인 것 같아'라고 혼자 중얼거렸죠. 이 연설은 오프라뿐만 아니라 수많은 미국인을 감동시켰고 무명의 초선 상원의원을 대통령으로 만들어내는 시금석이 되었습니다.

 그 연설이 있은 뒤 오프라는 잘 알지도 못했던 오바마 부부에게 인터뷰를 요청했습니다. 그 인터뷰 기사는 오프라가 발행하는 잡지에 실렸습니다. 버락 오바마는 흑인으로는 세 번째로 상원에 진출하게 되었습니다. 오바마가 공식 출마 선언을 하기 몇 달 앞서 오프라는 그를 대통령 후보로 공개 지지했습니다. 그러자 즉각 부정적인 반응이 일어났습니다.

"오프라는 배신자다!"

"당신 쇼를 다시는 보지 않겠어요."

 2008년, 해리스 여론 조사는 오프라가 5년간 지켜온 '미국인이 가장 좋아하는 TV 방송인' 타이틀을 빼앗겼다고 보도했습니다. 그러나 오프라는 개의치 않고 오바마를 위해 지원 유세에 나섰습니다. 아이오와 주 디모인, 사우스캐롤라이나 주 컬럼비아를 거쳐 뉴햄프셔 주 맨체스터에 이르는 먼 여행길이었습니다. 방문하는 도시마다 미디어석은 세계 각지에서 오프라의 첫 선거 유세 발언을 취재하러 몰려든 카메라들로 발 디딜 틈이 없었습니다. 오히려 오프라가 주인공처럼 여겨질 지경이었습니다. 오프라는 오바마를 지지해줄 것을 호소했습니다.

"2008년 지금, 저는 답을 찾았다고 믿습니다. 분명히 찾았습니다! '당신이 바로 그 사람인가요? 그 사람 맞아요?' 여기서 여러분들에게 말씀드립니다. 그가 바로 우리가 찾는 사람입니다. 그 사람은…… 버락 오바마입니다!"

선거 유세 처음 몇 달 동안은 엄청난 파워를 지닌 명사들 중 오바마 편에서 횃불을 치켜든 이는 오프라뿐이었습니다.

2007년 2월 10일, 오바마가 한파가 몰아치던 일리노이 주 옛 주정부 청사 앞 광장에서 "우리 세대가 이제 시대적 소명에 답할 때"라면서 대권 도전의 출사표를 던졌을 때만 해도 젊은 정치인의 객기 정도로 치부하는 사람들이 많았습니다. 특히 오바마의 출마에 부정적인 반응을 보였던 사람 중에는 성공한 흑인 친구들이 많았지요. 한 친구는 "미국은 아직 흑인 대통령을 받아들일 준비가 안 됐어"라고 말했습니다. 그러나 오바마는 단호하게 말했습니다.

"내 생각은 달라. 지금 흑인 대통령을 받아들일 준비가 안 되었다면 내가 죽을 때까지 그럴 거야. 내가 그 선입견에 도전하겠어."

오바마의 이런 용기 있는 도전은 흑인은 물론 진보적 성향의 백인에게도 폭넓은 지지를 이끌어냈습니다. 그러자 전 세계의 눈이 2008년 1월 3일, 아이오와 주의 민주당 대통령 후보 경선에 쏠렸습니다.

오바마는 아이오와 주의 민주당 후보 경선에서 38퍼센트를 득표하여 29퍼센트를 득표한 힐러리 클린턴을 제치고 승리함으로써 승기를 잡았습니다. 백인이 90퍼센트인 지역에서 거둔 승리는 오바마를 불안하게 보던 다른 지역 유권자들에게 강한 메시지를 보냈습니다. 오바마는 아이오와에서의 승리 후 청중들을 향해 "우리는 이번 선거에서 승리해 역사를 바꾸고, 나아가 미국과 세계의 상처를 치유하는 여정을 시작할 것이다"라며 환호성을 질렀습니다. 그런데 그 환호성 옆에는 오프라 윈프리의 강력한 지원이 있었습니다.

오바마를 지지하는 열기는 식을 줄 몰랐습니다. 오바마가 나서는 유세장마다 "Yes, We Can(우리는 할 수 있어요)", "Change We can believe in(변화, 우리는 믿을 수 있어요)" 등의 진취적인 구호가 터져나왔습니다. 그러자 다들 이렇게 말하기 시작했습니다.

"세상에, 저러다가 진짜 될지도 몰라."

오프라는 오바마가 민주당 대선 후보로 확정되자, 그가 대통령이 될 운명을 타고났음을 완전히 확신하며 이렇게 말했습니다.

"작년 초에 지지 결심을 한 것이 매우 기쁩니다. 내 쇼에 붙는 광고가 죄다 떨어져나가든 말든 일찌감치 마음을 먹었지요. 성서에 '사람이 온 세상을 얻는다 해도 제 목숨을 잃으면 무슨 소용이 있겠느냐?' 하는 멋진 구절이 있는데요. 버락 오바마를 지지한다고 밝히지 않았다면, 내 영혼의 한 조각을 잃어버렸을 것입니다."

오프라는 오바마의 사진을 보드 중앙에 놓고, 대통령 취임식에 입고 가고 싶은 옷의 사진을 그 옆에 두었습니다. 선거일 밤, 오프라는 가슴골이 살짝 드러나는 밝은 녹색 드레스를 입고 나타났습니다. 한 참석자는 그날 밤 그녀의 모습에 대해 "마이크를 쥐고 버락을 소개할 때 정말 근사했다"고 말했습니다. 그녀는 열정적이면서도 우아했고, 말로 사람들을 흥분시킬 줄 알았어요. 오프라는 그랜트파크에 운집한 12만 5,000여 명의 시민과 함께 환호하고 있었습니다. 최초의 흑인 대통령을 만들어내는 데 자신이 기여를 했고, 자신이 역사의 올바른 편에 섰다는 것을 확인받은 것 같아서 양 볼에는 벅찬 감격의 눈물이 흘러내렸습니다. 그녀는 이렇게 말했습니다.

"내 임무는 당시 지나쳐버렸을지도 모르는 오바마를 사람들에게 소개하고 이해시키는 거였어요. 나는 그가 당선되기를 바랐고, 임무를 완수했다고 생각합니다."

'불량 소녀'에서 토크쇼의 여왕으로 떠오른 오프라 윈프리는 '오프라이즘'이라는 사회 현상을 만들어낼 정도로 영향력을 지닌 인물이 되었습니다. 윈프리는 아메리칸드림의 상징으로 손색이 없습니다.

그녀의 영향력은 TV를 벗어나 출판, 음악, 영화, 자선사업, 교육, 건강 등 사회 전반에 미치고 있죠. 그녀는 영화 〈컬러 퍼플〉에 출연하여 골든글러브 상을 수상하고 미국 아카데미 시상식 여우조연상을 수상했으며 영화 제작 스튜디오를 소유한 여성들의 반열에 올라섰습니다. 또한 그녀는 현재 잡지 〈오, 매거진〉, 케이블 TV, 영화사, 인터넷 회사까지 거느린 하포 그룹의 회장입니다. 이제 오프라는 대중문화에서 가장 중요한 인물 중 한 사람이 되었습니다.

25년간 진행된 〈오프라 윈프리 쇼〉는 막을 내렸지만 그녀는 자신이 설립한 케이블 채널인 오프라윈프리 네트워크OWN에서 새 토크쇼 〈넥스트 챕터Next Chapter〉를 시작했습니다.

오프라는 때로 힘들고 지칠 때마다 그녀가 가장 좋아하는 흑인 영가의 한 구절을 생각한다고 합니다.

나는 계속 달려갈 것이다. 끝이 어떠할지 볼 것이다. 나는 계속해 달려갈 것이고, 그 끝이 어떤지를 보게 되리라고 믿는다.

경청해 주셔서 감사합니다.

PART 07
Yanai Tadashi
야나이 다다시

실패하더라도 회사가 망하지 않으면 된다. 실패할 거라면 빨리 실패를 경험하는 편이 낫다.
비즈니스는 이론대로, 계획대로 되는 것이 아니다.
빨리 실패하고, 빨리 깨닫고, 빨리 수습하는 것이 제 성공 비결이다.

누구나 꿈꾸고 희망하는 것은 천국이다.
하지만 꿈꾸고 희망하는 것을 현실화시키기 위해서는 지옥과 같은 현실의 가시밭길을 통과해야 한다.
'꿈은 천국에 가깝고, 현실은 지옥에 가깝다'라는 말이 있는 것도 이런 연유다.

야나이 다다시 추천서 | 피터 드러커 《매니지먼트》

안녕하십니까? 식사 맛있게 하셨죠? 오늘은 유니클로의 야나이 다다시 회장의 시간입니다.

며칠 전에 저는 깜짝 놀랄 일을 겪었습니다. 저희 집안 어르신 한 분의 팔순 잔치가 있어서 가보았는데 조카들 여덟 명 중에 다섯 아이가 유니클로 옷을 입고 있는 겁니다. 또 얼마 전에는 명동을 지나가는데 유니클로 옷을 사려고 젊은이들이 줄을 서고 있더군요. 요즘 유니클로의 위세가 장난이 아니라는 것을 실감했습니다. 유니클로는 아시아를 넘어서 세계 패션 시장을 장악해 나가고 있습니다. 군계일학! 20년 일본의 장기 불황 속에서 유니클로는 단연 돋보이는 기업이 아닐 수 없습니다.

그런데 오늘의 유니클로 회장 야나이 다다시를 만든 사람이 피터 드러커라고 합니다. 야나이 다다시는 피터 드러커의 책을 읽고 나서 기업 경영의 진기한 묘미를 깨닫기 시작했다고 합니다. 그가 가장 감명 깊게 읽은 책이 피터 드러커의《매니지먼트》입니다.

오늘은 1부에서는 피터 드러커의 책을 여러 권 번역하고, 피터 드러커와 절친한 벗이기도 했던 이광규 박사님을 모시고 피터 드러커의 경영 철학과 《매니지먼트》에 대한 좋은 말씀을 듣고, 2부에서는 일본 유니클로 본사에서 간부급 사원으로 10년 가까이 근무한 경력을 지닌 최명식 선생님을 모시고 야나이 다다시의 삶과 경영 철학, 유니클로가 승승장구하는 진짜 이유를 들어보기로 하겠습니다.

먼저 이광규 박사님을 모시겠습니다. 큰 박수로 맞아주십시오.

Chapter 001

《매니지먼트》
피터 드러커

자기계발이란 능력을 쌓는 것만이 아니라
인간으로서 성장해나가는 것이다.
책임에 초점을 둠으로써 보다 큰 자신을 발견하게 된다.
이것은 자만심이나 프라이드가 아니라 긍지와 자신감이다.
이러한 것들은 한번 가지면 잃어버리지 않는다.
외적 성장과 내적 성장을 동시에 목표로 삼아야 한다.

피터 드러커

| 피터 드러커에 대하여

안녕하십니까? 이광규입니다. 반갑습니다. 뒷전으로 물러나 앉은 늙은이를 이렇게 훌륭한 자리에 불러주셔서 고맙습니다. 이제 와서 피터 드러커의 이야기를 하자니 감회가 새롭습니다. 잘 아시다시피 피터 드러커는 현대 경영학의 창시자라 불리는 위대한 학자입니다. 그는 수많은 저작을 통해서 20세기 후반, 나아가서 21세기 오늘날의 많은 변화들을 정확하게 예측해 냈습니다.

그는 1937년, 최초의 저서인 《경제인의 종말》을 출간한 이래 2005년 향년 95세로 타계할 때까지 경영 분야뿐만 아니라 정치와 경제, 소설 등 다양한 주제를 다룬 35권의 저서를 펴냈고 24년간 자신의 이름을 딴 캘리포니아 클레어몬트 대학의 경영 대학원(현 드러커 경영 대학원)에서 강의를 계속했어요. 그는 90세가 넘은 나이에도 일본 미술에 대해 연구할 만큼 다양한 분야의 지적 탐구에 열정을 지녔던 사람입니다. 그래서 그는 사회생태학자, 경영학의 발명자, 현대 경영학의 아버지, 현대 사회의 현인으로 불렸습니다.

그는 1959년에 이미 '지식 노동자'라는 개념을 창안하면서 지식 사회의 도래를 예언했습니다. 그는 학자이기 이전에 미래를 예측하는 예언자적 풍모를 지녔습니다. 요컨대 민영화와 분권화, 일본 경제의 발전, 사업에서의 마케팅의 중요성, 정보화 사회의 발현과 평생 교육의 필요성들에 대해 역설하면서 경영 전문가로서 1세기에 가까운 삶을 살았습니다. 그는 스스로 '사회생태학자social ecologist'라고 불렀고 그의 저서들은 학문적으로나 대중적으로 널리 읽혔습니다. 만년의 그는 다음 세대 경영에서의 지식 노동의 생산성에 대해 고찰하면서 자본주의에서 자본을 제거하기 위해 평생 노력했습니다.

내가 이 자리에서 피터 드러커를 회상하면서 여러분을 만날 수 있게 된 것은 야나이 다다시가 피터 드러커를 경영 멘토로 삼은 탓이지요. 야나이 다다시는 인생의 멘토로서 기업가로서는 마쓰시다 고노스케(마쓰시다전기 창업자)와 혼다 소이치로(혼다자동차 창업자)를 꼽았고 경영학자 중에는 피터 드러커를 꼽고 있습니다.

야나이 다다시는 피터 드러커의 애독자로서 기업과 조직 관련 저서를 통해 머리가 좋은 사람들은 기업의 미래를 어떻게 예측하는지를 느낄 수 있다고 말하고 있습니다. 나를 이 자리에 설 수 있게 해준 야나이 다다시 회장에게 경의를 표하는 바입니다.

피터 드러커는 오스트리아 빈에서 1909년에 태어났습니다. 그는 빈 김나지움을 졸업하고, 독일 함부르크 대학 법학부를 거쳐 1931년 독일 프랑크푸르트대학에서 국제법과 공법 전공으로 박사 학위를 취득했습니다. 그런데 1933년, 히틀러가 등장하면서 드러커의 주변 환경도 급격히 변하기 시작했습니다. 드러커는 나치의 발현을 견딜 수 없어 했고 자유를 찾아 영국으로 건너가 국제 은행에서 경제 전문가로 일하기도 했으나 은행 업무라는 것이 드러커의 지적 욕구를 충족시켜 주지 못했습니다. 그는 1937년, 미국에 정착하면서 본격적인 저술 활동을 시작했습니다.

내가 피터 드러커에 빠져들게 된 것은 경영학도로서 어쩔 수 없이 그의 책을 대면하게 되면서 그의 넓은 시야와 사고의 깊이에 빠졌기 때문입니다. 나는 피터 드러커의 여러 권의 책을 번역하면서 놀라운 사실을 발견했습니다.

여러분 중에 《피터 드러커 자서전》을 읽으신 분들은 아시겠지만 그가 직접 만난 사람들의 면면이 장난이 아닙니다. 심리학의 창시자 프로이트, 미디어학의 창시자 마샬 맥루한, 잡지왕 헨리 루스, GM을 세계 최고의 기업으로 만들어낸 앨프레드 슬론 등 다양한 분야의 기라성 같은 세기의 인물들을 그는 직접 만났고 그 엄청난 경험을 통해서 그들의 탁월한 통찰력을 배웠던 것입니다.

피터 드러커와의 만남

내가 피터 드러커를 처음 만난 것은 모 신문사 미국 특파원으로 있으면서 인터뷰를 할 때입니다. 아마 1980년 봄이었을 겁니다. 당시 우리나라는 군부독재로 광주 항쟁이 일어나 나라 안이 온통 시끄러울 때였죠. 그때 인터뷰에서 피터 드러커는 한국 군부의 비인권적 행태를 강하게 비판했지만 기사로 나가지는 못했죠. 그때부터 피터 드러커는 한국에 대해 지대한 관심을 표명하기 시작했습니다. 사실 피터 드러커의 경영 철학은 "정당성이 결여된 사회적 권력은 절대로 지속될 수 없다"는 전제로부터 출발한 것입니다. 그는 자유를 찾아 망명한 사람답게 기업에 있어서도 다음과 같은 질문을 제기하고 있습니다.

"기업의 권력은 정당한가?"

만일 기업 경영이 그 정당성의 문제를 해결하지 못하면 기업의 권력은 부패하고 타락하게 된다는 것이죠. 만약 그렇게 된다면 산업사회는 제대로 작동하지 못하고 자본주의사회는 전체주의에 가까운 만인의 만인에 대한 투쟁으로 분열될 것이라고 그는 경종을 울리고 있습니다.

나는 피터 드러커를 모두 5번 만났는데 마지막 만남은 2001년이었어요. 한 TV 프로그램에서 피터 드러커를 취재하던 과정에서 나는 그들을 도와 인터뷰를 진행했습니다. 전체 3편으로 구성된 '피터 드러커의 21세기 비전' 시리즈였는데, 30여 권에 이르는 저서들을 모두 읽지 않고도 그의 사상과 이론의 핵심을 한눈에 훑어볼 수 있도록 만들어졌지요.

이때의 대담에서 피터 드러커는 "한국 기업들이 조만간 일본 기업들을 추월할 수 있을 것"이라고 내다보았는데 결과적으로 노대가의 혜안이 들어맞은 셈이죠. 당시 피터 드러커는 92세의 노인이었지만 해맑은 눈빛으로 대담에 임했습니다. 거기에는 피터 드러커의 100년의 철학이 담겨 있었습니다.

피터 드러커는 오늘날을 '자본주의사회에서 지식사회로 넘어가는 전환의 시대'라고 정의하고 있습니다. 앞에서도 말씀드렸지만 그는 사회와 기업을 움직이는 중추적 역할을 '육체 노동자'가 아닌 '지식 근로자'가 담당하게 된다는 것을 가장 먼저 내다본 경영학자입니다. 그런데 피터 드러커의 위대한 점은 자본주의사회에서 생산적인 곳에 자본을 배분할 줄 아는 자본가가 성공했던 것처럼, '지식 근로자'가 사회의 주역이 되는 '지식사회'에서는 '지식'을 생산성 있는 곳에 배분할 줄 아는 매니저 같은 리더가 성공할 것이란 점을 30년 전부터 내다보고 있었다는 점입니다.

국내에는 '피터 드러커 소사이어티'라는 모임이 있습니다. '지식 경영'이란 말은 IMF 이후 국내에 유행하기 시작했는데 많은 경영자들이 그 그림을 그린 사람이 피터 드러커란 것을 알게 된 소산이지요. 그 모임 때문에 이 늙은이도 가끔 바쁘긴 한데 즐겁게 바쁘니까 기분이 좋아요. 어쨌거나 피터 드러커 소사이어티에서는 학계 및 경영인들이 모여서 피터 드러커의 이론이나 사상들을 연구하면서 그로부터 많은 아이디어들을 얻고, 공유하고 있습니다.

피터 드러커는 유머가 많은 사람이었습니다. 그는 본인이 쓴 수많은 저서 가운데 최고의 책이 무엇이냐는 질문에 항상 "다음에 나올 책"이라고 대답했습니다. 그만큼 열정과 자신감이 넘쳤습니다. 사실 30여 권에 이르는 그의 저서를 모두 읽어본 나로서는 경탄을 금하지 않을 수가 없습니다. 그의 저작들은 경영학 서적에서 소설에 이르기까지 주옥같은 가르침으로 가득 차 있기 때문입니다.

우리가 이제부터 고찰하게 될《매니지먼트》는 피터 드러커의 3대 명저 가운데 하나로 손꼽힐 만큼 그의 저서 중 큰 위치를 차지하는 책입니다.《매니지먼트》는 지금으로부터 약 30여 년 전에 출간된 책으로 지금도 꾸준히 팔려나가는 명저입니다. 여러분은 이미 다 읽고 이 자리에 참석한 걸로 알고 있는데, 30여 년 전에 나온 책이라고 믿기지 않을 정도로 신신하지 않나요? 그렇지요. 그것이 바로 피터 드러커의 마력이자 생명력인 것입니다.

엉뚱한 피터 드러커 책

일본에 들렀는데 엉뚱한 책이 베스트셀러 1위를 달리고 있더군요. 그러니까 2010년이었던 것 같아요. 무라카미 하루키의 신작 《1Q84》가 화제를 모으고 있던 때였는데 이 책은 무라카미 하루키의 판매량을 뛰어넘은 초대형 베스트셀러였어요. 《만약 고교야구 여자 매니저가 피터 드러커를 읽는다면》이라는 책이었습니다. 제목이 좀 길죠? 그래서 일본에서는 약칭으로 더 많이 불리고 있더군요. 만약이라는 뜻의 일본어 '모시もし'와 드러커의 일본식 발음인 '도라ドラ'를 따 '모시도라'로 더 잘 알려져 있습니다. 마치 우리가 《난쟁이가 쏘아올린 작은 공》을 '난쏘공'이라고 부르는 것과 같아요.

이 책은 '미나미'라는 한 여고생이 우연히 피터 드러커의 역작 《매니지먼트》를 읽고 꼴찌 야구팀을 전국 대회에 출전하는 일류의 팀으로 만들어낸다는 경영학 소설입니다. 나는 《매니지먼트》에 대한 강의를 부탁받고 누가 내 재미없는 이야기를 들어줄까 조금 걱정했었습니다.

그런데 문득 《만약 고교야구 여자 매니저가 피터 드러커를 읽는다면》이란 책이 머리를 스치는 것이었어요. 나는 일본에서 그 책을 사서 읽으면서 딱딱한 경영학을 쉽게 풀어낼 수 있는 데 경탄을 했었습니다. 그래서 오늘 강의를 《만약 고교야구 여자 매니저가 피터 드러커를 읽는다면》에 빗대어 《매니지먼트》를 풀어나가자고 작정을 했지요. 여러분은 이미 《매니지먼트》를 다 읽고 오신 상태이니까 그 편이 더 재미있을 듯합니다. 일본에서만 250만 부가 팔린 책이니까 내용은 의심하지 않아도 좋을 겁니다. 이 책은 애니메이션과 영화로도 제작되어 큰 히트를 쳤습니다.

이 소설은 미나미가 야구 매니지먼트에 대한 책이라고 착각하고 《매니지먼트》를 구입하면서 시작됩니다. 아시다시피 일본은 야구의 나라입니다. 전국 각 고등학교에 야구부가 없는 학교는 거의 없을 정도죠. 특이한 것은 일본 고등학교 야구부에는 여학생들이 매니저 역할을 맡는 경우가 많은데 뭐 거창하게 생각할 것 없이 팀의 잔심부름을 해주는 도우미나 보조원 정도 역할이라고 보면 되겠지요.

줄거리를 간단히 말씀드리면 미나미가 다니는 고등학교의 야구부는 이렇다 할 성적을 내지 못하는 만년 하위 팀인데, 미나미가 《매니지먼트》에 적힌 기업 경영의 지침들을 야구부에 하나하나 적용해 팀을 일류의 팀으로 만들면서 '모시도라' 열풍을 일으킨다는 내용입니다. 어찌 보면 무척 엉뚱하고 황당해 보이는 이야기 같지만 그렇지가 않아요.

피터 드러커의 《매니지먼트》에는 저자가 수십 년간 고민하고 연구한 내용이 함축되어 있습니다. 조직의 내일을 걱정하는 경영자들, 위기에 대한 돌파구를 찾으려는 실무자들에게 건네주는 주옥같은 가르침으로 가득 차 있습니다.

미나미는 '매니저'로서 '리더의 자질'과 '혁신'에 대해 자문자답하고 고민하면서 이를 야구부에 하나씩 적용하며 조직을 바꿔나갑니다. 이 책은 청춘 소설과 경영서를 절묘하게 접목한 자기계발서이기에 폭발적인 인기를 끈 것이죠.

'모시도라' 열풍은 이 책이 많이 팔리고 애니메이션과 영화로 만들어진 것에 그치지 않았어요. 이 책의 영향력은 사회 전반 구석구석까지 깊숙이 침투했습니다. 잘 아시다시피 일본 경제는 근 20년 가까이 죽을 쑤고 있잖습니까? 정치인을 못 믿는 일본인들이 명확하고 측정 가능한 목표를 강조하는 피터 드러커의 경영 철학에 매료되어서 '피터 드러커 현상'이 일어났습니다. 경제 전문지인 〈이코노미스트〉는 "피터 드러커와 전혀 상관없을 것 같은 도쿄 하라주쿠의 기념품 판매점 여주인까지도 '모시도라'의 영향을 받아 드러커의 이론을 원용한 직원 미팅을 갖곤 한다"고 보도할 정도였으니까요.

침체된 일본 경제와 사회에 명확한 비전과 리더십을 제시하고 있는 피터 드러커의 경영 철학이 새로운 리더십을 갈망하고 있는 일본인들에게 먹혀든 것이죠. 직장인뿐만 아니라 가정주부, 학생에 이르기까지 피터 드러커의 조직 관리와 매니지먼트에 대해 고민하기 시작했습니다. 실제로 피터 드러커의《매니지먼트》는 일본에서 1973년 출간된 이후 10만 권이 팔리는 데 26년이 걸렸지만 모시도라 열풍으로 인해 단 몇 개월 만에 30만 권이 판매되는 기염을 토했습니다.

 여담으로 말씀드리자면 조금 부끄러운 이야기인데 우리나라에서는《매니지먼트》가 2007년에야 처음 번역되었습니다. 그것이 우리와 일본의 차이란 점을 말씀드리고 싶군요. 전문 번역자는 아니지만 피터 드러커의 책을 다수 번역한 사람으로서 여러분에게 사죄를 빕니다.

필요한 것은 재능이 아니라 진지함이다

《매니지먼트》는 모두 3부로 이루어집니다. 먼저 1부에서 '매니지먼트의 사명'을 제시하고, 2부에서 '매니지먼트의 방법', 3부에서 '매니지먼트의 전략'을 논하면서 매니지먼트의 사명, 목적, 역할, 매니시번트를 위한 조직의 업무와 기술 등에 관해 이야기합니다.

 피터 드러커는 이 책에서 매니지먼트를 '관리'나 '경영' 등 단순한 의미로만 사용하지 않습니다. 그는 생산이나 제조 업무를 계획하고 관리하는, 조직의 모든 활동 이외에도 '매니지먼트 업무를 수행하는 조직이나 개인'이라는 뜻을 추가시켜 매니지먼트의 의미를 좀 더 확장시켰습니다.

아마 《만약 고교야구 여자 매니저가 피터 드러커를 읽는다면》의 작가는 이 점에 착안해 이 소설을 쓴 듯합니다. 이 점이 내가 이 엉뚱한 책을 《매니지먼트》를 쉽게 풀어서 강의할 수도 있겠구나 하고 착안한 점이기도 합니다.

이제부터 이 소설의 주인공 미나미가 매니지먼트의 과제와 책임, 사명과 목적, 기술, 전략 등을 수행하는 과정을 살펴보기로 할까요.

미나미는 학교 야구부의 매니저 역할을 맡게 되자 서점에 들러 매니지먼트에 대한 책에 대해 문의합니다. 이때 서점 여직원이 매지니먼트에 관해서 세상에서 가장 많이 읽힌 책이라고 피터 드러커의 《매니지먼트》를 권합니다. 30년 동안 롱셀러라는 말을 듣고 책을 사가지고 온 미나미는 그 책이 야구 매니지먼트에 관한 책이 아니라는 것을 알고 자신의 멍청함에 짜증을 냅니다. 그래도 책값이 아깝다는 생각이 들어서 책을 읽어나가는데 의외로 재미가 있는 겁니다. 《매니지먼트》를 읽던 미나미는 온몸에 전기가 통하는 것 같은 충격적인 구절을 만납니다.

매니저의 업무 능력(예를 들면 서류 작성, 프레젠테이션 등)

은 누가 가르쳐주지 않더라도 익힐 수 있다. 하지만 배울 수 없는 자질, 후천적으로 얻을 수 없는 자질, 처음부터 몸에 배어 있어야만 할 자질이 딱 하나 있다. 그것은 재능이 아니다. 진지함이다.

미나미는 이 부분을 읽다가 책에서 눈을 떼고 잠시 멍하니 생각하다가 "재능이 아니다. 진지함이다."라고 자신도 모르게 중얼거립니다.

"……진지함이라, 그게 뭘까?"

그 순간, 미나미는 눈물이 흘렀습니다. 자신도 깜짝 놀랐지요. 왜 우는지 스스로도 알 수 없었기 때문입니다. 하지만 눈물이 그치지 않고 계속 흘렀습니다.

여러분, 이 부분은 소설이니까 그럴 수도 있다고 생각하면 안 됩니다. 나는 미나미의 순수한 마음을 여러분도 느낄 수 있어야 한다고 생각합니다. 책을 읽는 독법 중에 감동을 느끼는 독법이 가장 기억에 남습니다. "재능이 아니다. 진지함이다."라고 자신도 모르게 중얼거리며 눈물을 흘리는 심정을 이해하는 것이 무엇보다 중요합니다.

진정한 마케팅은 고객으로부터 출발한다

미나미는 차츰《매니지먼트》의 세계로 빠져들며, 다음과 같은 구절을 만납니다.

> 모든 조직에서 공통된 관점, 이해, 방향 설정, 노력을 실현시키기 위해서는 '우리 사업은 무엇인가? 무엇을 해야 하나?'를 반드시 정의해야만 한다.

미나미는 야구부는 야구를 하기 위한 조직이라고 생각하지만 다음과 같은 구절이 또 나오는 것을 보고 혼란스러워합니다.

> 자기가 하는 사업이 무엇인가를 아는 것은 간단하다고 누구나 생각할지 모른다. 철강 회사는 쇠를 만들고, 철도 회사는 화물과 승객을 실어나르고, 보험회사는 위험부담을 떠안고, 은행은 돈을 빌려준다. 하지만 실제로 '우리 사업은 무엇인가?'라는 질문에 간단한 대답은 있을 수 없다. 뻔한 답이 옳은 경우는 거의 없다.

여기서 피터 드러커는 "기업의 목적과 사명을 정의할 때, 출발점은 단 하나, 고객!"뿐이라고 말합니다.《매니지먼트》에는 이어서 다음과 같이 쓰여 있었습니다.

따라서 '고객은 누구인가?'라는 물음이야말로 기업의 사업을 정의하는 데 매우 중요한 질문이다.

미나미는 야구에 있어서 고객은 어떤 사람일까? 단순하게 '시합을 보러온 관중'이라고 할 수도 있겠지만, 아무 관중도 없는 고등학교 야구부로서는 답이 쉽지 않았습니다. 미나미는 고민을 넘어선 번민을 시작합니다. 그러다가 피터 드러커가 예시한 캐딜락 자동차의 사례를 읽게 됩니다.

1930년대의 대공황 때, 수리공에서 시작해 캐딜락 사업부의 경영을 책임지기에 이른 독일 태생 니콜라스 드레이슈타트 Nicholas Dreystadt는 "우리의 경쟁 상대는 바로 다이아몬드나 밍크코트다. 우리 고객이 구입하는 것은 운송 수단이 아니라 사회적 지위다"라고 말했다. 이 말이 파산 직전까지 내몰렸던 캐딜락을 구했다. 그 끔찍한 대공황 시절이었는데도 겨우 2~3년 사이에 캐딜락은 성장 사업으로 변신했다.

바로 그 순간, 미나미는 몽롱했던 머릿속이 단숨에 활짝 맑아지는 듯한 느낌을 받게 됩니다. 야구부의 고객은 누구인지를 구체적으로 인식할 수 있게 되었던 것이죠. 야구부의 고객은 단순한 관중이 아니라 야구부를 존재하게 해주는 부모님, 학교, 선생님, 도쿄도, 고교 야구연맹, 전국에 흩어져 있는 '고교 야구팬', 고교 야구에 관계하는 모든 사람, 그리고 '야구부 부원'까지도 모두가 고객이었던 것입니다.

그러다가 미나미는 "감동!" 하고 자신도 모르게 소리칩니다.

그래! 감동! 우리의 고객인 관중이 야구부에 원하는 것은 '감동'이야! 그리고 야구부가 해야 할 일은 '관중에게 감동을 주는 것'이지. 따라서 야구부란 '관중에게 감동을 주기 위한 조직'이었던 거야.

깨달음을 얻은 미나미는 자신이 읽은 《매니지먼트》를 들고 다니면서 같은 매니저들, 야구 부원들, 감독님과 대화를 하면서 야구부에 마케팅의 개념을 심어넣습니다. 미나미는 《매니지먼트》에 적혀 있는 내용을 알려주면서 야구도 마케팅이라고 강조합니다. 그 내용은 바로 이렇습니다.

진정한 마케팅은 고객으로부터 출발한다. 즉 고객의 현실, 욕구, 가치로부터 출발한다. '우리는 무엇을 팔고 싶은 걸까?'가 아니라 '고객은 무엇을 사고 싶어 하는가?'를 묻는다. '우리 제품이나 서비스로 할 수 있는 일은 이런 것이다'가 아니라 '고객이 가치를 인정하고, 필요로 하고, 원하는 만족은 바로 이것이다'라고 할 수 있어야 진짜 마케팅이다.

야나이 다다시도 이런 말을 한 것으로 알려져 있습니다.

장사라는 게 온통 '파는 것'에만 집중하고 있습니다. 비즈니스는 고객이 '사주어야' 이뤄지는 것인데, 파는 것에만 집중하는 상업주의는 잘못된 것이라고 생각합니다.

아마 이런 깨달음은 야나이 다다시가 피터 드러커의 애독자이기 때문에 얻어진 것이 아닐까 생각해 봅니다.

| 성장에는 준비가 필요하다

어느 조직이나 마찬가지이지만 제일 먼저 부딪치는 것이 조직원 간의 대화 부족과 그로 인한 오해와 갈등입니다. 《매니지먼트》라는 경전을 손에 쥔 미나미는 뛰어난 친화력과 기획력을 발휘해서 만년 꼴찌의 야구부를 긴장감이 넘치는 일류 팀으로 개조해 나갑니다.

더 자세한 이야기를 드리고 싶지만 시간 관계상 대략적인 개념을 짚어나가도록 하겠습니다. 미나미의 이야기에 흥미를 느끼신 분은 이 책을 사서 읽어보셔도 좋을 겁니다. 고등학교 야구부에 《매니지먼트》 이론을 들이대서 조직을 완전히 바꿀 수 있다는 아이디어 하나만으로 일본 열도를 들뜨게 만든 책이니까 여러분의 사업장이나 조직에 응용할 수 있다면 좋은 결과를 얻을 수 있겠지요.

각설하고 말씀드립니다. 미나미는 야구 부원들과 감독 사이의 알력 문제도 해결하는 능력을 발휘하여 모든 야구 부원들이 연습에 열심히 참여하게 만듭니다. 야구부가 새로 태어난 것이죠.

하지만 연습 내용은 지금까지와 크게 다를 바 없었고 그래서 부원들 사이에는 욕구 불만이 남아 있는 상태였습니다. 다들 뭔가 부족함을 느끼고 있었던 겁니다. 그런 모습을 본 미나미는 지금이야말로 기회라는 생각이 들었습니다. 지금이 바로 '성장'을 도모할 때라는 확신이 들었습니다. 《매니지먼트》에 이렇게 적혀 있었던 겁니다.

> 성장에는 준비가 필요하다. 언제 기회가 찾아올지 예측할 수 없다. 준비해두어야만 한다. 준비가 되어 있지 않으면 기회는 다른 곳으로 가버린다.

그래서 미나미는 어떻게 하면 고교 야구를 바꿀 수 있을지 궁리했습니다. "무엇을 어떻게 해야 성장을 위한 준비를 할 수 있을까?" 그 전략 역시 《매니지먼트》에 적혀 있었습니다.

> 이노베이션은 기존의 것들을 모두 진부한 것으로 가정하는

전략을 취한다. 따라서 기존 사업에 관한 전략 지침이 '더 좋게, 더 많이'라고 한다면 이노베이션에 관한 전략 지침은 '더 새롭게, 더 다르게'여야만 한다. 이노베이션의 전략의 첫걸음은 낡은 것, 도태되고 있는 것, 진부한 것을 계획적이고 체계적으로 폐기하는 일이다. 이노베이션을 행하는 조직은 과거를 지키기 위해 시간과 자원을 쓰지 않는다. 과거를 버려야만 자원, 특히 인재라는 귀중한 자원을 해방시켜 새로운 것으로 만들 수 있다.

야구부가 이노베이션을 실현하기 위해서는 먼저 기존 고교 야구를 모두 과거의 진부한 것으로 가정하는 일부터 시작해야만 했습니다. 고교 야구에서 낡은 것, 도태되어 있는 것, 진부한 것을 버리고 '더 새롭고 더 다르게' 하기 위해서 계획적이고 체계적으로 버려야 할 필요가 있었습니다. 미나미는 어떻게 이노베이션을 할 것인가를 고민합니다.

기업의 첫 번째 기능인 마케팅은 오늘날 너무도 많은 기업에서 제대로 이루어지지 않고 있다. 모두 말만으로 끝난다. 소비자 운동이 이를 잘 말해준다. 소비자 운동이 기업에 요구하는 것이 바로 마케팅이다. 그것은 기업에 고객의 욕구, 현실, 가치로부터 출발하라고 요구한다. '기업의 목적은 욕구의 충족'이라고 정의하라고 요구한다. 오랜 기간 마케팅에 대해 이야기는 해왔지만, 소비자 운동이 강력한 대중운동으로 등장했다는 사실은 결국 마케팅이 제대로 실천되지 않았다는 말이다. 마케팅에 있어 소비자 운동은 수치다.

이 내용을 읽고 미나미는 깨달았습니다.

부원들이 연습을 게을리한 것은 일종의 '소비자운동'이었어. 그들은 연습을 빼먹는, 즉 보이콧하는 것으로 훈련 내용 개선을 요구하고 있었던 셈이야.

이것은 코페르니쿠스적 전환과도 같은 엄청난 깨달음이었습니다. 미나미는 이 깨달음으로 6개월 뒤에 야구부를 전국 대회에 출전시킬 수 있는 수준으로 끌어올리는 작업에 착수하게 됩니다. 그녀는 전국 대회 출전이 가능하도록 하기 위해서는 야구부가 아니라 고교 야구 쪽을 바꾸어야 할 필요가 있다는 데까지 사고를 확장합니다.

"재능보다 중요한 것은 진지함이다"
"변화를 원할 때는 기본으로 돌아가라"
"관중을 움직이는 것은 감동이다"
"사람의 장점을 살려 조직을 움직여라"

미나미는 《매니지먼트》에 적혀 있는 명구를 주문처럼 외우면서 그 일에 헌신합니다. 그 결과 절대 변할 것 같지 않았던 야구부는 서서히 변화하기 시작했고 전국 대회 진출을 위해 한 걸음씩 나아갑니다.

처음엔 드러커가 누군지조차 몰랐던 야구부 선수들은 "기업(조직)의 존재 이유는 고객이고, 기업의 목적은 시장을 창조하는 것"이란 드러커의 명언을 통해 자신들이 무엇을 위해 야구를 해야 하는지 사명감을 깨닫고 마침내 전국 대회 결승전까지 나아가 우승을 거머쥐게 됩니다.

《만약 고교야구 여자 매니저가 피터 드러커를 읽는다면》은 이렇게 간단한 스토리 라인을 가지고 있지만 단순한 읽을거리로 끝나지 않습니다. 고객과 이노베이션, 진정한 리더십에 대해 진지하게 고민하는 미나미란 여학생의 인간적인 모습이 와 닿습니다. 또한 미나미가 결과를 야구부에 하나씩 적용하며 조직을 바꿔가는 과정은 정말 흥미진진합니다.

나는 만년 꼴찌의 야구부가 피터 드러커의 《매니지먼트》에 의해서 바뀌어가는 과정을 보면서, 어떤 회사 조직이나 모임에도 그대로 응용할 수 있을 것 같다는 생각을 했습니다. 여러분도 현재 속해 있는 조직에 피터 드러커의 《매니지먼트》를 적용해서 '더 새롭고 더 다르게' 하기 위한 계획을 세워보기 바랍니다.

피터 드러커는 우리가 살고 있는 현대 사회는 이제 모든 일이 조직을 통해 돌아가는 이른바 '조직 사회'의 단계에 들어섰다고 합니다. 그는 이렇게 개인보다 조직, 즉 전체가 우선시되는 사회에 대해서 깊은 우려를 했습니다. 인류가 또다시 전체주의의 함정에 빠질지 모른다는 것이죠. 피터 드러커는 전체주의의 함정에 빠지지 않으려면 조직이 고도의 성과를 달성하여 인간의 자유와 존엄을 지켜내야 한다고 말합니다.

여기서 매니지먼트의 막중한 사명이 있습니다. 고도의 성과를 내는 것이야말로 매니지먼트가 해야 할 가장 중요한 임무인데 그러기 때문에 현대 사회에서 매니지먼트가 차지하는 역할이 클 수밖에 없는 겁니다. 이렇듯 매니지먼트의 문제는 더 이상 기업에만 국한된 것이 아니라 사회에서도 중요한 것이 되었습니다.

최소한 90분은 한 가지에 집중해야

마지막으로 피터 드러커의 일화 하나를 소개하고 강의를 마칠까 합니다. 피터 드러커는 2년 동안 한 달에 한 번씩 어느 은행장을 컨설팅한 적이 있습니다. 그런데 그 은행장은 독특한 사람이었어요. 그는 늘 컨설팅 주제를 한 가지로만 정했고 토의할 주제를 스스로 준비했으며 그 시간은 딱 1시간 30분이었습니다. 또 그 은행장은 항상 1시간 20분이 지나면 "이제 오늘의 이야기를 요약해 정리해주시고 다음 달에 우리가 이야기할 것이 무엇인지 설명해주시겠습니까?"라고 말했습니다.

1년쯤 지난 후에 피터 드러커가 물었습니다.

"왜 항상 1시간 30분인가요?"

"간단합니다. 제 주의력의 한계가 1시간 30분이기 때문입니다."

여러분 왜 제가 이 이야기를 하는지 아십니까? 이 독서경영 조찬 모임이 1시간 30분 동안 진행되고 있다는 사실이 주의력과 집중력을 최대화한 시간 배정이란 것을 확인시켜드리기 위함입니다. 피터 드러커가 한 말 중에 이런 말이 있습니다.

"남을 가르치는 것만큼 자신에게 공부가 되는 것은 없다. 다른 사람의 성장에 도움을 주면 그만큼 자신도 성장하게 된다."

오늘 제가 여러분과 같이 공부하면서 한 뼘쯤 자란 것 같습니다. 여러분 재미있었나요? 감사합니다.

Chapter 002

창조적 혁명가
야나이 다다시

사업에는 성공만 있는 게 아니다. 실패가 더 많다.
새로운 사업은 특히 성공하기 어렵다.
실패를 통해 학습하고,
학습을 통해 성공을 추구하는 것이 사업이다.
중요한 것은 도전하는 것이다.
실패하더라도 거기서 교훈을 얻으면 된다.
그것이 쌓여 성공으로 가는 것이다.
나보고 성공했다고 하지만 대단한 것이 없다.
자만하지 않고 더 도전해야 한다.
성공했다고 생각하는 순간 거기서 끝난다.

야나이 다다시

일본의 국민 기업 유니클로

안녕하십니까, 최명식입니다. 아침 일찍 이렇게 모인 여러분을 보니 절로 머리가 숙여집니다. 그리고 불초한 사람을 이렇게 좋은 자리에 강사로 초빙해주신 것에 더욱 감사를 드립니다. 저는 재일교포 2세로 일본에서 태어났습니다. 일본 유니클로 본사에서 일반 사원으로 시작해서 간부급까지 지내면서 10년 가까이 근무했습니다. 입사 초창기 때는 이 회사가 성장할 수 있겠구나 하는 느낌이 들기는 했지만 이렇게 글로벌 기업으로 커나갈 줄은 상상도 하지 못했습니다.

요즘 "일본을 대표하는 브랜드는 더 이상 소니나 도요타가 아니다. 유니클로다"라는 말이 회자되고 있다고 합니다. 사실 대부분의 일본 기업이 '잃어버린 20년'의 침체에 빠져 있을 때 유니클로는 '나 홀로 성장'을 거듭했습니다. 의류 사업은 사양산업이라고 모두가 외면하는 가운데 이룩한 업적이어서 더욱 대단한 것이죠.

저는 이미 유니클로를 떠난 몸이지만 유니클로가 가치 혁신, 도전 정신, 기업 혁신, 기업가 마인드 진수를 보여주었다는 점에 자부심을 느낍니다. 유니클로의 성공은 "옷을 바꾸고, 상식을 바꾸고, 세상을 바꾼다"는 경영 철학을 가진 야나이 다다시라는 탁월한 거인이 있었기에 가능한 일이었다고 저는 생각합니다. 유니클로의 경영 철학은 '언제 어디서나 누구나 입을 수 있는, 패션 감각이 반영된 고품질 베이식 캐주얼을 시장 최저 가격으로 공급'하는 것입니다.

저는 생산에서 유통까지 거의 모든 분야의 업무를 거치면서 유니클로가 어떻게 디자인, 품질, 가격의 삼박자를 갖춘 글로벌 기업으로 성장하는지를 지켜본 사람입니다. 한마디로 정의하면 유니클로는 야나이 다다시가 합리적인 사고로 '벤처 경영'을 실현한 회사입니다. 그래서 《야나이 다다시, 유니클로 이야기》의 저자 가와시마 고타로는 이렇게 말합니다.

> 야나이 다다시의 생각은 자주 '상식'이라는 고정관념을 뛰어넘는다. 그래서 외부에서 그의 결론만 보면 매우 놀라워한다. 하지만 결론에 도달하기까지 그의 사고 과정을 살펴보면 충분히 납득하게 된다. 유니클로가 지속적으로 성장한 원동력에는 그의 합리적인 발상과 상식을 뛰어넘는 아이디어가 큰 몫을 했다. 이는 유니클로와 야나이 다다시가 고속 성장할 수 있었던 최대의 특징이기도 하다.

지금 유니클로는 세계 4위의 패션 업체로 성장했고 일본 국민으로부터 사랑을 받은 '국민 기업'이기도 합니다. 왜냐하면 일본의 장기 불황 동안 얇아진 일본 국민의 지갑을 생각해서 저가의 제품으로 몸과 마음이 얼어붙은 일본 국민을 따뜻하게 지켜준 기업이기 때문입니다.

유니클로가 '국민 기업'으로 성장한 배경에는 '플리스Fleece'라는 재킷이 있었습니다. 플리스는 소재에 주목한 탁월한 '상품력'의 산물입니다. 플리스는 기존에 흔히 쓰이던 소재를 혁신적으로 개혁해서 만든 싸고 따듯한 재킷입니다. 좀 더 구체적으로 말하면 이 소재는 가볍고 얇으면서 보온성이 뛰어나 방한복이나 등산복으로 주로 사용되던 원단이었습니다. 가격이 비싼데다가 색상이나 디자인도 단조로워서 대중화되기 어려웠던 소재였습니다. 그런데 유니클로는 소재를 혁신적으로 개선하고 유통 구조 혁신으로 비용을 낮추면서 대중성 있는 활동복으로 만들어낸 것입니다. 그리고 1,900엔이라는 경이적인 가격을 설정했습니다. 이는 영화 한 편 보는 값에 불과했습니다.

유니클로는 플리스 재킷을 한 시즌에 '2,600만 장 판매'라는 사상 최대의 기록을 세움으로써 소매 업계의 역사를 새로 썼습니다. 보통 의류 업계에서는 10만 장 팔리면 히트, 50만 장 팔리면 대히트였는데 유니클로의 기록은 공전의 대히트라고 할 수밖에 없지요. 유니클로 직원들 스스로도 자신들에게 2,600만 장을 판매할 수 있는 놀라운 능력이 숨겨져 있다는 데 놀랄 지경이었으니까요. 1998년 200만 장, 1999년 850만 장, 2000년 2,600만 장이라는 경이로운 판매고를 달성한 것입니다.

유니클로는 플리스의 대히트로 SPA 방식의 시스템을 확립하고 글로벌 기업으로 성장하는 전기를 마련합니다. 아시겠지만 SPA 방식은 'Speciality Store Retailer of Private Label Apparel'의 약자로 제조 직매형 전문 회사를 뜻합니다. 즉 기획과 생산, 유통, 판매를 동시에 운영하는 시스템을 갖춘 의류 회사를 가리키는 용어이지요. 현재 세계 패션계를 주름잡고 있는 H&M, ZARA, 망고, 갭 등이 그런 회사들입니다.

SPA 방식은 제품의 가격을 최소화하면서 품질과 납기를 최대화시킬 수 있다는 장점을 갖고 있지요. 유니클로는 대다수 일본 의류 업체와 달리 기획, 생산, 판매, 유통을 일체화시키는 공정 일체화를 통해서 가격은 내리고 품질은 올리는 데 성공했습니다.

유니클로는 플리스의 성공에 그치지 않고 히트텍, 브라탑, 후드티, 후디집, 최근에는 울트라 스트레치 진 등의 새로운 소재의 제품으로 연속적인 성공을 거두었습니다. 그중에서 히트텍Heattech은 플리스의 성공을 이은 대표적 히트 상품입니다. 히트텍은 신체에서 발생하는 수증기를 소재가 흡수하고 발열과 보온을 하는 획기적인 신소재 제품이었죠. 2008년 가을과 겨울 시즌 상품으로 2,800만 장을 준비했지만, 가을이 끝나기 전에 모두 동이 나버렸습니다.

사양사업은 없다, 사양 기업만이 있을 뿐이다

야나이 다다시는 2008년도에 경영 능력이 가장 뛰어난 '올해의 경영자'로 선정되었습니다. 2위는 소프트뱅크의 손정의, 3위는 파나소닉의 오쓰보 후미오가 올랐습니다.

또한 그는 2008년 말 미국 경제지 〈포브스〉가 발표한 일본 자산가 랭킹 1위에도 올랐습니다. 이 기록은 2009년에도 2010년에도 2011년에도 계속 이어져오고 있습니다.

몇 년 전까지만 해도 야나이 다다시의 성공을 예측한 사람은 아무도 없었습니다. 지방의 작은 양복점에서 시작된 유니클로를 주목하는 사람은 거의 없었습니다.

야나이 다다시는 와세다대학 정경 학부를 졸업한 '경제통'이라고 할 수 있는 실력파였습니다. 그는 일본 최대의 유통 업체인 '자스코'에 입사했으나 9개월 만에 갑자기 낙향을 합니다. 가업을 잇기 위해서였지요. 하지만 그는 시골 양복점에서 멈출 수 없었습니다.

야나이 다다시는 의류 사업의 구조가 재고품과 반품을 고려해 처음부터 이윤을 높게 책정한다는 점에 주목했습니다. 그는 낙후된 의류 업계의 관행을 근본부터 완전히 파괴해야 한다고 판단했습니다. 그는 기존의 사업 구조와 관행을 깨뜨릴 수 있다면 승산이 보이리라 판단을 했습니다. 그 과정에서 그는 누구나 사양산업으로 치부하던 의류 사업에서 새로운 비전을 발견했습니다. 그는 "사양사업은 없다, 사양 기업만이 있을 뿐이다"라는 신념으로 옷감의 조달과 디자인까지 일관된 체제로 관리하는 유니클로만의 시스템을 구상했습니다.

마침내 1984년, 야나이 다다시는 회사 이름을 '유니클로UNIQLO'로 정하고 히로시마에 유니클로 1호점을 열었습니다. 그는 처음부터 철저히 소비자의 편에 서는 경영을 생각했습니다. 유니클로 1호점의 영업 시간이 오전 6시부터인 것도 그 때문입니다. 그는 젊은이들이 출근하거나 등교한 이후인 오전 10시에 문을 여는 업계의 관행은 소비자를 배려하지 않은 비합리적인 일이라고 생각했습니다. 오전 6시 오픈은 대히트를 쳤습니다. 첫날부터 어떻게 소문을 들었는지 많은 사람들이 몰려들었습니다. 시간이 흐르면서 행렬은 위협을 느낄 정도의 군중으로 불어났습니다.

이에 자신감을 얻은 야나이 다다시는 유니클로를 특정 연령대가 아닌 남녀노소 모두가 애용할 수 있는 의류 기업으로 전환했습니다. 이를 위해서는 다양한 색상과 저렴한 가격, 어느 옷에나 어울리는 베이식한 디자인이 필요했습니다. 그래서 도입된 방식이 바로 앞에서 말씀드린 SPA입니다.

유니클로는 1984년 창립한 이래 1999년에 매출 1,000억 엔을 돌파했고 거기에 탄력을 받아 다음 해인 2000년에 2,000억 엔을 돌파하고, 2010년에는 매출 1조 엔을 돌파했습니다. 불과 25년이라는 짧은 기간 안에 세계적인 기업으로 도약한 것이죠.

저렴하면 품질이 나쁘다? 이건 유니클로에는 통하지 않는 말입니다. 유니클로의 최강점은 저렴한 가격임에도 '유니클로는 곧 품질'이라는 브랜드 가치입니다. 제가 얼마 전에 유니클로 명동점에서 만난 한 소비자는 "아무리 빨아도 모양이나 색깔이 변하지 않고, 보풀도 생기지 않고, 심지어 실밥 하나 발견되지 않아 유니클로 옷을 즐겨 입는다"고 말했습니다.

류한호 삼성경제연구소 연구조정 실장은 유니클로를 평하는 자리에서 "평범함 속의 특별함, 단기간의 대박, 불황을 비웃는 승승장구, 주머니가 가벼운 소비자도 기꺼이 지갑을 열게 하는 매력적인 기업"이라고 표현하기도 했습니다.

실패가 유니클로의 가장 큰 힘

사람들은 의아해합니다. 지방 도시의 일개 장사꾼에 지나지 않았던 야나이 다다시가 어떻게 세계를 재패하는 브랜드를 만들어낼 수 있었을까요? 여러분은 그 힘이 무엇이라고 생각하십니까?

그것은 실패를 두려워하지 않은 벤처 정신 때문입니다. 야나이 다다시는 "왜 옷은 생활 용품처럼 셀프 쇼핑을 할 수 없는가?"라는 작은 의구심에서 시작했습니다. 그리고 기존 제조 소매업자들의 소극적인 행태에 분통을 터뜨리며 직접 변화를 시도했습니다.

야나이 다다시가 보기에 소매 업계의 사람들은 내부의 일밖에 보는 눈이 없었습니다. 하지만 그래서는 안 됩니다. 여러분께서도 반드시 알아두어야 할 이야기인데 "소비자의 지갑은 모두 같고 사려는 상품은 다르다"는 사실입니다. 그렇기 때문에 오히려 같은 업계의 상품끼리 경쟁할 것이 아니라 다른 업종의 상품들과 경쟁해야 한다는 마인드를 가져야 합니다.

이 마인드는 아까 이광규 박사님께서 캐딜락 자동차의 예를 들으면서 짚어준 이야기와 맥락을 같이하는 말이 되겠지요. 그런데 유니클로가 있기 전까지 일본 의류 업계는 지나치게 요행을 바라는 경영으로 일관하고 있었습니다. 매장을 오픈하고 매장 수가 늘어나면 자동으로 매출이 늘어날 것이라고 생각했던 것입니다. 그러나 현실은 그렇지 않죠.

무슨 사업이든 그렇겠지만 특히 소매업은 재고와의 싸움이고 재고 생산 계획과의 싸움이라고 할 수 있습니다. 재고를 관리하는 데 들어가는 인력과 자금이 만만치 않습니다.

피터 드러커는 '고객의 창조'에 관해 "기업의 목적은 기업 밖에서 찾아야 한다"고 말했습니다. 유니클로는 다른 기업과는 다른 파격적인 방법으로 기업의 목적을 찾아냈고 실천했습니다. 야나이 다다시는 2003년 직원 교육용으로 쓴《1승 9패》란 책에서 이런 말을 합니다.

> 사업에는 성공만 있는 게 아니다. 실패가 더 많다. 새로운 사업은 특히 성공하기 어렵다. 실패를 통해 학습하고, 학습을 통해 성공을 추구하는 것이 사업이다. 중요한 것은 도전하는 것이다. 실패하더라도 거기서 교훈을 얻으면 된다. 그것이 쌓여 성공으로 가는 것이다. 나보고 성공했다고 하지만 대단한 것이 없다. 자만하지 않고, 더 도전해야 한다. 성공했다고 생각하는 순간 거기서 끝난다.

야나이 다다시는《성공은 하루만에 잊어라》라는 책을 내기도 했지요. 경영자는 사업이 조금 잘된다고 해서 성공했다고 착각해서는 안 된다는 경고를 스스로에게 내린 것이죠. 경영자는 초심과 마음의 평정심을 잃지 않아야 한다는 것입니다.

유니클로는 초기에 같은 규모의 매장을 빠르게 늘려 성장하기 시작했습니다. 그 이후에는 대형 매장을 중심으로 입지를 굳혔습니다. 각 매장은 주변 상권, 유동 인구 등에 따라 판매되는 상품이나 시기 등이 모두 다릅니다. 지금 유니클로 매장에 가면 청바지,

셔츠, 폴로 티셔츠, 속옷, 양말 등 2만여 가지의 제품이 갖춰져 있습니다. 그 과정에서 어찌 실패 작품이 없었겠습니까?

야나이 다다시는 "실패하지 않은 경영자는 경영자가 아니다"라고 생각합니다. 실제로 유니클로도 성장 과정에서 몇 번의 큰 실패를 경험합니다. 몇 번이고 실패하면서도 유니클로가 신뢰를 잃지 않았던 이유는, 실패를 경험하면서도 원칙을 중시하고 그 중심이 흔들리지 않았기 때문입니다. 야나이 다다시 회장은 말합니다.

> 위험을 감수한다는 것은 무모한 행동을 하는 것과는 전혀 다릅니다. 위험을 감수하기 위해서는 위험을 가늠할 수 있어야 합니다. 절대 착각하면 안 됩니다. 내가 모험주의 경영을 한다고 말하는 사람들이 있지만 회사를 가지고 모험을 한다면 금방 망하고 말 것입니다. 실패해도 괜찮을 정도의 위험을 계산한 다음 행동으로 옮기는 것입니다.

야나이 다다시를 한마디로 표현하자면 저는 '창조적 혁명가'라고 말하고 싶습니다. 어떤 혁명가가 창조적이지 않을 수 있겠습니까? 하지만 그는 정말 벤처 중의 벤처인 두뇌를 가진 사람입니다.

| 핵심은 매장이다! 핵심은 현장이다!

2008년, 일본 경제는 최악의 침체를 맞았습니다. 미국발 서브프라임 사태가 일본을 강타한 것입니다. 일본의 경제가 상당 부분 미국 경제에 의존하고 있다는 사실에 경제 전문가들도 놀랐습니다. 일본 경제가 부활하고 있다고 믿고 있던 시절이었습니다.

또다시 국민이 지갑을 열지 않자 가장 힘들어진 분야가 소매 업계였습니다. 슈퍼마켓도 백화점도 전년 대비 마이너스가 아닌 곳이 없었으니까요.

그러나 이러한 상황 속에서도 유니클로의 기세는 꺾이지 않았습니다. 오히려 일취월장했죠. 앞에서 말씀드렸듯이 히트텍이라는 공전의 히트 작품이 있었기 때문입니다. 그러나 그것뿐이었을까요? 유니클로에는 또 다른 비밀 병기가 있었습니다.

그것은 바로 매장 제일주의, 현장 제일주의입니다. 유니클로 판매 시스템은 점장에게 권한을 넘기고 본사는 지원만 한다는 겁니다. 유니클로의 탁월한 판매력은 여기서 나옵니다.

매장의 특성을 가장 잘 알고 있는 사람은 점장입니다. 그러므로 점장에게 권한을 전적으로 위임합니다. 발주 관리, 상품 진열, 매장 운영, 판촉 등을 점장이 매장의 상황에 맞게 스스로 결정하고 본사는 이를 지원하는 것이죠. 소비자를 직접 만나는 매장에서 신속한 결정으로 소비자가 원하는 것을 바로 반영할 수 있는 것입니다. 그것이 바로 '매장 제일주의'입니다. 야나이 다다시는 한 강연에서 이런 말을 한 적이 있습니다.

"매장은 고객을 위해 있고, 점원과 함께 번영하며, 점주와 함께 망한다."

이 말은 대부분의 기업이 '망하지 않기 위해' 경영을 하는 것을 비꼰 메시지가 담긴 말입니다.

두 번째 비밀 병기는 생산 현장입니다. 유니클로는 생산 공장은 전혀 보유하지 않고 있습니다. 그럼에도 유니클로가 뛰어난 품질을 유지할 수 있는 것은 '다쿠미Takumi'라고 불리는 장인匠人 시스템이 제대로 가동되고 있는 까닭입니다. 유니클로는 중국 상하이와 선전, 베트남 호치민, 방글라데시 다카 등에 해외 사무소를 두고 있습니다. 이곳에는 경력 30년 이상의 장인들이 파견되어 있습니다. 이들은 일주일에 세 번 파트너 공장을 방문해 방적, 방직, 직조, 염색, 봉제, 마무리 출하 등 공정 전반에 걸쳐 노하우를 전수합니다. 생산 스케줄과 품질, 안전 문제 등을 점검하는 어떻게 보면 너무나 평범한 일입니다. 어찌보면 유니클로의 생산 시스템에 대단한 비밀이 있는 것은 아닐지 모릅니다. 다만 '제대로' 하는 것이 비밀이라면 비밀이겠지요.

하지만 유니클로는 남다른 면이 있습니다. 유니클로는 그들이

'옳다'고 생각하는 것을 끝까지 밀어붙였습니다. 철저하고 완벽한 SPA 시스템을 구축했고 경력 30년 이상의 베테랑 기술자들을 현지 공장에 파견해 품질을 높였습니다. 이를 통해 오늘날과 같은 성공을 수확한 것입니다.

인간 야나이 다다시에 대하여

야나이 다다시는 '7 to 5'를 지키고 있습니다. 아침 7시에 회사에 출근해서 저녁 5시까지 일하고 집에 돌아가는 것입니다. 저녁은 반드시 집에서 먹고 텔레비전이나 책을 보거나 컴퓨터를 하다가 12시 전에 잠자리에 듭니다.

그는 "생각보다 일중독이 아니네요?"라고 묻는 인터뷰어에게 이렇게 대답했습니다.

"전 장시간 일하는 것이 싫습니다. 집중할 수 없잖아요. 가능한 한 단시간 일하면서 집중하자는 주의입니다. 조금 나이 들었기 때문에 하루 12시간 이상 일하면 망한다고 생각합니다. 만약 그렇게 일한다면 휴식 시간을 갖고 일해야지, 끊임없이 일하면 안 됩니다."

야나이 다다시는 "이른 아침 맑은 정신으로 일할 때 일하고 잔업 없이 마치며, 술·담배·밤 문화 등 건강에 좋지 않은 것은 일절 하지 않는다"고 말합니다. 그의 유일한 취미는 골프입니다. 골프는 1년에 100번 이상 나갈 정도로 빠져 있습니다. 일본 재계에서도 몇 손가락 안에 드는 골프광입니다.

또한 야나이 다다시는 널리 알려진 독서광입니다. 책을 손에서 놓지 않는 것으로 알려진 그가 책을 읽는 시간은 주로 저녁 시간이 아닌가 싶습니다. 그는 독서를 매우 중시하는 경영자입니다. 그는 자신이 감명 깊게 읽은 책은 직원들에게 직접 선물하며 독서를 권장합니다.

얼마 전 야나이 다다시는 언론과의 인터뷰에서 "도요타와 소니 같은 대기업이 불황을 이유로 비정규직을 해고하는 것은 국민을 적으로 돌리는 것이나 마찬가지"라며 대기업의 마구잡이식 해고를 강도 높게 비판한 적이 있습니다.

유니클로는 2007년 4월부터 시간제와 아르바이트 사원을 정규직으로 전환하고 있습니다. 2만 명의 비정규직 노동자들 가운데 5,000명 정도가 2년여에 걸쳐 정규직으로 전환되었습니다. 장애인 고용률(8퍼센트)도 일본 상장사 중 가장 높습니다. 또 유니클로는 팔다 남은 상품을 회수해 난민에게 기증하는 등 빈민 구재 사업에도 나서고 있습니다.

야나이 다다시는 부인과 두 아들, 세 명의 손자가 있습니다. 그는 두 아들에게 각각 10퍼센트씩 회사의 지분은 주었지만 아들들에게 회사를 물려주지는 않겠다고 공언한 바 있습니다.

그는 "오늘 새로 들어온 아르바이트생이 능력이 있어 나중에 사장이 될 수 있다면 얼마나 멋진 회사인가. 그런 좋은 구조를 가진 회사라면 좋은 인재가 반드시 많이 들어올 것이다"라고 말합니다.

끝으로 오늘날의 유니클로를 만들어낸 야나이 다다시의 신념과 정신을 읽어드리면서 제 이야기를 마치겠습니다.

- 팔리지 않는다고 불평하지 말고 팔리는 물건을 만들어라.
- 구태의연한 과거의 관행에서 과감하게 벗어나라.
- 같은 업종끼리 경쟁하지 말고 다른 업종의 상품들과 경쟁하라.
- 고객의 요구를 가장 먼저 생각하고 파악하여 재빨리 대처하라.
- 주식 상장은 기업의 목표가 아니라 시작일 뿐이다.
- 경영에서 가장 중요한 것은 '신용'이다.
- 실패하지 않는 경영자는 경영자가 아니다. 실패하고 또 실패하라.
- 경영자는 반드시 이상이나 이념, 사명감을 갖고 있어야 한다.

PART 08
Kun-Hee LEE
이건희

앞으로 21세기에는 초일류가 아니면 살아남지 못한다.
마누라와 자식 빼고는 다 바꿔야 한다. 그래야 살아남을 수 있다.

미래에 살아남으려면 경영자들이 모든 분야에 대해 스스로 알아야 한다(知). 알되 바로 알아야 한다.
또한 경영자는 아는 것을 솔선수범해야 하고(行), 사람을 쓸 줄 알아야 하며(用),
또한 밑의 사원을 가르칠 줄 알아야 하고(訓), 평가할 줄 알아야 한다(評).

이건희 추천서
제임스 콜린스 《좋은 기업을 넘어 위대한 기업으로》

날씨가 제법 쌀쌀하죠? 벌써 겨울이 다가오고 있는 것 같습니다. 오늘은 대한민국의 대표적 경영자인 이건희 회장이 주제 인물입니다.

"마누라와 자식만 놔두고 모두 바꿔라."

이 말은 삼성그룹 이건희 회장이 우리 사회에 던졌던 무척 유명한 화두입니다.

이건희 회장은 선대 회장인 이병철의 위업을 이어받아 수성에 성공했을 뿐만 아니라 선대 회장을 능가하는 리더십을 발휘해 삼성을 세계적인 기업으로 키운 리더로 평가받고 있습니다.

삼성은 누가 뭐래도 우리나라를 대표하는 세계적 기업입니다. 삼성그룹의 간판 기업인 삼성전자는 지난 2010년 HP를 제치고 세계 IT 기업 순위 1위에 오른 이후 수년간 계속 승승장구하면서 반도체, 디스플레이, 휴대전화 등 10여 개 분야에서 세계 1위를 차지하며 세계 IT 산업을 선도하고 있습니다. 반도체는 20년이 넘게,

· · · · · · · · · · · · · · · ·

디지털 TV는 연속 7년간 TOP을 달리고 있습니다.

　오늘의 책은 이건희 회장이 숙독하고 삼성 임직원들에게 일독을 권했던 《좋은 기업을 넘어 위대한 기업으로Good to Great》입니다. 말씀해주실 분은 삼성경제연구소 수석 연구원이신 박하성 박사님입니다. 2부에서는 이건희 회장의 일대기를 저술하신 홍철규 작가님께서 이건희 회장의 삶과 경영 철학, 리더십에 관해서 좋은 말씀을 주실 것입니다.

　박하성 박사님을 모셔서 이야기를 듣기로 하겠습니다.

Chapter 001

《좋은 기업을 넘어 위대한 기업으로》
제임스 콜린스

위대한 기업으로 도약하는 것을 막는
최대 적은 좋은 기업 The enemy of great is good 이다.

제임스 콜린스

스티브 잡스만큼 평가받아야 할 이건희

안녕하십니까? 박하성입니다. 이 자리가 저희 삼성경제연구소가 주최하는 조찬 모임보다 아기자기한 것 같아서 왠지 샘이 나기도 하는군요. 아주 편안한 느낌이 든다는 뜻이니 좋게 받아들여주시기 바랍니다.

제 소개를 좀 드리자면 저는 삼성경제연구소에 근무하기 전에는 전 세계를 돌아다니는 무역 오퍼상이었습니다. 중국, 미국, 유럽, 러시아, 인도, 동남아, 중동, 아프리카, 중남미 등 안 돌아다닌 곳이 없습니다. 13년이 넘게 그렇게 돌아다니면서 돈보다는 고생을 많이 벌었습니다.

그러면서 보았습니다. 삼성이란 기업이 해마다 커나가는 것을 말입니다. 여러분도 모두 느끼셨겠지만 해외에 나가 있으면, 그리고 무역 현장에서 뛰고 있으면 어느 나라, 어느 기업의 위상이 어떻게 바뀌는지 팍팍 느껴질 때가 많지요.

저는 2002년을 잊지 못합니다. 월드컵 4강 신화와 함께 삼성전자가 기업의 시장가치에서 그동안 전자 업계에서 세계 최고로 평가받던 소니를 추월하기 시작한 해이기 때문입니다. 2000년까지만 해도 소니의 시장 가치는 삼성전자의 무려 네 배에 달했습니다. 그러던 것이 2002년에 삼성전자가 소니를 추월한 이후로 두 회사의 격차는 점점 커지고 있습니다.

 이제 '대한민국은 몰라도 삼성은 안다"는 말이 있을 정도로 삼성은 이미 세계적인 기업이 되었습니다. 저는 또한 2010년 3월, 세계 경제의 중심지인 뉴욕 타임스퀘어 한복판에서 세계 최초의 3D LED TV 출시를 알리는 삼성전자의 광고탑을 보고 감개가 새로웠습니다. 이제는 러시아에 가도 중국에 가도 중남미, 아프리카에 가도 우리 기업의 위상이 대단하다는 것을 느낄 수 있습니다.

 제가 삼성에 근무하는 사람이라서 너무 광고성 멘트를 날리는 것 같아서 죄송합니다. 하지만 저는 오늘 이런 말을 하려고 이 자리에 선 것은 아닙니다. 다만 제가 조금 들떠서 말씀드리는 까닭이 있습니다. 왜 세계는 애플의 스티브 잡스는 주목하면서 이건희 회장에 대해서는 평가가 인색하냐는 것입니다. 이것을 충성심 때문이라고 오해는 마십시오. 저는 지금 최대한 객관적으로 말하고 있는 것입니다.

 스티브 잡스의 창조성은 위대한 능력입니다. 그것은 세계가 인정하는 것이고 기업 경영에 있어서 IT 산업과 인문학을 연결시킨 탁월함은 세기적인 업적이기도 합니다. 그런데 우리에게는 그에 못지않은 이건희 회장 아니 적어도 삼성 시스템이 있다는 것입니다. 사회자도 말했듯 지금 삼성전자의 수많은 제품이 세계 1위를 차지하고 있습니다.

삼성전자는 알토란 같은 4대 사업군으로 꽉 짜여 있습니다. 정보통신, 반도체, 디지털미디어, 생활 가전 등이 그것입니다. 이 4대 분야는 애널리스트들로부터 '포트폴리오 황금 비율'로 불립니다. 인텔, HP, 소니와 비교해도 삼성전자의 기술과 제품의 포트폴리오는 극명한 대조를 이룹니다. 세계 어느 회사도 이처럼 균형 잡힌 포트폴리오를 지닌 회사는 없습니다.

삼성전자는 스마트폰은 물론 태블릿 PC, 노트북 등 IT 완제품뿐 아니라 반도체, 디스플레이 등 IT 전 부분에 걸쳐 주요 부품까지 생산해내는 일괄 사업 체제를 갖추고 있습니다. 쉽게 말해 삼성전자는 어느 한 분야가 경기가 안 좋아도 먹고살 수 있는 구조를 만들어놓은 것입니다.

사실 앞으로도 세계 어느 회사도 그런 사업 포트폴리오를 모두 갖추고 있는 기업은 그다지 나타나기 쉬워보이지 않습니다.

한국에서는 반재벌 정서 때문에 이건희 회장과 그의 기업 경영을 비난하고 있지만 저는 일류만이 살아남는다는 것을 목청 높이 외치며 자신을 믿고 따라주기를 바란 이건희 회장의 오너십이 있었기에 오늘의 삼성이 가능한 것이었다고 말하고 싶습니다.

제임스 콜린스에 대하여

그럼 이제부터 오늘 저에게 맡겨진 주제인《좋은 기업을 넘어 위대한 기업으로》에 대해서 말씀드리겠습니다. 이 책의 핵심은 단 한 줄로 요약될 수 있습니다.

"위대한 기업으로 도약하는 것을 막는 최대 적은 '좋은 기업'이다."

처음에는 이 말이 역설적으로 들립니다. 몇 달 전에 이 모임에서《혁신 기업의 딜레마》라는 책이 소개된 것으로 알고 있는데 제임스 콜린스도 같은 맥락의 말을 하고 있습니다. 즉 잘나가는 혁신 기업, 우량 기업이 도태되거나 위대한 기업으로 성장하지 못하는 가장 큰 이유는 그 기업이 좋은 기업이기 때문이라는 것입니다. 개인이나 기업이나 잘나갈 때 방심을 하는 법이지요. 삼성도 1990년대에 그런 일을 겪은 쓰라린 기억이 있습니다.

1994년, 반도체 사업 부문에서만 약 3조 원 이상의 영업이익을 올리자 삼성은 무척 놀랐습니다. 그리고 다음 해에도 막대한 성과가 이어지자 삼성도 샴페인을 터트렸습니다. 곧이어 밀어닥친 IMF란 괴물의 존재를 의식조차 하지 못한 것이죠. IMF야 삼성만의 문제는 아니겠으나 어찌되었든 삼성도 홍역을 치렀고 스스로 위대한 기업이 되지 못했다는 것을 통감했지요. 그래서 삼성 경영진은 잘나갈 때는 지금 위기가 닥쳐오고 있는지 모른다며 위기경영 체제를 가동하고 있습니다.

《좋은 기업을 넘어 위대한 기업으로》의 저자 제임스 콜린스는 무척 재미있는 사람입니다. 그는 1994년, 세계적인 베스트셀러였던 《성공하는 기업의 8가지 습관》의 공동 저자이기도 한데 아주 영민하고 취미가 다양한 사람입니다. 저는 이 시간을 위해 준비하다가 제임스 콜린스에 대해 놀라운 부분을 발견했습니다.

우선 그가 영화배우처럼 잘생겼다는 겁니다. 나이키의 광고 모델로 나올 정도였으니까요. 그는 20세에 결혼해서 30년 넘게 결혼생활을 하고 있는데도 엄청난 잉꼬부부랍니다. 그는 아내가 하는 일이라면 무엇이든지 따라준다고 합니다. 그런데 그의 아내 조앤 에른스트의 취미가 일반인의 상상을 뛰어넘습니다. 그녀는 1980년대 초에 마라톤 경주와 3종 경기를 시작해서 1985년 세계 챔피언을 차지했는데 이때 콜린스는 모든 일을 제쳐두고 아내에게 달려갔다고 합니다. 콜린스는 자신의 책을 통해 조앤과 결혼한 것은 대단한 행운이라고 회고하고 있습니다.

> 아내는 내게 가장 도움이 되는 비평가일 뿐 아니라 가장 이해심 깊고 가장 끈기 있는 후원자이기도 하다. 인생의 궁극적인 성공이란 당신의 배우자가 해가 갈수록 당신을 더욱 좋아하고 존경하는 것이다.

또 하나 이채로운 것은 그가 열광적인 암벽등반가라는 점입니다. 50세가 넘은 나이에도 암벽등반을 즐기는 그는 가장 좋아하는 등반 코스가 어디냐는 질문에 다음과 같이 답합니다.

내가 가장 좋아하는 곳은 캘리포니아의 요세미티 계곡이다. 앵커에 매달린 채 높이 솟은 거대한 바위 면의 중간에 걸터앉아 있으면 마치 화강암으로 이루어진 수직의 바닷속에 있는 것 같다. 정말 멋지다!

위대한 기업이란 무엇인가?

그런 제임스 콜린스는 리더 그룹의 모임에서 한 사업가로부터 뼈아픈 충고를 듣습니다. 1996년의 일이었습니다. 그는 《성공하는 기업의 8가지 습관》의 성공으로 여기저기 강의에 불려다니면서 인생을 즐기고 있었습니다. 그런데 그의 강의를 듣고 난 한 사업가가 이렇게 말하는 것이었어요.

이 분야에서 일하는 사람들은 당신 책을 아주 높이 평가하지요. 하지만 불행히도 그건 쓸모가 없어요. 그 책에 나오는 회사들은 대부분 항상 위대한 기업들이었습니다. 그들은 좋은 회사에서 위대한 회사로 전환시킬 필요가 없는 기업들이었어요. 그들에게는 처음부터 위대한 기업의 체질을 만든 데이비드 패커드나 조지 머크 같은 대부들이 있었습니다. 하지만 그 책을 읽는 대부분의 사업가들은 자기네가 좋은 회사이긴 하지만 위대한 회사는 아니라는 사실을 깨닫고 당황해합니다. 처음부터 위대한 회사였던 기업들보다는 좋은 회사이긴 하지만 위대한 회사가 아닌 기업들에게 어떻게 위대한 회사가 될 수 있는가, 또 그 위대함을 지속하는 방법이 무엇인가가 더욱 절실하게 필요합니다.

제임스 콜린스는 이 말에 충격을 받았습니다. 그는 전적으로 공감했고 새로운 연구를 시작했는데 그 결과물이 바로 《좋은 기업을 넘어 위대한 기업으로》입니다. 제임스 콜린스는 이 책을 집필하는 데 혼신의 힘을 기울였습니다.

그와 그의 연구 팀은 2,000페이지 분량의 인터뷰, 6,000건의 논문 조사, 3.8억 바이트의 데이터를 5년간 1만 5,000시간을 들여 정밀하게 분석했습니다. 그 결과 좋은 기업이 위대한 기업으로 도약하는 핵심 요인들, 경영 전략과 실천의 모든 영역에 새로운 빛을 던져줄 가치 있는 교훈들을 찾아냈습니다. 그런데 결과는 놀라웠습니다. 유감스럽게도 제너럴 일렉트릭, 코카콜라, GM과 같은 거대 기업은 '위대한 기업'의 리스트에 끼지 못했다는 것입니다. 1965년부터 1995년 사이에 〈포춘〉이 선정한 500곳의 기업 중 단지 11개의 기업만이 위대한 기업으로 도약했습니다.

이 책이 출간되고 강의를 다니면서 제임스 콜린스는 세미나 도중 "위대한 기업이란 무엇인가?"라는 질문을 많이 받았다고 합니다. 책에 다 적혀 있는데도 사람들은 잘 납득을 하지 못하고 그들은 이렇게 묻습니다.

"제가 왜 꼭 위대한 회사를 만들어야 하는 거죠? 단지 성공하고 싶을 뿐이라면 어쩌죠?"

콜린스는 '위대한 기업'을 만들어야 하는 두 가지 이유를 제시합니다. 첫째, 크고 위대한 것great을 만드는 일이 좋은 것good을 만드는 일보다 결코 어렵지 않으며, 그 일이 능률을 높이고 삶을 획기적으로 단순화할 수 있다는 것입니다. 둘째, 위대한 것을 만드는 것이야말로 의미 있는 일을 찾는 것이라는 겁니다. 위대한 회사를 만드는 행위의 이유는 그 일이 인간으로 태어나서 정말 하고 싶고 삶에 좋은 영향을 미칠 수 있기 때문이라고 합니다.

제임스 콜린스는 5년간 연구 팀을 가동하면서 이 연구 결과를 발견했습니다. 제임스 콜린스는 다음 네 가지의 기준이 충족되는 기업을 위대한 기업으로 정의하고 있습니다.

1. 성과 Performance   위대한 기업은 경영에 무리가 없도록 효율적인 운영을 통해 수익을 창출해야 하고, 경영자와 사주

가 설정한 여타 목표를 달성하는 실적도 올려야 한다. 그러나 항상 좋을 수만은 없으며, 심지어 긴박한 상황에 이를 수도 있다. 이때 위대한 기업은 위기를 극복하고 뛰어난 성과를 이루어내고야 만다.

2. 영향력 Impact   위대한 기업은 업계 발전을 위해 리더십을 발휘한다. 그렇다고 굳이 업계 최대의 기업일 필요는 없다. 혁신과 적절한 규모만으로도 업계 발전에 영향을 미칠 수 있다.

3. 명성 Reputation   위대한 기업은 종종 역할 모델이 됨으로써 업계 외부 사람들에게까지 칭찬받고 그 가치를 인정받는다.

4. 지속성 Longevity   위대한 기업은 수십 년 넘게 건전함을 유지할 수 있는 내구력을 가지고 있다. 초석을 마련한 창업자를 계승함과 동시에 수 세대에 걸쳐 자기를 갱신하는 기업이야말로 가장 위대한 기업이다.

제임스 콜린스와 연구 팀은 5단계의 리더십, 적합한 사람 선정, 냉철한 현실 인식, 고슴도치 콘셉트, 규율의 문화, 기술 가속페달 등 여섯 개 과정이 축적되고 돌파되면서 위대한 기업으로 도약하며 스스로 잘 돌아가는 순환의 틀을 형성한다고 주장합니다.

위대한 기업을 위한 5단계 리더십

제임스 콜린스와 연구 팀에 의하면 위대한 기업은 5단계의 리더십의 발현을 통해 구축됩니다. 짧은 시간에 《좋은 기업을 넘어 위대한 기업으로》라는 책을 다 설명하거나 이해시켜드릴 수 없다는 생각에 이 책의 핵심 내용인 5단계 리더십을 정리해 보았습니다.

좋은 회사에서 위대한 회사로 도약한 기업들은 중대한 전환기에 예외 없이 5단계의 리더십을 갖추었습니다. 만일 좋은 기업에서 위대한 기업으로 도약하는 문제의 암호를 풀어내려고 한다면 이 5단계의 리더십을 숙고하고 철저하게 실천해야 할 것입니다.

01. First Who Then What
사람 먼저, 다음에 할 일

먼저 적합한 사람을 버스에 태우고 나서 어디로 갈지 결정하라.
우리가 누군가를 기다릴 수 없는 시대가 올 것이다.
이제 당신은 버스에 타고 있거나 버스에서 내렸거나 둘 중 하나다.
—켄 케시, 《전기 쿨에이드 산 테스트 The Electric Kool-Aid Acid Test》 중에서

좋은 회사를 위대한 회사로 도약시킨 리더들은 '무엇을 할 것인

지'보다는 '어떤 사람을 쓸 것인지'를 우선시합니다. 그것을 제임스 콜린스는 버스 타기에 비유합니다. 위대한 리더들이 제일 처음 한 일은 적합한 사람들을 버스에 태우고 부적합한 사람을 버스에서 내리게 하는 일이었습니다. 그들은 새로운 비전과 전략을 세운 후 사람을 기용한 것이 아니라 적임자를 적합한 자리에 앉히는 일부터 시작했던 것이죠. 그런 후에야 버스를 어디로 몰고 갈지 생각했습니다. 사람 다음에 일이었던 것입니다. 그러나 여기서 간과해서는 안 될 것이 '적합한' 사람이 가장 중요한 자산이라는 사실입니다. 막연하게 사람이 가장 중요한 자산이라는 옛 격언은 맞지 않습니다. 위대한 리더들은 적합한 사람을 찾는 과정에서 세 가지 단순한 진리를 이해했습니다.

첫째, '무엇'보다 '누구'로 시작할 경우 변화하는 세계에 보다 쉽게 적응할 수 있다는 점이었죠. 예컨대 버스가 10마일을 달리다 방향을 바꿀 필요가 생긴 경우, 정해진 목적지로만 가기 위해 버스를 탄 사람들에게는 정말 난감한 문제가 아닐 수 없습니다.

하지만 둘째, 적합한 사람들만 버스에 태웠다면 그 사람들에게 어떻게 동기를 부여하고 어떻게 관리할 것인가 하는 문제가 대부분 사라진다는 것을 그들은 알고 있었습니다. 적합한 사람들은 빡빡하게 관리할 필요도, 해고할 필요도 없습니다. 그들은 내적 동력에 따라 스스로 동기를 부여하여 최선의 성과를 일구어내며 큰일을 창조하는 한 축이 되도록 준비된 사람들이니까요.

 셋째, 위대한 리더들은 부적합한 사람들을 데리고 있다면 어떻게 할 것인가 하는 것은 문제도 아님을 알았습니다. 어쨌거나 위대한 회사를 만들지는 못할 테니까요. 큰 사람이 없는 큰 비전은 쓸모가 없기 때문에 그들은 남을 해고하기 이전에 스스로를 해고할 것입니다.

02. Confront the Brutal Facts
냉혹한 사실을 직시하라

그러나 믿음은 잃지 마라.
대중 리더십에서 곧 쓰러져 없어질 거짓 희망을
제시하는 것보다 더 나쁜 실수는 없다.

―윈스턴 처칠, 《운명의 순간 The Hinge of Fate》 중에서

좋은 회사에서 위대한 회사로 도약한 모든 기업은 눈앞에 닥친 냉혹한 현실을 직시하는 것부터 시작했습니다. 그러나 그들에게는 "냉혹한 사실을 직시하되 믿음은 잃지 마라"는 마음속의 지침이 있었습니다. 위대한 리더들은 사람을 선정하는 데 극히 엄격합니다. 때로는 냉혹하게 보일 정도로 차갑습니다. 그러나 그들은 엄격하게 사람을 가리기는 하지만 비정하지는 않습니다. 해고와

구조 조정 등 실적 증진을 위해 많은 기업이 흔히 저지르는 죄악 따위는 하지 않습니다. 위대한 기업의 리더는 비정해지지 않고 엄격해지기 위해 세 가지 실천 지침에 충실했습니다.

1. 의심스러울 때는 채용하지 말고 계속 지켜본다.
2. 사람을 바꿀 필요가 있다면 즉시 실행한다.
3. 인재는 문제 있는 곳이 아니라 기회 있는 곳에 배치한다.

좋은 회사를 위대한 회사로 이끌기 위해서는 "답을 들고 나와서 모든 사람이 당신의 메시아 같은 비전에 따르도록 강제"해서는 안 됩니다. 일단 겸손한 마음을 가지고 다른 사람들이 당신의 답을 알기에는 이해가 부족하다는 사실을 받아들여야 합니다. 그런 다음 가능한 한 최선의 통찰로 이끌어줄 질문을 해야 하는 것입니다.

좋은 회사를 위대한 회사로 키운 경영 팀은 최선의 답을 찾아 격렬하게 논쟁을 벌이지만 일단 결정이 내려지면 이해관계에 상관없이 하나로 뭉쳤습니다. 생존을 위해서는 냉정하게 현실을 바라보면서 마음속으로 확고한 믿음을 가지는 것이 중요합니다. 차가운 머리와 뜨거운 가슴을 동시에 지녀야 합니다.

03. The Hedgehog Concept
고슴도치 콘셉트

여우는 많은 것을 알지만, 고슴도치는 한 가지 큰 것을 안다.
너 자신을 알라.

−델피의 필경사, 플라톤의 인용

아마도 《좋은 기업을 넘어 위대한 기업으로》를 읽은 독자라면 고슴도치 콘셉트가 가장 기억에 남을 것입니다. 처음 고슴도치 콘셉트 이야기를 접하면 무슨 소리인가 싶지만 이 이야기는 아주 단순한 비유라고 할 수 있습니다.

 고슴도치 콘셉트란 자신을 잡아먹으려는 여우의 온갖 위협에 대처하는 고슴도치의 자세를 말합니다. 여우는 고슴도치를 잡기 위해 고슴도치의 굴 주변을 맴돌며 여러 가지 교활한 꾀를 내어 고슴도치를 유혹합니다. 드디어 완벽한 순간이 오고 여우는 사냥감을 덮칩니다. 그러나 그 순간 고슴도치는 온몸에 가시를 세우고 몸을 공처럼 말아서 변신하죠. 여우는 가시 덩어리가 된 고슴도치 앞에서 공격을 멈춥니다. 여우는 숲 속으로 퇴각하여 새로운 공격 전략을 구상할 수밖에 없습니다.

 세상에는 고슴도치와 여우 사이의 싸움 같은 일들이 빈번히 벌어지고 있는데, 여우가 훨씬 교활하지만 이기는 건 늘 고슴도치라는 것이죠. 고슴도치는 자신의 콘셉트에 부합하지 않는 일에는 전혀 관심조차 없습니다. 이처럼 고슴도치 콘셉트란 기업도 복잡한 전략보다는 일관성을 가지고 핵심 역량core competence에 집중해야 한다는 이론입니다.

한마디로 고슴도치 콘셉트는 스스로가 무엇에서 최고가 될 수 있는지 아는 것입니다. 이는 탁월함에 대한 엄격한 기준을 요구합니다. 그것은 단지 강점이나 역량이 있다고 해서 만들어지는 게 아닙니다. 중요한 것은 스스로 하고 있는 일에 열정을 느끼고, 그 열정이 깊고 순수한 사람들이 성공을 거둔다는 점입니다.

04. A Culture of Discipline
규율의 문화

> 자유는 이야기의 일부이고 절반의 진실일 뿐이다.
> 내가 동부 해안의 자유의 여신상을 서부 해안의
> 책임의 여신상으로 대체하자는 것은 그런 까닭이다.
>
> ─빅터 E. 프랭클, 《삶의 의미를 찾아서The Will to Meaning》 중에서

규율의 문화는 한마디로 규율 있는 사람들로 가득한 기업 문화입니다. 규율의 문화를 전제적인 규율 강요와 혼동하면 안 됩니다. 위대한 리더가 이끄는 기업은 고슴도치 방식을 일관되게 지키고 그 원칙을 조직 문화에 체계화시켜서 규율 있는 사고, 규율 있는

행동, 규율 있는 사람들을 만들어냅니다.

 기업이 규율을 제공하고 구성원을 강제하는 것이 아니라 규율 있는 행동을 하는 자율적인 사람들이 기업 문화를 만들어내는 것이죠. 다시 말하자면 함께 할 사람들만을 버스에 태운다는 뜻입니다. 그들은 시스템의 틀 안에서 자유롭게 행동하고 책임을 집니다. 고슴도치 콘셉트를 바탕으로 만들어진 일관된 시스템의 체계 내에서 규율 있는 행동을 하는 자율적인 사람들이 기업 문화를 이끌기 때문에 억압적이거나 관료적인 문화가 사라집니다.

 규율의 문화는 이중성을 갖고 있습니다. 사람들은 일관된 시스템을 고수하는 한편, 그 시스템 내에서 자유와 책임을 부여받습니다. 좋은 회사에서 위대한 회사로 도약한 기업들은 밖에서 보기에는 따분하고 평범해 보이지만, 가까이 보면 정말 부지런하고 놀라울 정도로 열심히 일하는 사람들로 가득합니다. 그들은 고슴도치 콘셉트에 맞지 않는 어떤 일도 하지 않습니다. 욕심을 부리지 않으며 연관성 없는 사업에 착수하지도 않습니다. 연관성 없는 기업을 인수하지도 않고, 연관성 없는 합작 사업도 벌이지 않습니다.

 이러한 규율의 문화를 갖고 있을 때 사람들은 성과를 낼 수 있는 최선의 방법을 재량껏 실험하고 보다 많은 부가가치를 찾아낼 수 있습니다. 규율의 문화를 기업가 윤리와 결합하면 위대한 성취라는 마법이 펼쳐지는 것을 바라볼 수 있는 것이죠.

05. Technology Accelerators
기술 가속페달

사람들은 대부분 생각하느니 차라리 죽음을 택하곤 했다.
지금도 많은 이들이 그렇게 한다.

—버트런드 러셀(영국의 철학자, 노벨문학상 수상자)

이제부터 위대한 회사에 대한 이야기를 하겠습니다.

위대한 회사로 도약한 기업들은 기술이 전환에 불을 댕기는 것을 일차적인 수단이라고 생각하지 않습니다. 또 기술에 열광하거나 편승하지 않습니다. 하지만 그들은 조심스럽게 선정한 기술 응용의 선구자들입니다. 그들은 조급하게 기술이 유도하는 변화나 유행을 따르지도 않습니다. 이들 기업은 선도적 기술을 갖고 있지 못했고 선구적인 기술을 갖고자 노력하지도 않았습니다. 이들은 신기술을 무조건적으로 숭배하지 않았지만 자신들이 가진 최고의 기술에 집중했고 상상력을 갖고 사려 깊게 기술 변화에 대응했습니다. 그러다가 세계 일류의 가능성이 있다고 판단되면 전력을 다해서 한계를 돌파했습니다. 그래서 자기 분야에서 최고의 기술을 보유하게 되었습니다.

좋은 기업을 넘어 위대한 기업으로 일으킨 사람들은 순수한 탁월성, 그 자체를 향한 창조적 욕구와 내적 강제에 의해 움직였습니다. 기술은 적합하게 쓰일 경우 추진력의 발동기가 아니라 가속페달이 됩니다. 위대한 기업으로 도약한 이들은 이 단순한 진리를 이해했습니다. 계속 향상되고 계속 성과를 낸다는 사실에 놀라운 힘이 있다는 것이죠. IT 기업을 사례로 말씀드리자면 모두 경우의 수는 다르지만 인텔도, 애플도, 삼성도 그런 기업이라고 말씀드릴 수 있을 것 같습니다.

경청해 주셔서 감사합니다.

Chapter 002

이건희 리더십

양과 질의 비중이 1 : 99도 안 된다. 0 : 100이다.
10 : 90이나 1 : 99로 생각한다면 이것이 언젠가는 5 : 5로 간다.
한쪽을 0으로 만들지 않는 한 절대로 안 된다.

이건희

위대한 기업으로 거듭난 삼성

저는 작가 홍철규입니다. 작가란 직업은 글을 쓰는 것이 업인데 갑자기 말을 해달라고 해서 여러 번 거절했었습니다. 이빨 까는 능력은 별로인데다, 업을 바꾼다는 것이 죄를 짓는 일 같아서요. 그런데 주최 측 담당자가 워낙 끈질긴 사람이라 어쩔 수 없이 이 자리에 섰습니다. 다소 어눌한 면이 있더라도 저는 글쟁이란 것을 유의하고 들어주시기 바랍니다.

앞에서 강의를 하신 박하성 연구원은 이건희가 제대로 대접을 못 받는 것에 대해 울분을 터뜨리는 것 같았는데 저도 그 부분에 대해서는 동의합니다. 하지만 코리아 디스카운트라는 것이 있는 한국적인 특수한 상황에서 보면 조금은 참아야 되지 않을까 싶네요.

사실 삼성 쪽 입장에서 보면 스티브 잡스는 애플호를 이끄는 선장에 지나지 않을 수도 있습니다. 애플 컴퓨터를 만든 사람은 잡스가 아니고 워즈니악이었어요. MP3를 제일 먼저 만든 곳은 한국인데 잡스가 아이튠즈로 영웅이 되었어요. 스마트폰도 노키아가 먼저였죠. 아이패드도 MS가 먼저 시작했는데 또 잡스가 가로챘어요. 나쁘게 말하면 소매치기이고 좋게 말하면 그는 이벤트에 강한 기업 경영의 천재였습니다.

반면 애플보다 몇 배나 큰 매출을 일으키는 삼성의 이건희는 그냥 단순하게 재벌 기업 회장으로만 평가받고 있습니다. 이건희의 창의성이야 인정하는 사람은 인정하고 있지만 말이죠. "삼성을 한국의 대표 기업에서 세계적인 기업으로 키운 이건희가 왜 잡스보다 위대하지 못한가?" 이게 박하성 연구원의 생각인 것 같습니다.

저도 이건희가 잡스보다 저평가되고 있다는 데 공감합니다. 그러나 어쩌겠어요. 한 사람은 나서기 좋아하는 개방형의 프레젠테이션 천재이고, 한 사람은 은둔형 보스인데요.

저는 이건희의 일대기를 쓴 사람으로서 그가 삼성을 최고의 전자 회사로 이끈 공은 제대로 인정받아야 한다고 주장하고 싶습니다. 우리 국민은 좀 심한 것 같아요. 기업인에게서 무슨 도덕군자를 바랍니까? 그렇다고 기업인이 불법을 행하라고 사주하는 것은 아니고요. 허, 이렇게 말이 막 나갈 것 같아서 말을 안 하기로 했던 건데…… 좀 이해해 주세요.

저도 이 자리에 나올 준비를 하느라고 《좋은 기업을 넘어 위대한 기업으로》란 책을 읽어 보았습니다. 좋은 이야기가 많이 쓰여 있더군요. 그 책에서 저자는 '15년의 법칙'이란 것을 제시했는데 그것은 창업주가 사망하거나 사업에서 손을 뗀 후, 15년이 지나고 나도 계속 번창하고 있다면 그 기업은 수성을 넘어서서 위대한 기업으로 거듭난 것이라 했습니다. 그런데 이건희는 1987년 이후 삼성그룹을 이끌어오고 있습니다. 이 정도면 된 거 아닙니까?

 아직까지도 세상에는 이건희를 아버지 이병철의 체제와 카리스마를 그대로 이어받은 행운아 정도로 알고 있는 사람들이 있습니다. 그런데 이러한 실적이 선대 회장의 후광만으로 가능한 것이었을까요? 삼성의 경우 창업주인 선대 회장이 타계한 지 반세기나 지났으므로 콜린스가 지적한 '위대한 기업'으로 거듭났다고 보아야 할 것입니다.

 짐 콜린스는 위대한 기업으로 성장할 수 있는 원동력으로 경영자의 강력한 추진력drive과 겸손humility, 자기반성self-doubt의 강력한 리더십을 손꼽는데 제 생각에는 이건희야말로 이 모든 걸 갖추고 있다고 생각합니다. 자기반성이 뭘 말하는 것인지까지는 잘 모르겠고요.

미래를 내다보는 힘

"개인적으로 집에 컴퓨터를 가지고 있을 이유가 전혀 없다."

 이 말은 디지털 이퀴프먼트의 창업주이자 CEO였던 케네스 올센이 1977년에 한 말입니다. 지금 와서 생각하면 정말 어리석고 바보 같은 말이지만, 당시로서는 최첨단 기업을 경영하던 사람이 이런 생각을 하고 있었으니 일반인들의 생각이야 오죽했겠어요.

생각해 보세요. 여기 앉아 있는 사람 가운데 20년 전에 오늘날과 같은 인터넷과 모바일 세상을 예상했습니까? 한 명도 없지요. 앨빈 토플러 정도가 정보화 사회의 도래를 이야기했을 뿐입니다. 또 불과 5년 전에 지금과 같은 '스마트 빅뱅'이 일어날 것을 예견한 사람 있습니까? 한 사람도 없을 겁니다.

저는 미래학자들이 미래가 어떻게 도래할 것인지에 대해서 쓴 책을 모으는 취미가 있습니다. 1980년대부터 이제까지 기라성 같은 미래학자들이 쓴 책을 수십 권 모았습니다. 그런데 이따금 이슈가 있을 때마다 그 책들을 펼쳐보는데 한마디로 꽝입니다. 몽땅 엉터리예요. 차라리 점쟁이 책을 읽는 게 나을 거란 생각이 들 정도지요. 그런데도 여러 나라의 정부, 기업, 학교, 연구 기관들이 그런 엉터리 미래 학자들에게 거금을 바쳐가면서 미래를 연구해달라고 부탁하고 있어요. 난센스이고 아이러니라고 생각할 수도 있지만 그만큼 인간은 미래에 대한 궁금증이 많고 그것을 필요로 하기 때문입니다.

왜 이렇게 장황하게 이야기하느냐 하면 미래란 미래 학자조차도 정확하게 예측하기 힘든 것임을 강조하기 위해서입니다. 기업 경영에 있어서 미래 예측은 반드시 필요한 것이죠. 5년, 10년 후에 어떤 분야가 발전하고 무슨 상품이 필요할 것인지 알 수만 있다면 기업으로서는 성공을 따놓은 당상이고 대박이겠죠.

그런 점에서 이건희는 한 수 먹고 들어가는 사람입니다. 저는 제가 쓴 졸저에서 이를 '이건희의 선견력'이라고 표현하고 있습니다. 이건희는 미래 상품의 가치를 알고 그것을 누구보다 정확하게 지적하는 능력이 있습니다. 미래를 읽는 힘이 있습니다.

오늘 이 자리에서 짧은 시간에 이건희라는 사람의 일대기를 다 주절거릴 수는 없고 반도체 투자 이후 지금까지 이건희와 삼성이 걸어온 길을 이야기하겠습니다. 저는 '글로벌 삼성'의 역사에 있어서 가장 주목할 것은 삼성의 반도체 산업에 대한 투자라고 봅니다. 이 부분에 대해서 이의를 제기할 사람은 대한민국에서 한 사람도 없을 것이라고 생각합니다.

그런데 중요한 것은 이 반도체 사업은 이병철의 도쿄 구상에서 나온 작품이 아니라 이건희의 아이디어에서 비롯되었다는 것입니다. 간단하게 그 사연을 요약하면 삼성의 반도체 진출은 이건희의 미래를 내다보는 선견력과 이병철의 과감한 결단력이 절묘하게 합쳐진 성공 신화라고 할 수 있습니다.

1974년, 이건희가 동양방송 이사로 있었을 때의 일입니다. 그때 그는 미국 유학에서 돌아와 처음 업무를 맡은 갓 31세의 플래시맨이었어요. 그런데 그 젊은이가 생각이 좀 깊었던 것 같아요. 당시 우리 경제는 1973년 오일쇼크를 겪으면서 나락으로 떨어지고 있었죠. 다들 경제 개발의 열매를 거둘 수 있다고 생각하고 있었는데 아닌 밤중에 홍두깨였죠. 그때 이 젊은이는 생각했어요.

"자원이 없는 조국의 비참한 현실을 어떻게 하면 벗어날 수 있을까?"

제가 너무 영화를 찍고 있나요? 하하, 괜찮다고요. 그냥 가겠습니다. 저는 말쟁이가 아니라 글쟁이인데 말을 원고지에 쓰는 것도 아니라 점점 두서가 없어지고 그렇습니다.

각설하고 말씀드리면 이건희란 사람의 선견력에 대한 이야기인데 그는 미국 유학까지 마치고 온 엘리트답게 아버지 이병철에게 건의합니다.

"아버지, 반도체를 해야 합니다."

그런데 아버지는 알아듣지 못했어요. 아버지는 "이놈아, 그 돈이면 TV를 몇 백만 대나 더 만들 수 있는데 그 쪼그만 것 만드는데 쓰겠다는 거냐?"라고 말했습니다.

뿐만 아니라 그처럼 영민하고 촉이 빠르고 청와대보다도 정보가 빠르다던 삼성 비서실까지 반대를 하고 나섰습니다. 반도체가 전자 산업의 씨앗이 될 것임을 인식하고 있던 젊은이는 난감했어요. 그래서 젊은이는 자신의 사재를 털어 국내 최초의 웨이퍼 가공 업체인 한국반도체를 인수해 삼성반도체를 설립합니다. 그 회사는 전자 손목시계에 들어가는 칩을 겨우 만드는 회사였는데 이 제품은 박정희 대통령 시절, 청와대를 방문하는 외국인들에게 '한국의 기술'을 과시하는 선물 목록이 되기도 했습니다. 그것이 삼성반도체 사업의 씨앗이 되었어요.

1974년 12월 6일의 일이었습니다. 저는 단언합니다. 만약 이건희의 미래를 내다보는 그때 그 결단이 없었다면 현재의 초일류 기업 삼성은 존재하지 않았을지도 모른다고요!

그 후에 온갖 우여곡절이 있었지만 이병철, 이건희 부자는 놀라운 사업가적 능력을 발휘해 삼성을 세계 최고의 반도체 기업으로 견인합니다.

모든 것이 변하고 있다는 자각에서 시작했다

이건희의 삶과 경영 철학을 이야기하는 자리이니만큼 그의 약력을 간략히 밝히고 이야기를 진행해야 할 것 같군요.

이건희는 삼성 창업주 고 이병철의 3남으로 경남 의령에서 태어났습니다. 서울대 사대부고, 일본 와세다대학, 미국 조지 워싱턴대 경영 대학원을 수료하고 1966년에 동양방송에 입사했으며 중앙일보, 동양방송 이사 등을 거쳐 1978년부터 삼성물산 부회장으로 그룹 경영에 본격적으로 참여했습니다. 1987년에 아버지 이병철이 세상을 떠나자 뒤를 이어 그룹 회장에 취임했고, 1993년에 "처자식만 빼고 다 바꾸라"는 선언과 함께 신경영을 주도하면서 질 위주의 경영으로 삼성을 세계 초일류 기업의 반열에 올려놓았습니다.

이 정도면 간략한 소개가 된 것 같습니다. 저는 이건희란 사람이 어떻게 삼성을 세계 10위권 안에 드는 초일류 기업으로 만들어냈는지를 작가적 입장에서 심도 있게 그렇지만 간략하게 말씀드리고자 합니다.

최근 미국의 시사 주간지 〈뉴스위크〉는 '세계 경제에 영향력을 미치는 8인' 중 한 사람으로 이건희를 선정했습니다. 잡지는 '누가 힘을 가졌는가 Power : Who's Got It Now'라는 제목의 커버스토리에서 이건희가 카리스마를 지닌 인물이며 그가 주장한 '강소국론', '천재경영론'이 한국 사회의 많은 부분을 움직이고 있다고 소개했습니다. 한국에서 대통령은 5년마다 바뀌어도 그 사람은 죽기 전까지 권력자입니다. 조금 거칠더라도 돈과 상관없는 작가가 하는 소리니까 그냥 들어주세요.

20세기를 산업화 시대라고 한다면 21세기는 지식정보화 시대라고 할 수 있습니다. 특히 한국은 20세기 후반에 산업화를 시작해 21세기 지식정보화 사회에 선착한 좋은 예이죠.

한국 최고의 기업군을 이루고 있는 삼성의 경우 창업주인 이병철 선대 회장 체제가 산업화 시대의 체제였다고 한다면, 그 뒤를 이은 현 이건희 회장 체제는 지식정보화 시대의 체제라고 할 수 있습니다.

산업화 시대와 지식정보화 시대는 전적으로 모든 것이 다릅니다. 그래서 1987년 선대 회장의 뒤를 이어 삼성호의 지휘권을 인계받은 46세의 젊은 회장은 무엇인가 크게 어긋나 있다는 것을 깨닫게 되었습니다. 그는 피터 드러커, 앨빈 토플러 같은 미래를 예시하는 학자들의 애독자인데 삼성은 아주 전근대적인 집단으로 보였습니다. 이병철 선대 회장은 규격화된 대량생산품을 만들어내던 산업화 사회의 경영자답게 근면성과 시간 엄수, 사고의 합리성과 정밀성을 중시한 반면 이건희는 지식경제 시대의 경영자로서 창의성과 다양성, 상상력과 집중력을 중시합니다.

"창업은 쉽고, 이룬 것을 지키기는 어렵다創業易守成難"는 말이 있습니다. 여기 앉아 있는 사람들 중에도 이를 뼈저리게 느낀 이들이 많으리라 여겨집니다.

창업 1대에서 거대한 부나 사업을 이룩했더라도 자손들이 이어받아 더욱 큰 번영을 누리는 경우는 매우 드뭅니다. 창업자는 자신이 일으킨 사업의 요체를 정확히 파악하고 있고 많은 경험이 축적되어 있어서 어떤 난제가 생길 때 적절히 대응하고 위기를 넘길 수 있습니다. 하지만 창업 2대는 그렇지 못한 경우가 허다하지요.

대개의 경우 창업자의 자손들은 창업자보다 더 좋은 교육을 받고, 더 논리적이며, 더 좋은 품성을 타고납니다. 하지만 사업은 지식이나 품성만으로 이루어지는 것이 아니기 때문에 그들이 수성을 이루어내는 경우는 극히 드물어요. 한마디로 말해서 창업도 어려운 일이지만 그만큼 수성도 어려운 것이 사업입니다.

당시 삼성은 국내에서 가장 잘나가는 기업이었습니다. 삼성의 매출은 국내 1위를 달리고 있었고, 삼성인들의 사기와 자부심은 그 어느 때보다 높아 보였습니다. 그러나 이건희가 보기에 삼성은 국내 제일의 기업이라고 하지만 많은 문제점을 안고 있었습니다.

삼성전자는 3만 명이 만든 물건을 6,000명이 고치러 다닙니다. 이런 낭비적 집단은 이 세상에 없어요. 삼성전자는 암으로 치면 2기입니다. 사람들은 신속한 애프터서비스가 삼성전자의 강점이라고 했지만, 신임 회장이 보기에 삼성전자는 중병에 걸린 환자였습니다. 새로운 선장은 삼성전자를 살리는 길은 변화와 개혁밖에 없다고 생각했습니다.

거기에 직관력이 빠른 이건희는 무엇인가 다른 세상이 가까이 오고 있음을 감지하기 시작했습니다. 산업화 시대 즉 굴뚝 산업이라고 불리는 제조업의 시대가 저물고 컴퓨터, 인터넷으로 대변되는 지식정보화 사회가 도래하고 있었던 겁니다.

그리하여 이건희는 회장 취임 6년째를 맞는 1993년 6월 7일, '나부터 변해야 한다'는 취지의 '프랑크푸르트 선언'을 발표하기에 이릅니다.

그것은 '처자식 빼고 다 바꾸자', '양 위주의 경영을 버리고 질 위주로 가자'는 그 유명한 '신경영' 선언이었으며, 삼성 조직 전체에 대한 대폭적인 수술 작업에 들어가는 신호탄이었습니다.

스마트 전쟁의 시대

삼성은 2002년 소니를 따돌린 이후 줄곧 승승장구해서 2012년에는 마침내 세계 9위에 오르는 글로벌 기업으로 성장했습니다.

앞에서 박하성 연구원이 삼성과 이건희를 정당하게 평가해 주지 않는다고 불만을 토로한 것을 저는 이해합니다. 세계가 알아주는데 국내에서만 푸대접받는다는 기분이 드는 것은 삼성 가족으로서 인지상정입니다. 그러나 오늘의 주제가 된 책이 무엇입니까? 《좋은 기업을 넘어 위대한 기업으로》이지요.

위대한 기업이 되려면 이 책에서 더 배워야 합니다. 하다 못해 예수도 고향에서는 푸대접을 받았다고 푸념한 것이 성경에 기록 되어 있어요. 하지만 삼성이나 이건희는 그 정도는 아닙니다.

이건희는 잠시 경영일선에서 물러섰다가 복귀하면서 이렇게 말했습니다.

  삼성전자의 앞날을 예측할 수 없으며, 앞으로 10년 이내에 삼성전자를 대표하는 대부분의 제품이 사라질 것이므로 다시 출발해야 한다.

  비장감에 넘치는 말 아닙니까? 이건희의 수사적 과장법이 조금 심하긴 했지만 당시 삼성의 상황은 그만큼 심각하기도 했습니다.
  2009년 11월, 애플 '아이폰'이 국내에 출시되면서 시작된 스마트폰 열기는 2010년 한 해 동안 IT 업계의 가장 큰 화두였습니다. 들고 다니면서 PC처럼 사용할 수 있는 스마트폰의 보급은 사람들의 생활 패턴을 완전히 바꾸어놓고 말았던 것이죠.
  기업에서도 스마트폰 활용 전략을 세우는 데 분주했습니다. 사실상 스마트폰이 사회·경제·문화 등 우리 사회 전체를 뒤흔들었다고 해도 과언이 아닙니다. IT에 둔감했던 저도 그때 아이폰을 구입했으니까요.
  그런데 삼성이 스마트폰 시장에서 실기를 한 것입니다. 애플에서 아이폰을 내놓은 지 3년 가까이 되었고 세계 시장에서 진가를 발휘하기 시작했는데도 그때까지도 삼성은 제대로 된 대항마를 내놓지 못했습니다. 그뿐 아니라 제대로 된 판단도 하지 못하고 있었습니다. 최지성 사장은 '네티즌들의 한때의 극성일 뿐'이라고 일

축할 정도였으니까요.

　2004년, 애플이 아이팟으로 MP3 플레이어 시장에 뛰어들었을 때도 대다수 IT 전문가나 증권가 애널리스트들은 "애플이 컴퓨터가 하도 안 팔리니까 이제 별걸 다 만드는구나"라고 생각했다고 합니다. 그리고 2007년 애플이 아이폰을 내놓았을 때 삼성전자는 애플을 적수로 생각하지 않고 그다지 신경 쓰지 않았습니다. 당시 애플과 비교했을 때 삼성전자는 브랜드 가치 및 매출 규모 등 모든 면에서 압도적 우위에 있었습니다.

　그런데 아이폰의 한국 판매가 개시되자 모든 상황이 천지개벽을 한 듯이 바뀌어 버렸습니다. 아이폰은 사전 예약만으로도 한국을 뒤흔들었습니다. 예약 창구인 KT의 '폰스토어'는 첫날 홈페이지가 다운이 될 정도로 방문객이 몰려들었고, 예약 접수 첫날인 11월 22일 1만 5000명, 다음 날은 2만 7,000명으로 치솟더니 예약 판매자만 6만 5,000명을 넘어섰습니다. 예약 판매 이틀 만에 아이폰의 판매량은 한 달 앞서 출시된 옴니아 2의 판매량을 간단히 넘어선 것이죠. 아이폰은 출시한 지 열흘 만에 9만 대를 팔았고, 100일 만에 40만 대를 넘어섰습니다. 아이폰이 한국에서 10~15만 대 팔리면 잘 팔릴 것이라던 삼성전자의 예견은 빗나갔습니다.

　일부 얼리어답터와 극성스런 네티즌들의 반응일 뿐이라고 치부하던 삼성전자는 참패했고 초상집 분위기가 되었습니다. 그때 아이폰은 전 세계적으로 3,500만 대 이상이 팔려나가고 있었습니다. 시장을 잘못 읽어도 무척 잘못 읽은 것이죠. 아니면 그동안의 고공비행에 취해서 갑작스레 추락할 것은 생각하지 못했을지 모릅니다. 이런 것을 두고 제임스 콜린스가 위대한 기업의 적은 좋은 기업이라고 말한 것 같습니다.

2009년 11월 26일 〈월 스트리트 저널〉은 "아이폰 출시에 한국이 흔들린다"고 보도했습니다. 정말 그랬습니다. 삼성전자, 아니 한국 사회 전체가 '아이폰 쇼크'를 넘어서서 애플 파워가 무엇인지 깨닫고 고민에 빠졌습니다. 하드웨어가 아닌 소프트웨어가 시대를 이끌고 있다는 걸 새삼 깨닫게 된 것입니다.

아이폰은 사람들의 일상생활 자체를 바꾸어놓는 도구가 되었습니다. 스마트폰의 활성화로 트위터 문화가 개화했고 그것은 카페, 블로그, 미니홈피에 이어 한국 사회에서 새로운 인터넷 의사소통의 장을 만들었습니다. '스마트 빅뱅'은 시민들의 일상생활은 물론 기업의 업무 체계도 모바일 중심으로 바꿔놓았습니다. 스마트폰만 있으면 어디든 사무실이 될 수 있다는 것을 사람들은 알게 되었습니다. IT 강국이라 자부하던 한국, 최대의 IT 기업이라 자부하던 삼성전자가 뒤흔들린 초유의 사건이 일어난 것입니다.

그러나 삼성은 역시 삼성이었습니다. 다행스러운 것은 삼성에게는 다양한 포트폴리오가 내장되어 있다는 겁니다. 삼성은 갤럭시 시리즈로 반격에 나섰고 스티브 잡스가 세상을 떠난 후에는 다시 애플을 압도해 나가고 있습니다. 여기서 누가 누구를 앞섰다는 것이 문제가 아니라는 것을 여러분은 인식하셨을 것입니다. 문제는 세상이 통째로 바뀌고 있다는 것이죠.

사업의 경계가 사라진다, 살아남아야 한다

"훗날 모든 정보 기기는 휴대전화에 통합될 것이다."

이 말은 2005년 삼성전자 정보통신 총괄 이기태 사장이 한 말인데 그 말이 오늘의 현실이 되었습니다.

요즈음 지하철 이용자들을 보면 책이나 신문을 읽는 사람들보다는 손바닥만 한 스마트폰을 들여다보는 사람들이 대부분이죠. '스마트 빅뱅', '모바일 빅뱅'이 일어난 이후의 풍경들입니다. 스마트폰은 휴대전화이지만, 전화 기능은 오히려 부가 기능이 되었습니다. 스마트폰은 영화를 보고, TV를 보고, 음악 감상을 하고, 게임을 하고, e-북을 읽고, e-러닝 학습, 길 찾기 GPS 기능 등 무엇이든지 다 할 수 있는 도구입니다.

이런 풍경은 앞으로 변할 세상에 비하면 아무것도 아닙니다. '스마트 빅뱅'은 가정과 직장, 자동차, 거리로 이어져나갈 것이니까요. '스마트 빅뱅'이 예시하는 미래 시나리오에 따르면 내 손안의 스마트폰 디스플레이에서 냉장고, 에어컨, 세탁기, TV, 커튼, 가스보일러, 전자레인지, 출입문, 창문 등 집 안의 모든 것을 컨트롤하는 시대가 열리는 것으로 되어 있습니다. 기기의 스마트화는 휴대전화를 넘어 '스마트 TV'로 변신했습니다. 스마트 TV는 스마트폰과 더불어 정보 전달 및 관리 장치 즉 홈 네트워크의 허브가 될 것이며, 다양한 전자 및 가전 기기들의 스마트화를 이끄는 역할을 할 것입니다.

이미 구글 TV, 애플 TV가 내놓은 플랜은 집안의 모든 가전 기기, 냉장고, 에어컨, 세탁기, 캠코더, 카메라, 프린터, 오디오 기기들을 스마트화시키는 것으로 되어 있습니다.

이미 PC와 가전 산업은 경계가 불분명해졌고, 방송·금융서비스·통신이 융합되고 있습니다. 반도체와 생명공학의 결합은 시대의 대세이자 피할 수 없는 외길이기도 합니다.

이제부터는 기업들의 사업 영역에 아무런 구분이 없이 완전히 새로운 영역의 사업이 시작될 것입니다. 삼성과 경쟁 업체가 아닌 것 같았던 애플과 구글이 전 방위적으로 전자 산업 영역을 해체하고 새로운 경쟁 구도를 만들면서 삼성의 강력한 라이벌로 떠올랐습니다.

삼성전자는 스마트 TV 시장에서 소니나 필립스가 아닌 구글

TV, 애플 TV와 일전을 벌여야 합니다. 얼마 전 같으면 그 누구도 상상할 수 있는 일이 벌어지고 있는 것이죠. 이제 같은 업종끼리만 싸우던 시대는 지났습니다. 예상치 못한 경쟁자가 등장하는 '이업종 격투기'가 시작되었습니다. 뜻하지 않은 곳에서 시장이 서로 겹치면서 비즈니스 구조가 근본부터 바뀌고 있습니다.

전자 산업 영역의 전 방위적 해체는 IT 산업에만 국한된 이야기가 아닙니다. 더 놀라운 이야기가 있습니다. 현대자동차의 경쟁 상대는 삼성전자가 될지도 모릅니다. 또 애플이 아이폰이나 아이TV에 이어서 아이카Car를 만들어낸다면 어떻게 될까요?

미래의 자동차는 전기자동차가 대세를 이룰 것입니다. 산업 연구원에 따르면 10년 후 세계에는 8,000만 대의 자동차가 생산 판매될 것인데 그중 500~800만 대 이상이 전기자동차가 될 것이란 전망을 하고 있습니다.

전기자동차는 자동차이기 이전에 전자 제품 덩어리죠. 굴러가는 바퀴 외에는 모두가 전자 장치인 것입니다. 말하자면 자동차보다는 전자 기기에 가까운 제품이 되는 셈이죠. 그렇다면 삼성전자가 그 전자 제품을 만들어내지 말라는 법이 없어요. 마찬가지로 애플이 아이 TV에 이어서 아이카, 아이하우스를 만들어내지 말라는 법이 어디 있습니까? 미래의 자동차나 집은 모두 스마트폰으로 원격 제어할 수 있는 전자 기기일 것이기 때문입니다.

앞으로의 세상은 업종 간 경쟁의 벽이 무너지고 새로운 콘셉트의 경쟁이 급격하게 늘어날 것입니다. 이미 산업 간의 벽을 허물고 세상은 새로운 산업 질서로 재편되고 있습니다. 애플이 더 이상 컴퓨터 회사가 아니듯이 이제 구글은 단지 검색 엔진 서비스만을 제공하는 업체가 아닙니다.

이때 미래를 내다보는 선견력이 있는 리더가 필요합니다. 저는 그 선견력이 있는 리더가 반드시 이건희라는 사람이어야 할 필요는 없지만 그래도 그의 리더십과 선견력이 필요하다고 봅니다.

그 시대를 손금처럼 읽을 줄 아는 사람은 거의 없습니다. 자신의 손금조차 읽을 줄 모르는데 시대의 손금을 읽다니요! 그런데 이건희는 시대의 손금을 읽고 한 시대를 선도한 기록을 남긴 경영자입니다. 이건희가 다시 경영일선에 복귀한 이후 삼성호는 안정을 되찾았고 초일류 기업의 면모를 과시하며 순항하고 있습니다.

전략적으로 볼 때 구글과 애플은 2010년대 후반까지 PC, 모바일, TV, 자동차 4개 분야에서 컴퓨터 네트워크 영역을 장악하려고 할 것입니다. 전 세계적으로 인터넷 접속이 가능한 PC(데스크톱, 노트북 포함)는 14억 대에 이르고, 휴대전화는 40억 대, TV는 8억 대, 자동차는 12억 대에 이릅니다. 구글의 모바일 플랫폼인 안드로이드는 PC, 모바일, TV, 자동차 4개 부분의 기기에 탑재할 것을 목표로 개발되었다고 합니다. 놀라운 것은 안드로이드는 스마트폰뿐만 아니라 누크를 비롯한 전자책, 다른 태블릿 PC에서도 작동이 되고 있다는 점이죠. 구글은 안드로이드와 동시에 '크롬'이라는 제2의 OS를 개발하고 있는데 이 OS는 안드로이드와 조합해 TV와 자동차에서도 구동이 되는 플랫폼으로 진화할 것이라고 합니다.

구글의 목표는 실로 PC, 모바일, TV, 자동차 4개 부분을 노리고 있고 그것을 장악하겠다는 실로 거대한 야망인 것입니다. 앞으로 애플, 구글, 마이크로소프트의 피 튀기는 전쟁이 벌어질 것입니다.

이러한 때에 변화하는 시대의 키워드를 잘못 읽고 환경 변화에 적응하지 못한다면 누구도 살아남기 힘들어요. 앞으로의 사회는 지금보다 더 압축된 지식 경영의 시대가 될 것입니다. 미래 사회는 지식과 기술을 가진 기업이 사회가 원하는 제품을 만들어냄으로써 사회를 선도하게 되어 있습니다.

얼마 전 정구현 삼성경제연구소 소장은 "한국이 오는 2015년까지 'G10'(선진 10개국)에 들지 못하면 앞으로 수 세기 동안 G10으로 진입하기 어려울 것"이라는 경고를 내놓은 적이 있습니다.

새로운 콘텐츠 시대에는 개방성과 글로벌 정신, 모험과 도전 정신, 유연성 등이 필수적입니다. 저는 삼성과 이건희가 글로벌 스마트 시대에 중추적 역할을 해줄 것이라 믿습니다.

글쟁이의 두서없는 말을 끝까지 경청해 주셔서 감사합니다.

PART 09
Mark Zuckerberg
마크 주커버그

내가 거의 매일 되뇌는 질문은 '내가 할 수 있는 가장 중요한 일을 지금 하고 있는가?'이다. …느끼지 않는다면, 나 스스로 시간을 소비하고 있는 방식에 좋은 느낌을 갖지 못할 것이다.

빠르게 움직여야만 우리는 더 많은 것을 만들고 더 빨리 배울 수 있다. …페이스북에서 하는 말이 있다. "빨리 움직여서 망가뜨려 봐." 만약 당신이 아무것도 망가뜨리지 않는다면, 충분히 빨리 움직이지 않는다는 것이다.

마크 주커버그 추천서
스티븐 스트로가츠 《SYNC 동시성의 과학, 싱크》

안녕하십니까? 올해 독서경영 모임의 마지막 시간입니다. 오늘은 세계에서 가장 젊은 억만장자인 마크 주커버그의 시간입니다. 1984년생이면 여기 앉아 있는 여러분의 아들이나 조카뻘 되는 나이가 아닐까 싶네요. 그런 젊은이가 세상에서 가장 큰 제국을 다스리고 있습니다. 10억 명에 가까운 사람들이 그가 만든 페이스북 Face book 회원입니다. 그래서 2010년 12월, 〈타임〉지는 세계에서 가장 영향력 있는 '올해의 인물'로 마크 주커버그를 선정했습니다.

이 청년은 인류의 7분의 1에 해당하는 사람들의 사회적인 인맥을 이어주면서 전 세계인의 소통 방식을 크게 변화시킨 사람입니다. 마크 주커버그를 이끈 책이 여러분이 들고 계신 《SYNC : 동시성의 과학, 싱크》입니다.

어때요, 읽기 힘드셨지요? 예, 저도 읽어보았는데 재미있으면서도 좀 어려운 책이더군요. 금년에 저희가 독파한 책 중에 가장 전문적이고 어려웠던 책인 것 같습니다. 하지만 맹그로브 숲의 반

· · · · · · · · · · · · ·

 덧붙이, 오페라 공연이 끝난 후에 울리는 청중들의 박수소리, 한밤중 귀뚜라미들의 합창 소리, 폭동, 유행, 집단 히스테리 특히 포켓몬 만화영화를 시청하던 일본 어린이 수백 명이 졸도한 까닭을 읽을 때는 '아하, 자연 속에 이런 비밀들이 숨어 있었구나' 하고 깨닫는 즐거움도 있었습니다. 알고 보니 마크 주커버그는 이 책 《SYNC : 동시성의 과학, 싱크》와 같은 복잡성 과학에 기반을 둔 '네트워크 이론'을 통해서 페이스북에 대한 아이디어를 다듬어 나갔다고 합니다. 그러니 사업에도 신과학의 도움이 반드시 필요한 것이죠.

 오늘은 우리 시대의 젊은 과학자 KAIST의 김재승 교수를 모시고 여러분이 《SYNC : 동시성의 과학, 싱크》를 읽고 갖게 된 궁금증을 풀어보겠습니다. 2부에서는 SNS의 달인으로 마크 주커버그의 절친한 친구이자 하버드대학에서 강연까지 하신 개그맨 박기동 씨를 모시고 마크 주커버그에 대해 들어보겠습니다.

Chapter 001

《SYNC : 동시성의 과학, 싱크》
스티븐 스트로가츠

모든 것은 모든 것에 잇닿아 있다.

보르헤스

페이스북 이용자들이 일으키는 동조 현상

여러분 반갑습니다. 김재승입니다. 2012년 6월을 기준으로 전 세계에는 9억 5,000만 명 이상의 페이스북 액티브 유저가 있는 것으로 알려졌습니다. 액티브 유저는 최근 30일 동안 그 사이트를 적어도 한 번은 방문한 유저를 말합니다. 사회자의 말처럼 전 세계 인구의 7분의 1이 페이스북을 이용하고 있습니다. 단순 가입자만 치면 10억 명이 넘는 숫자라고 합니다. 여기 계신 여러분도 대부분 페이스북을 하는 것 같군요.

중국 인구가 13억 명이라서 가장 큰 나라라고 하지만 페이스북 이용자들만큼 서로 소통을 이루고 있는지 의심스럽습니다. 페이스북 이용자들은 서로 멀리 떨어져 있어도 즉각 반응하고 소통합니다. 마치 맹그로브 숲의 반딧불이들이 반짝거리듯이 말입니다. 제가 생각하건대 이들만큼 동조 현상을 일으키는 지능적 집단도 없을 겁니다.

마크 주커버그는 정말 영리한 친구입니다. 그는 20세기 후반에 등장한 '복잡성 과학'이란 학문을 재빨리 사업에 응용해서 '페이스북'을 만들어냈습니다. 우연히 그렇게 되었는지도 모르겠지만 말입니다. 그게 우연이라면 그는 정말 시대를 잘 만난 행운아이겠지요.

'페이스북'이라는 이름은 미국 대학에서 학기 초에 학교 측에서 학생들에게 서로를 알아가라고 나누어주는 책에서 비롯된 것인데, 주커버그는 그 책을 전 세계인에게 한 권씩 나누어준 셈입니다.

이과적 소양이 별로 없는 사람은 《SYNC : 동시성의 과학, 싱크》를 읽기가 조금 힘들지도 모릅니다. 그런 이들의 이해를 돕기 위해 저 같은 사람이 밥 먹고 살고 있는 거 아니겠습니까?

알기 쉽게 설명을 드리자면 이 책은 복잡성 이론의 핵심 요소 중 하나인 '싱크' 즉 '동조 현상'을 추적한 책입니다. 한 가지 동(同)에 고를 조(調) 자를 쓰는 '동조(同調)'는 원래 '같은 가락'을 뜻합니다. 시와 음악에서 음률이 같은 것을 나타낼 때 쓰던 말입니다. 또 '남의 주장에 자기의 의견을 일치시키다'라는 의미로도 쓰이고 있지요. 동조 현상은 '동기화'라는 말로도 번역되는데 '영향을 주고받되 이를 통해 서로의 무언가가 같아지는 것'을 의미합니다.

한마디로 요약하면 이 책은 무질서 속에서 질서가 나타나는 과정을 동조 현상이라는 메커니즘으로 구체적이고 생생하게 보여주고 있습니다. 처음에는 제각각 행동하던 각 개체들이 시간이 지나며 점차 다른 개체들과 동조를 이루어 결국 집단 전체가 하나의 동일한 움직임을 보이는 것이 바로 '동조'입니다.

저자가 소주제별로 서술하는 내용은 다음과 같습니다. 누가 어떻게 해서 싱크를 발견했는가, 무엇이 이를 가능케 하는가, 싱크의 메커니즘을 어떤 방식으로 조사했는가, 지금까지 일부 드러난 사실은 무엇이고 앞으로 밝혀내야 할 의문점은 무엇인가 등.

저자는 우선 자연 현상에서 동조 현상을 찾아냅니다. 같은 공간을 쓰는 여자들이 1년도 채 되지 않아서 생리 주기가 같아지는 이유, 사고 등의 명백한 원인이 없는데도 교통 체증이 일어나는 이유, 대형을 갖추어 비행하는 새 떼들, 마치 하나의 덩어리인 양 헤엄치는 물고기 등. 앞부분에서 맹그로브 숲에서 빛을 발하는 반딧불이의 동조에 대한 묘사는 가히 시적이기도 합니다. 신기한 것은 생물체뿐만 아니라 무생물의 세계에서도 동조가 일어난다는 것입니다.

이 책의 1부에서는 생물 진동자, 즉 세포·동물·사람들을 다룹니다. 2부에서는 무생물 진동자, 즉 진자·행성·레이저·전자들을 다루고 있습니다. 3부에서는 초전도체 내의 수많은 원자들의 동조 현상, 태양계의 행성들이 일으키는 동조 효과, 수조 개의 원자들이 광자를 방출하며 생겨나는 빛을 이용해서 만들어진 레이저 등 우리의 일상에 숨어 있는 질서의 비밀들을 풀어내고 있습니다. 라디오, 휴대전화, GPS 등도 동조 현상을 이용한 것이랍니다. 동조 현상을 통해서 우리를 둘러싸고 있는 우주가 하나의 오케스트라처럼 질서정연하게 움직이고 있는 것이죠.

여러분은 페이스북에 들어가서 친구를 만나고 대화를 나누다보면 서로 '영향을 주고받되 이를 통해 서로의 무언가가 같아지는 것'을 느끼나요? 그게 '동조 현상'의 일종입니다. 사실 온 지구를 덮고 있는 인터넷망을 한눈에 볼 수 있다면 거기 접속되어 있는 인간의 영혼들은 마치 반딧불이처럼, 우주의 무수한 별처럼 한꺼번에 반짝이는 듯한 아름다운 장관을 이루고 있는 풍경이 아닐까 싶습니다.

지구촌 사람들은 여섯 다리만 건너면 모두 연결된다

이 책의 저자 스티븐 스트로가츠Steven Strogatz는 1959년생으로 하버드대학교에서 박사 학위를 받고 하버드대학교와 MIT를 거쳐 현재는 코넬대 응용수학과 교수로 재직하고 있습니다.

그는 1998년, '좁은 세상 네트워크Small World Network' 이론을 발표해 세계적으로 화제를 모은 학자입니다. 그는 〈좁은 세상 네트워크의 집합적 역학〉이란 논문을 발표했는데, 핵심 내용은 여섯 사람만 거치면 세계의 모든 사람과 통한다는 소위 '관계의 6단계 법칙6 Degrees of Separation'이란 이론입니다.

이 이론은 스트로가츠가 처음 내세운 것은 아닙니다. 사람들 사이에서 회자되는 이야기를 스트로가츠가 수학적으로 증명해낸 것이죠. 처음에 이 이야기가 나왔을 때 사람들은 무슨 황당한 소리냐고 귓등으로 듣고 비웃었습니다.

1990년, 존 구아레라는 작가가 〈6단계의 분리〉라는 희곡을 썼는데 극중 인물이 좁은 세상에서 생활하는 것의 미스터리에 대해 다음과 같은 대목이 나옵니다.

> 지구 상의 모든 사람들은 다른 사람들과 단지 6명만큼만 떨어져 있다는 글을 어디선가 읽은 적이 있지. 6단계의 분리. 우리와 지구 상의 다른 모든 사람들이 말이다. 미국 대통령, 베네치아의 곤돌라 사공 두 사람 사이에 이름을 채워 넣으면 된다. 우리가 그렇게 가깝다는 게 매우 즐겁게 느껴진다. 연결을 지으려면 제대로 된 사람 6명만 찾으면 되지. 유명한 사람이어야 하는 것도 아니다. 아무라도 좋다. 열대 우림의 원주민이든 에스키모든 누구라도 상관없다. 지구 상의 모든 사람과 나 사이에는 단지 6명이 이루는 사슬밖에 없다. 얼마나 심오한 사상인가⋯⋯ 모든 사람이 다른 세계로 향하는 문이라니.

그런데 몇 년 후, 어느 눈 내리는 겨울에 펜실베이니아에 있는 올브라이트 칼리지에 다니는 남학생 3명이 이와 유사한 생각을 하고 게임에 들어갑니다.

"영화배우 케빈 베이컨과 찰리 채플린, 케빈 베이컨과 말런 브랜도는 몇 번 만에 서로 연결이 될까?"

그들은 이런 궁금증에서 시작해 케빈 베이컨을 중심으로 배우들의 연관성을 찾아들어갔습니다. 왜 케빈 베이컨이 선정되었는지는 모르지만 그 게임은 꽤나 재미있었고, 남학생들은 뭔가 대단한 것을 발견하지 않을까 생각했습니다.

그들은 인기 있던 MTV 심야 토크쇼 〈존 스튜어트 쇼The John Stewart Show〉에 "케빈 베이컨이 신이라는 것을 증명해 보이겠다"며 연락을 했습니다. 그들은 이 쇼에 초청되어 케빈 베이컨과 함께 출연했고, 청중들이 영화배우들 이름을 댈 때마다 그 배우가 케빈 베이컨과 어떻게 연결되는지를 척척 보여줌으로써 청중들을 매혹시켰습니다. 이렇게 해서 '케빈 베이컨의 6단계 법칙Six Degrees of Kevin Bacon'이 탄생하게 된 거죠.

케빈 베이컨과 다른 영화배우 사이의 가장 짧은 경로를 자동 계산해주는 '베이컨의 신탁'이란 웹사이트는 〈타임〉에 의해 1996년에 10대 웹사이트에 선정되기도 했습니다. 참고로 말씀드리면 미국에는 8만 5,000여 편의 영화와 30만 여 명의 등장인물에 대한 자세한 정보가 하이퍼링크로 연결된 인터넷 무비데이터베이스IMDB가 있습니다.

미국에서 모니카 르윈스키 스캔들이 고조되었을 때 〈뉴욕타임스〉는 '모니카와 6단계' 내에 있는 유명 인사들의 다이어그램을 실었습니다. 빌 클린턴과 사담 후세인, 빌 클린턴과 O. J. 심슨, 빌 클린턴과 케빈 베이컨…….

물론 '6단계 법칙'은 한 번도 과학적으로 검증된 바도 없고, 검증할 수도 없는 진짜 가설로 여겨졌습니다. 그런데 스트로가츠는 이 이론을 수학적으로 검증해 발표함으로써 세상을 깜짝 놀라게 했습니다. 이 논문이 발표되자 세계의 언론이 주목했고 학계는 젊은 학자의 도발에 온통 놀라움으로 술렁였습니다. 과학자들은 '6단계 법칙'은 모두 실없는 짓거리라고 비웃고 있었는데, 우리가 구성되어 있는 사회가 '6단계 법칙'의 좁은 세상으로 연결되어 있다니 놀랄 수밖에 없었습니다.

스트로가츠는 이 논문에서 네트워크의 노드들은, 그것이 뉴런이든 컴퓨터든 사람이든 발전소든 간에 모두가 매개물의 아주 짧은 연쇄를 사이에 두고 연결된다는 걸 증명했습니다. 그는 이 원리를 '좁은 세상 네트워크'라고 이름 붙였습니다. 스트로가츠는 카오스와 복잡성 이론 분야에서 뛰어난 업적을 남긴 공로로 MIT의 최고 강의상, 백악관의 젊은 연구자 대통령상 등을 비롯한 여러 상을 수상하는 영광을 안았습니다.

'좁은 세상 네트워크' 이론을 네트워크 이론으로 발전시킨 것이 바로 바바라시의 《링크》라는 책입니다. 《링크》는 네트워크가 무엇인지를 정의한 기념비적인 책이니까 이 분야에 관심이 있으신 분은 읽어보기를 권합니다.

 2006년 6월, 마이크로소프트는 '6단계 법칙'이 인터넷 메신저상에서도 확인되었다고 밝혔습니다. 마이크로소프트가 자사의 인터넷 메신저 사용자 1억 8,000만 명의 한 달간 대화 기록 300억 건을 토대로 조사한 결과, 무작위로 추출한 한 쌍의 사람들이 평균 6.6명을 거치면 서로 연결되는 것으로 나타났다고 밝혔습니다. 이것으로 '6단계 법칙'이 실제로 증명된 셈입니다. 우리 모두가 미국 대통령과 악수 여섯 번으로 연결될 수 있다는 말입니다.

 6단계 법칙에 따르면 우리 모두가 다 아는 사이라는 이야기가 아닙니까? 이러한 '좁은 세상 네트워크'를 가장 넓게, 가장 효율적으로 확장해 또 다른 차원의 세상을 만들어낸 것이 페이스북입니다.

 제가 마크 주커버그를 정말 영리한 친구라고 표현한 것에는 그런 의미가 있습니다. 그는 정말 영리한 친구이면서 억세게 운도 좋은 친구라는 생각이 듭니다. 저는 요즘 이따금 깜짝깜짝 놀라곤 합니다. 인터넷에 접속하면 번번이 페이스북에서 엉뚱한 친구가 나를 안다고 문을 두드리고 있는 것입니다. 여러분도 그런 경험을 하셨을 겁니다. 페이스북의 세계에서는 6단계가 아니라 3단계, 2단계 등 서로 연결되는 단계가 점점 더 빨라지고 있습니다.

서양의 오래된 속담 중에 "세 사람이 여섯 다리만 건너면 지구 위에 사는 사람들은 모두 아는 사이"라는 말이 있습니다. 그러고 보면 아무리 과학이 발달해도 오래된 조상의 지혜를 벗어나지는 못할지 모른다는 생각이 들기도 합니다.

무엇이 이들을 동시에 행동하게 만드는 것일까?

《SYNC : 동시성의 과학, 싱크》란 책은 '좁은 세상 네트워크'에 대한 연구를 확대하고 발전시켜 우리를 둘러싸고 있는 사회와 자연, 우주까지 싱크로 연결되어 있음을 밝힌 책입니다. 여러분도 이 책을 읽으면서 동조 현상이 원자에서 동물에 이르기까지, 사람에서 행성에 이르기까지 광범위하게 퍼져 있는 우주에서 가장 일반적인 경향이라는 사실을 가장 흥미롭게 받아들이셨을 겁니다.

이 책에서 저자는 우주와 자연, 우리의 일상에서 발견되는 여러 동조 현상을 분석해 새로운 과학 이론을 정립하고 있습니다. 사람의 몸에서부터 우주의 행성에까지 발견되는 동조 현상의 탐사는 독자들을 과학적 발견의 흥분 속으로 빠져들게 만듭니다. 이 연구는 과학계뿐만 아니라 경제학, 사회학, 의학, 공학, 인문학 등에도 적용이 가능하다는 데 놀라움은 더 가중됩니다.

동조 현상에 대한 연구는 네덜란드의 물리학자이자 천문학자인 하위헌스Christiaan Huygens로부터 시작됩니다. 1665년 2월의 어느 날이었습니다. 하위헌스는 몸이 아파서 며칠째 침대에 누워 있었습니다. 누운 채 무심코 시계를 바라보던 그의 눈에 놀라운 현상이 포착되었습니다. 하위헌스는 그 당시로서는 가장 정확한 추시계 두 개를 가지고 있었는데, 추시계 추의 움직임에서 기막힌 현상이 발견된 것입니다. 시계 두 대의 추가 서로 약속이나 한 듯이 정확히 동시에 흔들리는 겁니다. 계속해서요. 하위헌스는 시계추가 눈에 보이지 않게 공기를 흔들어서 서로 영향을 준다고 가정하고 칸막이를 가지고 시계 사이를 막아보았으나 소용이 없었습니다.

그는 추의 흔들림을 억지로 바꿔놓고 관찰했습니다. 그랬더니 난데없이 방에 있는 의자들이 부르르 떨기 시작했습니다. 동조가 이루어질 때는 미동도 하지 않던 의자였습니다. 조금 있으려니까 의자가 덜커덩거리는 소리를 내며 움직였습니다. 시계들은 30분 정도 지나자 원래의 동조 상태로 되돌아왔습니다. 그러자 의자도 떨림을 멈추고 조용해졌습니다.

시계추의 동조는 시계가 가고 있는 동안은 한 번도 깨지지 않았습니다. 하위헌스는 그것이 '동조 현상'이라는 답을 얻었습니다. 하지만 거기까지였습니다. 이 현상은 2002년에 와서야 제대로 해

답을 얻게 되는 것입니다.

저는 《SYNC : 동시성의 과학, 싱크》를 읽고 일부러 말레이시아 지역의 맹그로브 숲을 찾아가 보았습니다. 정말 맹그로브 숲 강둑에는 매일 몇 킬로미터에 걸쳐서 어마어마한 무리의 반딧불이가 한꺼번에 빛을 발했다가 꺼졌다 다시 켜졌다 하더군요. 정말 누가 지휘를 하는 것도 아닌데 수십만 마리의 반딧불이가 리듬을 일치시키면서 주기적으로 빛을 반짝이는 그 맥놀이가 밤새 지속되었습니다. 반딧불이 무리가 마치 하나의 몸체가 된 듯이, 마치 자동 센서에 의해서 반짝이는 조명처럼 세상을 향해서 어떤 메시지를 보내고 있었습니다. 이미 알고 갔지만 처음 그 광경을 보면서 저는 제 눈을 믿을 수 없었습니다.

그런데 이상한 것은 제가 그런 현상을 자주 보고 경험한 것 같은 느낌이 드는 것이었습니다. 저는 이미 이 책을 다 읽고 그 경험을 한 탓에 밤하늘을 장식하는 별들도 그런 번쩍거리는 맥놀이를 지속하면서 우주의 질서를 이끌어나가고 있다는 사실을 알고 있었습니다. 뿐만 아니라 심장박동 조절 세포도 수천 개의 세포가 동조해서 발화하는 덕분에 우리가 생명을 유지할 수 있습니다.

잠시 후, 제 뇌리에는 촛불 시위를 바라보던 기억이 떠올랐습니다. 그렇습니다. 반딧불이의 군무를 바라볼 때 느끼던 착시 현상 위로 사회적 이슈가 있을 때마다 수십 만 명의 인파가 촛불을 들고 전국에서 들불처럼 일어났던 촛불 집회의 촛불들이 클로즈업 되어 왔습니다.

  촛불 집회의 촛불도 반딧불이의 군무처럼 일제히 반짝일 뿐만 아니라 정해진 간격을 두고 주기적으로 반짝인다는 사실을 저는 비로소 깨달았습니다. 누가 시킨 것도 아닌데 촛불을 켜들고 리듬을 일치시키고 영혼을 일치시키는 인간 반딧불이들! 그 불빛을 바라보면서 가슴이 먹먹하기까지 했던 기억이 떠올랐습니다. 맹그로브 숲의 반딧불이, 촛불 집회의 인간 반딧불이, 도대체 무엇이 이들을 동시에 행동하게 만드는 것일까요?

싱크, 무질서에서 질서를 만들어내다

《SYNC : 동시성의 과학, 싱크》는 여기에서 더 연구를 발전시켜 사람의 몸에서부터, 원자에서 우주의 행성에까지 발견되는 동조 현상을 탐사해 들어갑니다. 저자가 이 책을 저술하게 된 데는 20세기 후반에 등장한 '복잡성 과학'이 많은 자료를 제공했죠. 스티븐 스트로가즈는 그동안 과학자들이 발견한 동조 현상을 자신이 정한 엄격한 수학적 아이디어에 기초를 두고 탐색해 들어갑니다. 이 책은 사물과 사물, 사물과 사람, 사람과 사람 간에 이루어지는 무수한 동조 현상을 다루고 있습니다.

 자연에서 가장 대표적인 동조 현상은 이미 살펴본 대로 반딧불이가 동시에 깜빡이는 것, 여름밤 귀뚜라미 수천 마리가 동시에 귀뚤귀뚤 우는 것, 물고기 떼가 우아하게 물결치듯이 한꺼번에 움직이는 것, 들쥐들이 바다에 동시에 뛰어들거나 바다의 돌고래들이 육지로 오는 것 등입니다.

 인간의 몸에서도 동조 현상이 일어납니다. 심장의 세포들이 정밀하게 혈액을 펌프질하는 동조 현상, 알파파·델타파 이런 뇌파들이 뇌에 있는 뉴런들을 움직이는 싱크로 나타나고 있습니다.

 동조 현상은 우주에서도 마찬가지로 일어나고 있습니다. 지구와 달의 운동, 행성 간의 궤도를 도는 중력 작용도 싱크로 설명이 가능해집니다.

 뿐만 아니라 인간 사회도 싱크로 설명이 가능해집니다. 패션에서의 집단적 유행, 히틀러 등이 보여주었던 집단 선동, 2002년을 휩쓸었던 붉은 악마 열풍도 결국 싱크의 일종인 것입니다. 예컨대 음악회나 축구장 같은 곳에서 사람들이 박수를 치는 경우, 처음에는 무질서하다가 서서히 리듬이 같아지며 하나의 소리를 내는 것도 동조 현상이라는 것이죠.

 복잡성 이론은 수많은 구성 요소로 이루어진 거대한 계가 복잡한 상호작용을 통해서 질서를 만들어내는 과정을 연구하는 학문입니다. 이 학문은 모든 네트워크가 심오한 질서를 갖고 있으며, 단순하면서 강력한 법칙들에 따라 작동한다는 사실을 발견하고 있습니다.

스티븐 스트로가츠는 새롭게 부상하는 이 분야에서 다음과 같은 질문을 거듭했습니다.

"연결된 진동자들은 어떤 조건하에서, 정확히 어떤 방식으로 서로 동조하는가? 동조는 언제 필연적이고 언제 불가능한가? 동조가 자세히 분석되면 어떤 다른 조직 모델이 예상될 수 있는가? 우리가 배우려고 하는 모든 것은 실질적으로 어떤 함축을 담고 있는가?"

《SYNC : 동시성의 과학, 싱크》에서 스티븐 스트로가츠는 '동조 현상'을 '무질서 속에서 질서가 나타나는 과정'으로 보고 있습니다. 그는 끊임없이 동조 현상을 일으키는 행성 궤도의 패턴, 수면 사이클, 심장 리듬, 교통 패턴 등을 분석하여 복잡한 자연과 일상 속에 감춰져 있는 질서의 비밀을 파헤칩니다. 그는 무질서 속의 질서는 다름 아닌 동조 현상에 의해 발현된다고 말합니다. 모든 경우에 동조의 이러한 묘기는 자발적으로 발생합니다. 자연이 질서에 대한 섬뜩한 갈망을 가진 것으로 보일 정도입니다. 우주에 자발적인 질서가 존재한다는 사실은 오랫동안 과학자들을 당황시켰습니다.

학문의 모든 영역이 동시에 펼쳐진다

이 책에는 인문, 사회, 의학, 생물학, 천문학 등 각계의 분야에서 발견되거나 연구되고 있는 각종 동조 현상이 등장합니다. 스트로가츠는 이 모든 것들을 나열하고 통합합니다. 그리고 이것들이 각 분야마다 다르게 연구되고 있지만 사실은 하나라고 말합니다. 수많은 학자들의 다양한 활동상이 서술되어 있고, 그들의 연구 결과가 자세히 소개되면서 우리에게 낯설었던 하나의 현상이 과학으로 승화되고 있음을 발견할 수 있을 것입니다.

같은 공간을 사용하는 여성들의 생리 주기가 같아진다는 것을 한때 과학계에서는 인정하지 않으려 했습니다.

여성들의 생리 주기가 같아지는 까닭이 무엇이라고 생각합니까? 그것은 여성들이 무의식적으로 친구들과 같은 시기에 배란하고 임신하려고 하고, 적과는 배란 주기를 다르게 하려고 하는 것일지도 모른다고 말합니다. 자신이 잘못되더라도 친구의 젖으로 자식만은 살릴 수 있으리라 생각하기 때문에 그렇다는 것입니다.

이것은 다른 포유동물에서도 실제로 행해지고 있습니다. 동조 집단에 속해 있는 들쥐 암컷은 혼자 있는 어미가 키운 암컷보다 몸집이 더 크고 건강한 새끼를 낳는 것으로 알려져 있습니다.

우리는 서로 맞춰서 춤을 추고 합창을 하고 팀으로 공연하기를 좋아합니다. 함께 노래하고 춤을 추고, 발을 구르고, 축구 경기장에서 파도타기 응원을 하는 것은 우리를 기쁘게 합니다. 거기에는 마치 심장이 고동치는 듯한 삶의 리듬이 있기 때문이지요. 지속적인 동조는 우리 인간에게 쉽게 일어납니다. 다음 순간 음악이 어떻게 전개될지, 무용의 다음 동작이 무엇이 될지 모를 때 청중의 예술적 감상은 더 고양됩니다.

전자나 세포 같은 의식 없는 존재들 사이에서도 동조가 일어나는 것은 거의 기적처럼 보입니다. 싱크를 발견한 하위헌스의 추시계도 살아 있는 생명체가 아니었습니다. 생명 없는 사물이 자발적으로 동조한다는 것을 보여주는 단적인 예죠.

우리 실생활에서 싱크를 가장 유용하게 쓰고 있는 사례는 레이저입니다. 오늘날 일상생활에 활용되는 레이저 기술은 레이저 각막 수술, 레이저프린터, CD 플레이어, 슈퍼마켓의 바코드 판독기 등 실로 다양합니다. 가지런하면서도 밀집된 빛이 바늘처럼 가늘게 쏘아지는 레이저는 수조 개의 원자들이 동조 상태에서 발산하는 빛의 파장입니다. 원자 자체는 보통 전구에 있는 것과 다르지 않습니다. 비결은 원자들이 협동하는 방식에 있지요. 레이저 빔의 놀라운 동질성은 동조해서 고동치는 수조 개의 원자들이 위상과 주파수가 같은 광자를 방출하는 데서 생겨납니다. 싱크가 없다면 레이저를 이용한 수많은 놀라운 기술이 모두 없었을 것입니다.

레이저는 밀도를 엄청나게 높일 수 있고, 아주 좁은 장소에 집중시킬 수 있습니다. 레이저는 이처럼 장점이 많기 때문에 통제하고 조작하기가 쉽습니다. 예컨대 외과용 레이저를 쓰면 어떤 수술용 메스 끝보다 작은 점에 에너지를 집중시킬 수 있습니다. 따라서 다른 방법으로는 접근이 불가능한 병든 조직을 처리할 수 있습니다. 게다가 레이저 수술을 하면 출혈이 거의 없습니다. 절개와 동시에 그 부위를 지져버리기 때문이지요.

싱크를 기초적으로 이해한 결과 인류는 많은 문명의 이기를 사용할 수 있게 되었습니다. 우리가 오늘날 전기를 이처럼 편하게 쓸 수 있게 된 것도 전기 기술에 싱크를 적용한 송전망의 통합 후부터의 일입니다. 서로 몇백 킬로미터씩 떨어져 있는 발전기들이 싱크를 이용해 서로 연결되었고, 다른 지역에 있는 발전 시설끼리도 전력을 사고팔 수 있게 되었습니다.

이 밖에도 라디오, 휴대전화, GPS 등도 싱크를 이용한 것입니다. 싱크는 위성 위치 확인 시스템, 의사들이 간질 환자의 뇌에서 병든 조직을 수술 없이 정확히 찾아내는 데, 기술자들이 비행기 날개에 생긴 작은 균열을 찾아내는 데, 지질학자들이 땅속 깊이 묻혀 있는 석유를 찾아내는 데 등등 다양한 영역에서 사용되고 있습니다.

우리를 둘러싸고 있는 우주가 싱크를 통해 하나의 오케스트라처럼 질서정연하게 움직이고 있습니다. 그것은 생물 진동자(세포, 동물, 사람들)뿐만 아니라 무생물 진동자(진자, 행성, 레이저, 전자), 또 우리를 둘러싸고 있는 다양한 일상들도 마찬가지입니다.

이제 우리는 어떤 것도 다른 것과 따로 떨어져서 발생하지 않는다는 것을 점점 더 강하게 인식하지 않을 수 없습니다. 우리는 우리 자신이 모든 것이 모든 것에 연결되어 있는 좁은 세상에 살고 있다는 것을 알게 되었습니다. 극히 상이한 학문 분야에 속한 모든 과학자들이 모든 복잡성은 엄격한 구조architecture를 갖고 있다는 사실을 일제히 발견하게 되면서, 우리는 거대한 혁명이 진행되는 것을 목도하고 있습니다.

우리는 비로소 네트워크의 중요성을 인식하게 되었습니다. 우주가 싱크를 통해 형성하고 있는 네트워크를 알게 되면 유행과 바이러스의 확산, 생태계의 강인성, 경제 구조의 취약성, 심지어는 민주주의의 미래에 대해서도 알 수 있을 것입니다.

싱크는 '자기 조직하는 힘'으로 가능한 모든 채널을 이용해서 무질서의 세계를 질서의 세계로 만들어 나가고 있습니다.

경청해 주셔서 감사합니다.

Chapter 002

마크 주커버그에 대하여

할아버지의 할아버지 사회의 작은 마을에서는
어느 집의 숟가락 숫자까지 알고 있었습니다.
지금 페이스북이라는 기술의 덕분으로
사람들은 예전 생활 방식으로 돌아가고 있습니다.

마크 주커버그

| SNS의 달인으로 마크 주커버그와 절친한 친구가 되기까지

박기동입니다. 저는 마크 주커버그와 절친한 친구가 아니라 딱 한 번 만났을 뿐입니다. 제가 개그맨이라서 좀 장난스럽게 사진을 찍는 바람에 아주 친한 인물인 것처럼 비쳐졌나 봅니다. 하지만 나쁜 사이는 아니죠. 지금도 가끔 이메일을 주고받는 사이니까 약간 친한 사이라고 해두지요.

마크 주커버그는 저와 동갑입니다. 무슨 소리냐고요? 12세 차이 나는 띠동갑이라는 것이죠. 제가 마크 주커버그에게 반한 것은 2010년, 미국 시사 주간지 〈타임〉을 보고 나서부터였습니다. '올해의 인물'로 26세의 청년 회장을 선정해놓고 그 기사에는 이런 문구가 적혀 있었습니다.

> 1952년, 엘리자베스 영국 여왕이 올해의 인물로 선정되었을 때 주커버그와 똑같이 26세였습니다. 그러나 주커버그는 제국을 물려받은 게 아니라 제국을 창조했습니다.

아, 정말 내 가슴을 뻥 하고 치는 특급 멘트가 아닐 수 없었습니다. 게다가 마크 주커버그는 경제 전문지 〈포브스〉가 선정한 2010년 갑부 명단에 오른 미국에서 가장 젊은 억만장자 중 한 명이었습니다. 그러니 제가 어찌 마크 주커버그를 사모하지 않을 수가 있었겠습니까?

저는 그때 집 한 칸 마련하지 못하고 삼류 개그맨으로 전전할 때였습니다. 거짓말이 아니고 저는 그때부터 마크 주커버그의 초상을 방 안에 걸어놓고 아침마다 바라보며 맹세했습니다.

"마크 주커버그 회장님! 당신이 페이스북 제국의 일인자라면 나는 '개그 제국의 일인자'가 될 것이오. 굽어 살피시옵소서!"

그래서 저는 당장 페이스북에 가입하고 스마트폰을 구입했습니다. 사실 저는 그때까지만 해도 페이스북이 무엇인지 SNS가 무언지도 모르는 멍청이였습니다. 저는 스마트폰을 들고다니면서 후배 개그맨들에게 SNS 사용법을 열심히 배웠습니다. 트위터에도 가입하고 블로그에도 글을 올렸지요.

그랬더니 어찌된 일입니까? 저는 파워 블로거가 되고 SNS 팔로워도 금세 1,000명이 넘어갔습니다. 일 년도 안 되는 사이에 저는 SNS로 소문이 나게 되었습니다. 팔로워가 10만 명이 넘어가던 날, 저는 이렇게 혁신적인 방식으로 우리 모두의 생활 방식을 변화시킨 주역 중 한 사람인 마크 주커버그에게 무척 고맙다는 생각을 하게 되었습니다. 그래서 저는 마크 주커버그에 대한 연구를 시작했지요. 그러다 보니 자연히 영어 공부를 하게 되었고 영어로 개그하는 공부를 하게 된 거죠. 그것이 제 '얼치기 영어 개그'의 시작입니다. 그때만 해도 제 얼치기 개그가 뜰 줄 몰랐죠. 그런데 유튜브로 얼치기 개그가 전파되더니 팔로워가 20만 명이 넘어서고 공중파도 타고 난리가 났습니다. 그때 '개그 제국의 일인자'가 될 수 있다는 자신감을 얻었습니다.

그러던 중에 하버드대학에서 강연 요청을 받고 강단에 서게 되었습니다. 삼류 개그맨에서 일약 지구촌 개그맨으로 변신을 한 겁니다. 그러니 어찌 마크 주커버그를 흠모하지 않을 수 있겠습니까? 이건 SNS 제국의 신민으로서가 아니라 그저 인간적으로 지니게 된 흠모의 정입니다. 저는 마크 주커버그에 대한 연구를 하다가 그가 고결한 영혼을 지닌 제국의 캡틴이라는 것을 알았습니다. 오늘 제가 이 자리에 선 것은 그 이야기를 하기 위해서입니다.

프로그래밍 신동

마크 주커버그는 '하버드 괴짜', '현대판 칭기즈칸', '제2의 빌 게이츠', '최연소 억만장자' 등의 수식어가 따라다닙니다. 하지만 이 청년 회장은 몇 년 전까지만 해도 하버드대 심리학과에 다니는 사고뭉치 학생에 불과했습니다.

마크 주커버그는 1984년, 5월 14일 뉴욕 주 화이트 플레인스에서 태어났습니다. 아버지는 치과 의사였고, 어머니는 정신과 의사였습니다. 양친이 모두 의사이니까 우리 식으로 이야기하면 빵빵한 집안이지요. 거기다 마크 주커버그는 유대인이니 금전적 문제 없이 부유하게 자란 것은 틀림없지요.

주커버그는 세 명의 여자 형제인 랜디Randi, 도나Donna, 애리얼Arielle과 함께 자랐습니다. 그의 큰누나인 랜디는 나중에 페이스북의 마케팅 책임자가 되었습니다. 주커버그는 13세 때 유대교 성인식을 치렀으나 그는 성인이 된 이후 자신은 무신론자라고 밝히기도 했습니다.

주커버그는 중학교 시절 프로그래밍을 시작했는데 대부분의 IT 천재들이 그러하듯 무지막지한 컴퓨터광이었습니다. 더구나 그는 컴퓨터를 배우는 환경이 무척 좋았습니다. 그는 아버지에게 아타리 BASIC 프로그래밍을 배웠고, 소프트웨어 개발자인 데이비드 뉴먼David Newman에게 개인 지도를 받는 행운도 갖게 되었습니다. 또 그는 집 근처 머시 칼리지의 대학원에서 프로그래밍 수업을 청강하기도 했습니다.

어려서부터 컴퓨터광이었던 주커버그는 '사람들이 좋아할 만한 소프트웨어 만들기'에 열을 올렸습니다. 그는 아버지 사무실 직원들의 업무처리를 원활하게 할 프로그램을 고안한 것을 비롯해서 주위 사람들이 컴퓨터 앞을 떠나지 못하게 만드는 통신 관련 툴이나 여러 가지 중독성 높은 게임을 만들어냈습니다.

남들이 부러워하는 하버드대학생이 되었지만 주커버그는 공부보다는 프로그램을 만들어서 장난을 치거나 사람들을 컴퓨터 앞에 붙들어놓는 일에 더 관심이 많았습니다. 주커버그는 대학교 2학년 초에 코스매치Course match라는 프로그램을 만들었습니다. 이 프로그램은 다른 학생들이 선택하고 있는 강의 정보들을 기초로 자기가 수강하고 싶은 강의들을 결정할 수 있게 해주는 프로그램이었는데 학생들에게 대단한 인기를 끌었습니다.

무엇보다도 주커버그가 자신의 진가를 세상에 알리기 시작한 것은 두 사람의 인물 사진을 비교하고 누구의 외모가 더 나은지를 결정하는 프로그램인 페이스매시facemash를 내놓았을 때였습니다. 이것이 하버드대학 기숙사의 장난에서 비롯한 세기의 혁명 페이스북의 시작이었습니다.

페이스북의 시작

주커버그는 "사람들이 가장 흥미로워하는 것은 바로 다른 사람들이다"라는 생각으로 심리학을 전공했습니다. 2학년이 되었지만 그는 공부에는 별로 관심이 없었습니다. 그는 기숙사의 컴퓨터 앞에 앉아 동급생들을 놀릴 엉뚱한 궁리나 하고 있었습니다. 그 또래의 아이들이 다 그러하듯이 그는 기숙사 안에서 가장 예쁜 여학생이 누구인지 골똘히 생각에 잠겼습니다.

그러던 어느 날 밤이었습니다. 주커버그는 대담하게도 하버드 대학의 전산 시스템을 해킹해서 9개 기숙사에 있는 모든 학생의 사진과 기록을 빼냈습니다. 그리고 그는 8시간 만에 '페이스매시' 프로그램을 완성했습니다. 그것은 하버드 기숙사에 있는 여학생 중에 누가 더 매력적인지 투표를 하도록 만든 사이트였습니다. 무슨 광고를 하거나 홍보 행위를 하지 않았는데도 그 사이트에 대한 소문은 금세 퍼져나갔습니다.

얼마 채 지나지 않아 갑자기 늘어난 페이스매쉬 사용자들로 인해 주커버그의 노트북은 거의 마비될 지경이었습니다. 그사이 450명의 학생이 접속해서 무려 2만 2,000장의 사진에 투표를 하고 있었습니다. 놀라운 인기였습니다.

"컴퓨터가 다운되었어!"

주커버그는 예상하지 못한 사태에 놀라서 비명을 질렀습니다. 그런데 더욱 놀라운 일은 접속자가 점점 많아져서 잠시 후에는 학교 전산 시스템마저 마비되었다는 사실입니다. 이 사태를 뒤늦게 파악한 대학 당국은 페이스매시를 차단해 버렸습니다.

그뿐만 아니었지요. 학교 기율을 담당하는 학생처에서는 학생징계위원회를 열고, 대학의 보안·저작권·사생활 침해를 이유로 주커버그에게 근신과 면담 조치를 내렸습니다. 주커버그는 페이스매시를 닫겠다는 서약을 하고 겨우 퇴학을 면하고 문제를 매듭지었습니다. 이 사건으로 주커버그는 학교 당국과 동료 학생들에게 정중하게 사과를 해야 했지만 마음속으로는 자신이 잘못된 일을 하고 있는 것이 아니라고 굳게 믿고 있었습니다. 오히려 그는 속으로 신이 나 있었습니다. 주커버그의 악동 기질이 제대로 발휘되기 시작한 겁니다.

"바로 이거야, 이걸로 나는 새로운 인터넷 세상을 열 수 있어!"

이때부터 주커버그의 악동 기질이 기업가 기질로 넘어가는 단계가 시작되었습니다. 그는 친구들과 샴페인을 터뜨리며 '미래의 성공'을 축하하는 자축 행사를 열었습니다. 그때부터 그는 하버드대에서 엄청난 이슈 메이커가 되었습니다.

그런 일을 겪고 난 주커버그는 다시 골똘히 생각에 잠겼습니다.

"그 정도의 사이트를 가지고 사람들이 폭발적인 반응을 보이는 것을 보면 학생들끼리 서로 알고 지내도록 만드는 사이트를 만들면 더 폭발적인 반응을 보일 거야."

주커버그는 2004년 2월 4일 수요일 오후, 하버드대학의 재학생들을 온라인으로 연결하는 사이트인 '페이스북'을 오픈했습니다. 이미 컴퓨터 프로그램 '신동'이자 하버드대의 '악동'으로 유명세를 탄 그가 만든 사이트는 이내 학생들의 관심을 끌었습니다. 그 후

한 달 동안 하버드대의 학생 중 절반 이상이 페이스북에 가입했습니다. 주커버그는 이렇게 말하면서 사용자들을 불러들였습니다.

> 페이스북은 대학생들 간의 소셜 네트워크를 통해 사람을 연결하는 온라인 인명록입니다. 우리는 하버드 학생들을 위해 페이스북을 만들었습니다. 학교의 인물을 검색하거나, 수업을 같이 듣는 사람이 누구인지 알 수 있고, 친구의 친구를 찾아볼 수도 있습니다. 당신의 소셜 네트워크를 그려보세요.

놀라운 현상은 페이스북의 가입자가 하버드대를 넘어서서 스탠퍼드대, 컬럼비아대, 예일대 등 다른 대학 학생들이 가입하게 되면서 새로운 양상을 보이기 시작한 것입니다. 주커버그는 사이트를 오픈한 지 2주일째부터 다른 대학교 학생들로부터 자신의 학교에도 사이트를 개설해달라는 이메일을 받기 시작했습니다. 페이스북이 설치된 대학에서는 다른 대학과 연계할 수 있게 해달라는 요청까지 들어왔습니다. 그래서 페이스북은 사이트를 오픈한 지 2달 만에 아이비리그의 유명 대학은 물론 미국 전역의 대학을 아우르며 폭발적인 인기를 누리게 됩니다.

2005년 9월, 페이스북의 서비스는 고등학교에까지 확대되었고, 2005년 말에 이르러서는 미국 내 2,000개 이상의 대학과 2만 5,000개 이상의 고등학교에 네트워크가 형성되었습니다. 2006년 9월,

드디어 페이스북은 학교가 아닌 일반인들에게도 서비스가 제공되기 시작했습니다.

　사람들은 페이스북을 통해 자주 보지 못하거나 연락이 끊겼던 이들과 연락이 되자 열광하기 시작했습니다. 그리고 청소년들은 대부분 페이스북을 이메일이나 전화 대신 친구들과 소통하는 수단으로 사용하면서 생활 필수 요소로 여기기 시작했습니다. 그리하여 주커버그는 대학 소셜 네트워크의 주인공으로 우뚝 서게 되었습니다.

자신에 대한 믿음과 도전

일약 하버드 기숙사의 스타가 된 주커버그는 중대한 결심을 하게 됩니다. 그는 페이스북의 가능성과 사업성을 낙관하고 자신이 세상을 바꿀 수 있다는 믿음으로 과감히 대학을 중퇴하고 비즈니스의 세계로 뛰어든 것입니다.

　어때요? 멋있죠? 어떻게 그 들어가기 힘든 하버드를 제 발로 박차고 나옵니까? 우리네 부모 같으면 난리가 났을 터인데 주커버그의 부모는 아들을 응원했다고 하더군요.

　그런데 그 아들은 실리콘밸리 입성 3년 만에 페이스북을 세계 최대의 소셜 네트워크 사이트로 만들어냈고 거침없는 성장을 합니다. 제가 가장 부러워하는 것이 이런 미국의 시스템입니다.

좌우지간에 2010년 6월, 페이스북이 전 세계에 5억 명이 넘는 회원을 확보하자 야후가 10억 달러에 페이스북을 사겠다는 제안을 해왔습니다. 페이스북이 뜨기 전 최고의 소셜 네트워킹 사이트로 유명한 '마이스페이스'가 5억 8,000만 달러에 팔렸고, 동영상 사이트로 유명한 '유튜브'도 구글에 15억 달러에 팔렸던 때였습니다. 하지만 주커버그가 누구입니까?

그는 세기적인 인물이 되기로 예약을 하고 태어난 사람답게 그 엄청난 제안을 거절하고 맙니다. 만약 그때 페이스북을 팔았다면 주커버그는 그저 돈 많은 졸부로 인생을 끝내고 말았을 겁니다.

사용자 5억 명이란 전 세계 인구의 8퍼센트, 인터넷 사용자의 27퍼센트가 페이스북을 이용하고 있음을 뜻합니다. 그렇게 많은 사용자를 확보한 주커버그로서는 지구촌을 하나로 묶는 엄청난 파워를 생각하지 않을 수 없었을 것입니다.

무엇보다도 그가 페이스북의 강점으로 생각한 것은 개방성이었습니다. 주커버그는 다른 사이트들과 달리 울타리를 활짝 열어놓았습니다. 그 덕분에 이 오픈 플랫폼은 무엇이든지 빨아들이는 거대한 블랙홀이 되어서 세계인을 끌어들였습니다. 페이스북은 온·오프라인의 간격을 좁혀놓으면서 사회적 계급과 국경을 무의미하게 만들어 누구나 온라인상에서 친구가 될 수 있는 공간을 창출한 것입니다.

 페이스북에는 다양한 기능이 있습니다. 가장 대표적인 것은 '친구 찾기'로 가입자가 출신지, 거주지, 학교나 직장, 취미 등의 개인정보를 입력하면 경력이 겹치는 인물들을 찾아주는 것입니다. 페이스북은 이 밖에도 다양한 기능을 갖추고 있어서 가입자가 지닌 모든 요소가 만남의 고리로 작용합니다. 1부 강연에서 나왔던 그대로 싱크를 제대로 활용한 것이죠.

 그러면서도 페이스북은 철저하게 실명제를 실시했습니다. 인터넷을 통한 인간관계의 가장 큰 문제는 상대방이 '진짜'인지를 알 수 없다는 점입니다. '악성 댓글' 등에 시달리던 연예인들의 자살이 잇따르는 등 인터넷 폐해가 심각한 것을 생각하면 페이스북의 경우 개인의 프라이버시를 지켜주는 탓에 가입자들은 안심하고 페이스북에 접속하게 됩니다.

 페이스북은 가짜 이름을 담당하는 팀까지 두고 자동 시스템을 통해 스팸메일 업자나 신분을 속이는 이들을 감시합니다. 실례로 《악마의 시》를 쓴 영국의 저명한 작가 살만 루시디는 한때 페이스북 계정이 중지되었습니다. 실명을 안 썼기 때문입니다. 살만 루시디는 필명이며, 실명은 아마드 두시니입니다. 그는 페이스북 측에 여권 사진을 보내 본인임을 확인한 뒤 다시 자신의 페이지를 되찾았습니다. 계정의 이름은 '아마드 루시디'로 바꿔야 했습니다. 가상의 공간에서도 실제 생활과 똑같은 공간으로 만들려는 것이 페이스북의 정책입니다.

영국 BBC는 최근 "페이스북은 국경·계급의 벽을 무너뜨리며 친구가 친구로 이어지면서 이용자가 눈덩이처럼 불어나고 있다"고 보도했습니다. 주커버그는 이용자가 5억 명을 넘어선 것을 알리는 글에서 이렇게 밝혔습니다.

"내가 진정으로 추구하는 것은 세계를 열린 공간으로 만드는 것입니다. 언제, 어디서든, 무엇이든 모두와 공유할 수 있는 서비스를 실현시키겠습니다. 세상은 훨씬 더 좋아질 것이고, 우리가 그렇게 만들 것입니다."

2010년 3월 첫째 주, 미국 인터넷 이용자 분석 결과 페이스북은 구글을 제치고 1위로 올라선 것으로 나타났습니다.

회사는 혼자 하는 것이 아니다

마크 주커버그는 IT 세계를 움직이는 영향력 순위에서 1위를 차지한 인물입니다. 페이스북 직원들의 평균 연령은 31세이고, 사무실의 분위기는 무척 자유분방합니다. 유쾌하게 떠들고 소통하며 자유롭게 일하는 것이 페이스북의 기업 문화이죠.

그런데 페이스북 가입자가 폭발적으로 늘어나고 회사의 덩치가 커지자 주커버그에게도 고민이 생기기 시작했습니다. 그는 천재적 발상과 개발력에서는 뛰어났으나 회사의 덩치가 커지자 뒷심이 딸리기 시작했습니다.

그래서 2007년 겨울, 주커버그는 삼고초려 끝에 한 여인을 영입합니다. 그녀의 이름은 셰릴 샌드버그Sheryl Sandberg입니다. 당시 그녀는 구글 해외 부문 부사장이었는데 주커버그는 그녀를 6주간이나 끈질기게 찾아가서 설득했습니다. 육고초려인 셈입니다.

하버드대학 경제학과를 수석으로 졸업한 그녀는 최고의 학생에게 수여하는 존 윌리엄스 상까지 수여한 인재였습니다. 졸업 후 최고의 컨설팅 회사인 매킨지에서 근무하던 그녀는 존경하는 스승 로렌스 서머스의 부름을 받아 워싱턴으로 갔습니다. 재무부 차관을 지내던 서머스가 장관이 되자 샌드버그는 수석 보좌관이 되어 스승을 보필했습니다.

클린턴 행정부의 임기가 끝나고 워싱턴을 떠날 즈음인 2001년 1월, 그녀는 구글에 스카우트됩니다. 벤처 기업의 경험이 전무한 샌드버그였지만 뛰어난 통찰력과 직관력으로 사업의 핵심에 다가섰습니다. 그녀는 클릭당 비용 모델을 동힙한 광고 판매 기법을 동원해서 검색 광고 시장에 혁명을 일으키는 비즈니스 모델을 제시했고 이를 성공시킴으로써 구글을 반석 위에 올려놓았습니다.

그런데 샌드버그는 2007년 크리스마스 파티에서 25세의 청년 마크 주커버그를 만나자 마음이 흔들렸습니다. 주커버그의 풋풋한 남성적 매력에 이끌린 것일까요? 그건 당사자들만이 아는 문제이니까 넘어가죠.

주커버그는 역시 대성할 사업가답게 수익 모델 미비로 적자에 허덕이던 회사를 위해 페이스북의 COO Chief Operating Officer 자리를 맡을 사람은 그녀밖에 없다는 결론을 내리고 매달렸습니다. 직관력이 강하고 눈매가 독수리처럼 매서운 그녀는 페이스북의 미래를 보았고 당장 구글이라는 세계 최고의 인터넷 회사를 떠나는 결단을 내립니다.

페이스북에 둥지를 튼 샌드버그는 자신의 능력을 빠르게 증명해냈습니다. 그녀는 구글에서와 같이 치밀한 전략으로 광고 수익을 극대화할 수 있는 방안을 제시했습니다. 그녀는 친구와 지인들의 취향과 경험을 나누는 페이스북 고유의 특성을 살리면서 시스템이 자동화되어 모니터링도 쉽게 할 수 있는 광고 방식을 창안했습니다. 그녀는 자동화 시스템을 사용하여 사용자와 광고주, 파트너 웹사이트의 문제를 해결하는 데 초점을 맞췄습니다. 샌드버그의 '자동화 소셜 광고'와 중복된 프로필을 제거해주는 자동화 툴의 성공은 가히 폭발적인 위력을 발휘했습니다.

그녀가 영입되었을 때 6,700만 명이던 회원 수는 7억 명으로 폭증했고, 매출 또한 해마다 두 배씩 성장했습니다. 그사이 본사 직원은 130명에서 2,500명으로 늘어났는데 그녀는 구글에서의 경험을 바탕으로 직원을 늘리지 않는 정책을 고수하고 있습니다. 그것은 구글이 직원 수가 2만 6,000명이 넘어서면서 혁신이 아닌 관료주의의 길을 걷고 있다는 판단 때문입니다. 샌드버그는 뉴욕 버나드 여대 졸업식 축사에서 자신의 인생 철학을 이렇게 말했습니다. "절대로 두려움이 당신이 원하는 것을 못하게 내버려두지 마세요. 여러분이 가는 길 위의 장애물이 여러분 안에 있는 것이어서는 안 됩니다. 행운은 용감한 자를 좋아합니다. 그리고 실제로 해보지 않고서는 어떤 일을 할 수 있는지 알 수 없지요."

페이스북의 경영 철학은 해커 정신이다

페이스북 본사 정문을 들어서면 '핵HACK'이라는 커다란 문자 디자인이 가장 먼저 눈에 들어옵니다. 이 단어는 컴퓨터 해킹을 의미하기도 하고, 비정상적인 방법이지만 매우 효율적인 컴퓨터 문제 해결 능력을 뜻하기도 합니다.

주커버그는 페이스북의 정신을 '해커 웨이Hacker way'라고 말합니다. 그는 "해커 정신은 지루한 논쟁이 아니라, 컴퓨터 엔지니어들이 직접 실천하고 실험하며 무엇인가를 재빨리 만들어 이를 통해 문제를 해결하는 것"이라고 말하고 있습니다. '사악하지 말자Don't Be Evil'라는 슬로건을 내건 구글과는 대비되는 정신입니다.

세계가 주목해야 할 것은 경영 철학보다 페이스북이 지닌 막강한 파워입니다. 페이스북 이용자는 2011년 12월 말, 8억 4,500만 명을 넘어섰습니다. 이보다 더욱 주목할 대목은 매일 페이스북을 쓰는 열성적인 이용자가 4억 8,300만 명에 달한다는 점입니다. 앞에서 김재승 씨가 전 세계에 9억 5,000만 명 이상의 페이스북 액티브 유저가 있다고 이야기했는데 아마 맞을 것 같습니다.

페이스북에 이렇게 열성적이고 충성을 다하는 이용자가 있는 것은 페이스북이 네티즌 스스로 자신이 좋아하는 사람들과 친구 관계를 맺게 해주는 기능을 갖고 있기 때문입니다. 페이스북에 접속하게 되면 같은 취향을 가진 네티즌끼리 네트워크가 만들어져서 서로 어울리는 동아리가 형성됩니다. 그런데 그런 현상은 기업 입장에서 보면 특정 제품에 딱 맞는 소수의 타깃 시장이 만들어진 것이 되는 셈입니다.

페이스북은 "기존의 인터넷 배너 광고와 비교할 때 페이스북에서 친구가 추천해준 광고는 2배의 인지도와 4배의 구매율을 보인다"고 밝혔습니다.

소비재를 만드는 전 세계의 거의 모든 주요 기업이 페이스북에 뛰어든 건 어쩌면 당연한 일입니다. 이들에게 페이스북은 전 세계 8억 명의 소비자를 보유한 거대한 유통점인 셈입니다.

페이스북의 더 큰 잠재력 수익원은 수수료입니다. 전 세계 영화·음악·게임 회사를 페이스북 안으로 끌어들여 이용자에게 콘텐츠를 팔게 하고 수수료를 받습니다. 실제로 2011년, 페이스북의 수익 중 11퍼센트는 게임 업체 '징가'에서 나왔다고 합니다. 징가는 페이스북 이용자에게 게임을 제공해 돈을 벌고, 페이스북은 수수료를 받았습니다.

페이스북은 이용자가 본 영화나 음악을 실시간으로 친구들과 공유할 수 있도록 했습니다. 영화·음악 업체 입장에선 자사 콘텐츠 홍보와 동시에 직접적인 매출 확대로 이어질 수 있습니다.

페이스북의 무기는 데스크톱·노트북과 같은 컴퓨터가 아닌 스마트폰입니다. 컴퓨터는 주로 업무용이지만, 스마트폰은 소비자에게 가장 개인적인 기기입니다. 24시간 소비자와 항상 함께 있는 광고판이자, 콘텐츠 판매대인 셈입니다.

그러나 페이스북은 단순한 친구 맺기 사이트나 광고 공간으로서의 기능을 넘어서 엄청난 사회적·문화적·정치적 영향력을 행사하고 있습니다. 미국 최초의 흑인 대통령 버락 오바마를 탄생시킨 것도 페이스북이 있었기에 가능한 일이었습니다. 여러분! 정말 놀랍지 않습니까?

페이스북은 2011년 7월부터 페이스북의 플랫폼에서 발생하는 모든 결제에 대해 페이스북 고유의 온라인 화폐인 크레딧으로 결제할 수 있도록 하겠다고 밝혔습니다. 전 세계를 대상으로 한 새로운 경제 실험에 도전한 것입니다.

얼마 전 페이스북은 이스라엘의 스마트폰 관련 기술 업체를 인수했습니다. 목표는 신흥국에 보급되는 저가 휴대폰에도 고가의 스마트폰 수준으로 페이스북을 이용하도록 소프트웨어를 개발하는 것입니다. 페이스북 이용자를 15억~20억 명까지 늘리려면 인도·중국과 같은 신흥국 소비자를 끌어들여야 하기 때문입니다.

2010년부터 P&G와 같은 미국 대형 소비재 업체들이 앞다퉈 페이스북 안에 상점을 열었습니다. 오프라인 업체들이 인터넷 시대에 온라인 판매에 나섰듯이 이번엔 페이스북 페이지를 통한 판매를 시작한 것입니다.

대표적인 성공 사례는 꽃 배달 업체인 '1-800플라워즈'입니다. 이 회사는 2009년 페이스북에 상점을 차리고 결제 기능을 넣었습니다. 페이스북에는 친구의 생일을 알려주는 기능이 있습니다. 생일에 친구에게 축하 메시지를 보내는 건 페이스북의 문화로 자리 잡았습니다. '1-800플라워즈'는 페이스북에서 꽃다발을 선택하고 신용카드로 결제해 친구에게 곧바로 생일 선물을 보낼 수 있게 했습니다.

 영국의 명품 의류 업체인 버버리도 페이스북을 통해 시장을 확장했습니다. 버버리는 2009년 '아트 오브 더 트렌치Art of the Trench'라는 페이스북 사이트를 만들었습니다. 버버리의 모토는 '트렌치코트를 입은 사람들은 각각 스토리가 있다'입니다. 세계 각국의 고객들이 직접 트렌치코트를 입은 사진을 올려 공유하도록 했습니다. 3세 금발 아기부터 중년 여성까지 200여 개 국가의 고객들이 자신의 옷맵시를 자랑하는 사진을 올렸습니다. 이는 페이스북 이용자들의 '좋아요' 버튼을 통해 퍼져나갔습니다. 1,420만 페이지뷰를 기록했고 버버리는 2009년에 매출이 7퍼센트 늘었습니다.

실리콘밸리식 기부 문화의 새 지평

얼마 전 페이스북은 미국 증권거래위원회에 기업 공개를 신청했습니다. 미국의 한 증권사는 2015년에는 페이스북의 시가 총액이 2,340억 달러에 달할 것이라고 예측했습니다. 구글의 시가 총액인 2,000억 달러를 넘어 세계 최대 인터넷 기업이 될 거라는 전망을 내놓은 것입니다.

 최근 주커버그는 페이스북의 미래를 설명해달라는 주변의 요구에 "페이스북은 인터넷과 사회의 선한 세력"이라고 표현하면서 이렇게 말했습니다.

"많은 사람이 내가 마치 매출이나 수익에 무관심한 것처럼 오해를 하는데 나의 목표는 회사를 만드는 것 이상입니다. 여기서 말하는 것은 세상의 변화를 의미합니다. 지금 내가 하는 일이 누군가에게 도움이 되는 일이냐 하는 것이 나와 이 회사(페이스북)의 존재 이유입니다."

주커버그는 회사의 덩치가 커질수록 엄청난 부자가 되어가고 있지만 돈에 대해 거의 무관심에 가깝습니다. 그는 자신의 관심사 중 하나는 '욕망 억제'로, "그저 일에 몰두하고 싶다"고 말합니다.

주커버그는 가식적인 사람이 아니라 원래 그렇게 살고 싶어 하고 그렇게 살아갈 사람처럼 보였습니다. 그래서 주커버그는 최근 자기 재산의 절반 이상을 기부하기로 공개 약속하는 '기부 서약' 운동에 동참했습니다. 기부 서약을 하고 난 뒤 주커버그는 이런 말을 했습니다.

"사람들은 나이가 들면 기부하겠다고 하지만 왜 기다려야 하는지 모르겠어요. 사업에서 성공한 젊은 사람들은 인생의 좀 더 이른 시기에 재산을 사회에 환원하고, 그 재산이 자선활동에 쓰이는 효과를 직접 볼 큰 기회를 갖고 있는 것 아닌가요?"

어때요? 멋지지 않나요? 그에게 기부는 돈이나 물질을 상대방에게 주는 것만 해당하지 않습니다. 그는 남들보다 앞장서서 공익적인 활동의 결과로 회사 분위기를 바꾸었습니다. 그는 회사의 분위기를 바꾼 그것 역시 남에게 베푼 기부라고 설명합니다.

그런 의미에서 주커버그는 포트래치potlatch 경제를 강조합니다. 원래 포트래치란 북아메리카 서해안 인디언인 치누크족 사이에서 족장이나 우두머리 같은 부유한 사람이 베푸는 일종의 축제를 말합니다. 치누크족의 말로 '소비하다, 베풀다' 등의 의미를 가지고 있는 이 말은 한 커뮤니티 내에서 지도자가 부를 과시하기 위해 나머지 사람들에게 재산을 나누어주거나 태워버리는 풍습을 말합니다. 주커버그는 포트래치에 대해 이렇게 설명했습니다.

"인디언들은 각자 음식이나 선물을 정성껏 준비해 오고, 이 자리에서 사람들은 가장 마음에 드는 선물을 골라 갖는데 이때 가장 많은 선물을 베푼 사람이 가장 높은 명예를 얻는 것입니다."

현대 사회에서 포트래치 경제란 큰 부를 축적한 기업들이 이익의 일부를 기부하여 빈부격차를 줄이는 데 기여하는 것을 의미합니다. 돈을 벌기만 하는 것이 아니라 사회에 환원함으로써 노블리스 오블리제를 실천하는 것입니다.

이제 숨이 찹니다. 여기까지 준비하느라고 사흘 밤을 꼬박 새웠습니다. 새해에는 소원하는 일이 모두 이루어지길 간절히 빕니다. 저, 개그맨 박기동도 많이 사랑해 주세요. 사랑합니다, 여러분!